职业教育城市轨道交通专业"互联网+"创新教材

城市轨道交通车辆电气设备

（配实训工单）

主　编　童巧新　温志强
主　审　傅思良

机械工业出版社

本书是职业教育城市轨道交通专业"互联网+"创新教材，是城市轨道交通车辆技术专业"校企双元合作"开发的教材，主要内容根据教育部颁布的"城市轨道交通车辆技术专业教学标准"中《车辆电气设备》课程的教学要求进行编写。全书采用理实一体化编写模式，分为理论知识和实训工单两部分，分别装订成册。

理论部分主要介绍在城市轨道交通车辆上交流牵引电机、空调装置、断路器、电磁阀、继电器、电磁接触器、受流器、高速断路器、牵引高压设备、司机控制器、蓄电池的工作原理及检查与维护。实训部分主要包括清洗牵引电机外部、清洗牵引电机内部、安装牵引电机轴承部件、清洁车辆空调装置及其部件、更换受电弓滑板、测量受电弓主要参数和静特性、测量高速断路器参数、检修高速断路器的灭弧罩、检修高速断路器主触头、检修司机控制器。

本书可作为高职高专城市轨道交通车辆技术专业用书，还可作为城市轨道交通车辆运营、制造或检修企业有关运用、检修人员的培训教材。

为方便教学，本书配有电子课件、实训工单答案等资源，凡选用本书作为授课教材的教师均可登录 www.cmpedu.com 以教师身份注册后下载。同时还配有示范教学包，可在超星学习通上实现"一键建课"，方便混合式教学。

图书在版编目（CIP）数据

城市轨道交通车辆电气设备：配实训工单 / 童巧新，温志强主编. —北京：机械工业出版社，2020.11（2024.9重印）

职业教育城市轨道交通专业"互联网+"创新教材

ISBN 978-7-111-66436-9

Ⅰ.①城… Ⅱ.①童… ②温… Ⅲ.①城市铁路—铁路车辆—电气设备—职业教育—教材 Ⅳ.①U239.5

中国版本图书馆CIP数据核字（2020）第162966号

机械工业出版社（北京市百万庄大街22号　邮政编码100037）
策划编辑：曹新宇　责任编辑：曹新宇
责任校对：郑　婕　封面设计：张　静
责任印制：张　博
北京中科印刷有限公司印刷
2024年9月第1版第6次印刷
184mm×260mm·16印张·402千字
标准书号：ISBN 978-7-111-66436-9
定价：49.00元

电话服务　　　　　　　　　　　网络服务
客服电话：010-88361066　　　机　工　官　网：www.cmpbook.com
　　　　　010-88379833　　　机　工　官　博：weibo.com/cmp1952
　　　　　010-68326294　　　金　书　网：www.golden-book.com
封底无防伪标均为盗版　　　　机工教育服务网：www.cmpedu.com

前言 PREFACE

城市轨道交通具有快捷、准时、舒适、运量大、污染小等优点，是公认的解决大城市交通拥堵问题的最佳选择。截至 2019 年 6 月 30 日，我国内地开通城市轨道交通的城市 35 座、批复开通的城市 9 座、已运营线路 5643km。这表明城市轨道交通正在成为城市现代化建设进程中重要的公益性基础设施项目。

城市轨道交通的迅速发展，城市轨道交通车辆驾驶、检修和装备制造一线急需专业理论扎实、操作能力强的高端技能型人才。根据 2019 年教育部颁布的城市轨道交通车辆技术专业教学标准，《城市轨道交通车辆电气设备》课程被确定为城市轨道交通车辆技术专业核心课程。本课程将原有的《城市轨道交通车辆牵引电机》《城市轨道交通车辆电器》两门课程进行了整合。为了适应教学标准的要求，反映城市轨道交通车辆行业最新技术，满足本专业技术技能人才培养要求，广州铁路职业技术学院组织了由骨干教师和行业专家组成的编写团队，进行了教材及配套教学资源的开发。本教材具有以下特点：

1）工作任务驱动。以现场真实的工作任务为教学载体，以完成某项工作任务为目标，引导学生自主学习，掌握相关的知识与技能，同时培养学生良好的职业操作规范，以及敬业爱岗、团结协作等综合素质和能力。

2）教学资源配套丰富。本教材是"互联网+"创新教材，除纸质教材外，还嵌入了习题、实训视频、实训工单等资源，将教材、课堂、教学资源有机融合，实现线上与线下混合式教学。

3）知识先进。本教材主要以目前国内应用广泛、技术先进的典型车辆电气设备为学习对象。

4）校企合作开发教材。本教材得到了深圳地铁运营集团车辆中心的大力支持，为本书提供了数据资源，一些企业工程师参加了编写工作。

5）编者具有丰富的教材开发经验。本书由具有多年城市轨道交通车辆教学经验的教师与具有多年相关行业工作经验的工程师联合编写。

全书包括 10 个一体化学习项目和 10 个实训工单，每个项目分若干任务。项目一为交流牵引电机的检查与维护；项目二为车辆空调装置的检查与维护；项目三为断路器及电磁阀的检查与维护；项目四为继电器的检查与维护；项目五为电磁接触器的检查与维护；项目六为受流器的检查与维护；项目七为高速断路器的检查与维护；项目八为牵引高压设备的检查与维护；项目九为司机控制器的日常维护；项目十为蓄电池的使用与维护。实训是牵引电机、空调装置、受电弓、高速断路器及司机控制日常检查与维护的作业指导。

本书为广州铁路职业技术学院"双高计划"建设成果，由广州铁路职业技术学院与深圳地铁运营集团车辆中心共同开发编写，由广州铁路职业技术学院童巧新及深圳地铁运营集团车辆中心温志强主编，深圳地铁运营集团车辆中心傅思良任主审。广州铁路职业技术学院李恺、袁泉及深圳地铁运营集团车辆中心魏晓鹏参与了编写。具体编写分工如下：项目一、八由温志强编写；项目三、六由童巧新编写；项目二、四、五及实训工单四由袁泉编写；项目七、九、十由李恺编写；实训工单一～三、五～十由魏晓鹏编写。

本书在编写过程中，得到了深圳地铁运营集团车辆中心许多技术人员的帮助，在此表示由衷感谢。同时在编写过程中参阅了大量专业书籍和报刊、杂志上的专题文章，在此我们对其作者表示衷心的感谢。

由于编者水平有限，不足之处在所难免，欢迎读者批评指正。

编　者

实训视频二维码

名称与图形	
实训一　清洗牵引电机外部	
	实训二　清洗牵引电机内部
实训三　安装牵引电机轴承部件	
	实训五　更换受电弓滑板
实训六　测量受电弓主要参数和静特性	
	实训七　测量高速断路器参数
实训八　检修高速断路器灭弧罩	
	实训九　检修高速断路器主触头
实训十　检修司机控制器	

目 录
CONTENTS

前　言

实训视频二维码

项目一　交流牵引电机的检查与维护 ……………………………………………… 1
　　任务一　认知三相异步电机的结构 …………………………………………… 1
　　任务二　认知三相异步电机的工作原理 ……………………………………… 8
　　任务三　三相异步牵引电机的起动、调速、反转和制动 …………………… 18
　　任务四　交流异步牵引电机的检查与维护 …………………………………… 21
　　任务五　直线电机的使用与维护 ……………………………………………… 22

项目二　车辆空调装置的检查与维护 …………………………………………… 27
　　任务一　认知车辆空调装置 …………………………………………………… 27
　　任务二　认知车辆制冷系统主要部件 ………………………………………… 28
　　任务三　认知制冷系统制冷原理 ……………………………………………… 36
　　任务四　认知通风系统 ………………………………………………………… 40
　　任务五　认知通风系统主要部件 ……………………………………………… 42
　　任务六　车辆空调装置的检查与维护 ………………………………………… 44

项目三　断路器及电磁阀的检查与维护 ………………………………………… 47
　　任务一　认知电器基本常识 …………………………………………………… 47
　　任务二　认知触头系统 ………………………………………………………… 56
　　任务三　认知电磁传动系统 …………………………………………………… 63
　　任务四　认知灭弧系统 ………………………………………………………… 68
　　任务五　认知断路器 …………………………………………………………… 82
　　任务六　断路器的检查与维护 ………………………………………………… 89
　　任务七　电磁阀的检查与维护 ………………………………………………… 90

项目四 继电器的检查与维护 · 97

    任务一 认知继电器的基本常识 · 97

    任务二 中间继电器的检查与维护 · 100

    任务三 时间继电器的使用与调试 · 104

    任务四 认知保护继电器 · 108

项目五 电磁接触器的检查与维护 · 111

    任务一 认知电磁接触器 · 111

    任务二 电磁接触器的检查与维护 · 116

项目六 受流器的检查与维护 · 120

    任务一 认知受流器 · 120

    任务二 Fb 系列单臂受电弓的使用与调试 · 122

    任务三 TSG18G1 型单臂受电弓的检查与维护 · 129

    任务四 集电靴的使用与维护 · 135

项目七 高速断路器的检查与维护 · 140

    任务一 认知高速断路器 · 140

    任务二 高速断路器的检查与维护 · 147

项目八 牵引高压设备的检查与维护 · 152

    任务一 避雷器的使用与维护 · 152

    任务二 逆变器的使用与维护 · 155

    任务三 电路滤波器的检查与维护 · 162

    任务四 制动电阻的检查 · 165

项目九 司机控制器的日常维护 · 169

    任务一 认知司机控制器 · 169

    任务二 司机控制器的日常维护 · 180

项目十 蓄电池的使用与维护 · 186

    任务一 认知蓄电池 · 186

    任务二 蓄电池的使用与维护 · 188

参考文献 · 191

实训工单（单独装订）

实训工单一　清洗牵引电机外部 …… 1
实训工单二　清洗牵引电机内部 …… 6
实训工单三　安装牵引电机轴承部件 …… 11
实训工单四　清洁车辆空调装置及其部件 …… 16
实训工单五　更换受电弓滑板 …… 21
实训工单六　测量受电弓主要参数和静特性 …… 26
实训工单七　测量高速断路器参数 …… 31
实训工单八　检修高速断路器灭弧罩 …… 36
实训工单九　检修高速断路器主触头 …… 42
实训工单十　检修司机控制器 …… 47

项目一

交流牵引电机的检查与维护

学习导入

三相异步电机以结构简单、制造容易、维护方便、运行可靠、效率较高等优点，在国民经济的各行各业中被广泛应用。以往，异步电机存在着调速性能差、功率因数低的缺陷，而不被用于轨道列车的牵引上。随着计算机技术和半导体元器件技术的发展，结合数学理论知识，使三相异步电机获得了较大的调速范围，并实现了平滑调速，且功率因数有所提高。本项目就三相异步电机的结构、工作原理、运行特性、起动、调速、反转及制动等问题进行阐述，为交流牵引电机的检修与维护提供知识准备。

任务一 认知三相异步电机的结构

任务目标

1. 认知交流电机的分类。
2. 掌握三相异步电机的基本结构。
3. 认知典型的地铁车辆交流牵引电机结构。

知识课堂

一、交流电机分类

交流电机主要分为同步电机和异步电机两类。按转子结构形式的不同，同步电机又分为凸极同步电机和隐极同步电机；异步电机又分为笼型异步电机、绕线转子异步电机和换向器式异步电机。同步电机主要用作发电机使用，也用作电动机或调相机。异步电机主要用作电动机，有时也用作发电机。两类电机虽然励磁方式和运行特性有很大差别，但电机内部发生的电磁现象和机电能量转换的原理基本上是相同的。

目前，国民经济发展，对轨道列车的运输速度有了更高的要求，即要求进一步提高牵引电机的单机功率，减少其车下占用空间，原用的直流牵引电机已无法满足这个要求。因此，结构简单、同等功率下占用车下空间少的三相笼型异步电机成了轨道列车用牵引电机的首选。

二、三相异步电机的基本结构

三相异步电机由固定的定子和旋转的转子两个基本部分组成，转子装在定子内腔里，借助轴承被支撑在两个端盖上。为了保证转子能在定子内自由转动，定子和转子之间必须有间隙，称为气隙。电机的气隙是一个非常重要的参数，其大小及对称性等对电机的性能有很大影响。图 1-1 所示为三相笼型异步电机的组成部件。

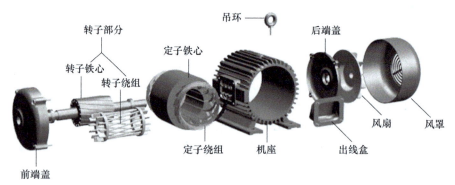

图 1-1　三相笼型异步电机组成部件

1. 定子

异步电机的定子由定子铁心、定子绕组和机座三部分构成。

定子铁心作为电机中磁路的一部分，可放置定子绕组。为了减少旋转磁场在铁心中引起的损耗，铁心一般采用导磁性良好、损耗比较小、厚 0.5mm 的电工硅钢片叠成。当铁心外径在 1m 以内时，钢片制成整圆的；当外径大于 1m 时，则用扇形片来拼成圆形。每张硅钢片的两面涂有绝缘漆（热轧片）或经处理形成氧化层（冷轧片），以减少铁心的涡流损耗。为了增加散热面积，当定子铁心较长时，在轴向长度上，每隔 3～6cm 留有径向通风沟，整个铁心在两端用压板压紧。为了嵌放定子绕组，在定子铁心内圆冲出许多形状相同的槽。通用的槽形有三种：① 半闭口槽；② 半开口槽；③ 开口槽，如图 1-2 所示。对于容量在 100kW 以下的中小型异步电机，通常采用图 1-2a 所示的半闭口槽。这时定子绕组由高强度漆包圆铜线（或铝线）绕成，经过槽口分散嵌入槽内。其优点是槽口较小，可以减少气隙磁阻，使产生一定数量的旋转磁场所需的励磁电流减小，从而提高电机的功率因数。此外，槽口较小还可减小气隙磁场的脉振，从而减小电机中的附加损耗。从这些观点来看，半闭口槽是较好的。半闭口槽的缺点是嵌线不方便，高压线圈绝缘比较困难，因此一般只用于低压中小型异步电机中。

对于电压在 500V 以下的中型异步电机，通常采用图 1-2b 所示的半开口槽。这时槽口宽度稍大于槽宽的一半，可以采用扁线绕成的成型线圈，分两排先后由槽口放入槽内。对于高电压的中型和大型异步电机，一般都采用图 1-2c 所示的开口槽，其槽口宽度等于槽宽，既便于下线，又可提高线圈绝缘质量。

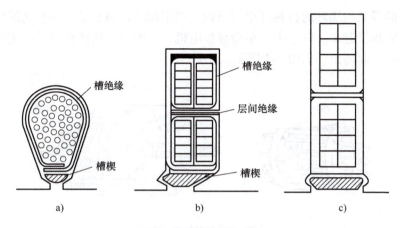

图 1-2 异步电机的定子槽形
a) 半闭口槽　b) 半开口槽　c) 开口槽

定子绕组是电机的电路部分，其主要作用是通以电流产生旋转磁场，以实现机电能量转换。定子绕组的槽内布置分为单层和双层两种。对 10kW 以下的较小容量异步电机，常用交叉链式的单层绕组，但对两极电机则大多数采用同心式单层绕组。容量较大的异步电机一般都采用双层绕组。

定子绕组在槽内部分与铁心之间必须可靠绝缘，这部分绝缘称为槽绝缘（又称对地绝缘）。槽绝缘的材料和厚度由电机的耐热等级和工作电压来定，如采用 B 级绝缘的高压大容量电机，通常采用云母带沿线圈全长包扎多层而构成的连续式绝缘。槽内的线圈在槽口处用槽楔固定；对双层绕组，上下层之间还有层间绝缘（图 1-2）。

机座的作用主要是固定和支撑定子铁心，因此要求有足够的机械强度和刚度，能承受运输和运行过程中的各种作用力。中、小型异步电机一般采用铸铁机座。此时，对封闭式异步电机，铁心紧贴在机座的内壁。电机运行时，因内部损耗而发生的热量通过铁心传给机座，再由机座表面散发到周围空中。因此，为了增加散热面积，在机座外表面有散热筋，如图 1-1 所示。

对较大容量的异步电机，一般采用钢板焊接机座。此时，为满足通风散热的要求，机座内表面和定子铁心隔开适当距离以形成空腔，作为冷却空气的通道。

2. 转子

异步电机的转子由转子铁心、转子绕组和转轴等组成。

转子铁心也是作为电机中磁路的一部分，一般也由厚 0.5mm 的硅钢片叠成。中、小型异步电机的转子铁心就直接安装在电机轴上，铁心与轴之间可采用热套、轴滚花或键互相配合。大型异步电机的转子铁心则套在转子支架上。在转子铁心上开有槽，以供放置或浇注转子绕组之用。

转子绕组的作用是感应电动势、流过电流和产生电磁转矩，其结构形式有笼型转子和绕线转子两种。

（1）笼型转子　异步电机的转子绕组不必由外界电源供电，因此可以自行闭合而构成短路绕组。这时工艺上最简单的转子绕组结构是：每个转子槽中插入一根导条，在伸出铁心端的槽口处，用两个端环分别把所有导条的两端都连接起来。如果去掉铁心，整个绕组的外形就像一个"鼠笼"，所以称为笼型转子。

笼型转子的导条与端环的材料可用铜或铝。当用铜时，铜导条与端环之间须用铜焊或银焊的方法把它们焊接起来。对于中、小型异步电机，一般都采用铸铝转子，把导条、端环以及端环上的风叶一起铸出，如图 1-3 所示。

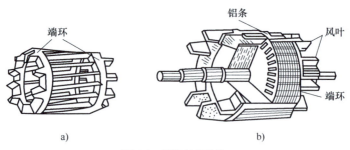

图 1-3　铸铝转子结构

笼型异步电机有三种主要形式，即单笼电机、深槽式电机、双笼电机。第一种形式的转子大多数采用梨形半闭口槽。这时，为了改善电机的起动性能、减小谐波损耗和噪声，通常把转子槽扭斜一个左右定子齿距。起动时为了增大电机起动转矩，减小起动电流，要求转子电阻大一些；运行时为了减少转子铜耗以提高电机效率，要求转子电阻小一些。针对这些要求，可采用深槽式和双笼型转子。

（2）绕线转子　绕线转子的绕组和定子绕组相似，是用绝缘导线嵌于转子铁心槽内，连接成星形接法的三相对称绕组，然后把 3 个出线端分别接到转子轴上的 3 个集环，再通过电刷把电流引出来。

绕线转子的特点是可以通过集电环和电刷在转子绕组回路中接入附加电阻，用以改善电机的起动性能，或调节电机的转速。其接线示意图如图 1-4 所示。为了减少电刷的磨损和摩擦损耗，绕线转子异步电机有的还装有提刷短路装置，以便当电机起动完毕而又不需要调节转速时，把电刷提起并同时将 3 个集电环短路。但提刷短路装置使电机的制造工艺以及维护和管理都复杂了。

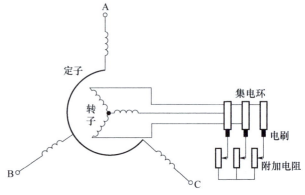

图 1-4　绕线转子异步电机接线示意图

3. 气隙

异步电机的定子与转子之间必须有一气隙。异步电机的特点在于它的气隙很小，在中、小型异步电机中，气隙一般是 0.2～1.5mm。

气隙大小对异步电机的性能有很大的影响。为了降低电机的空载电流和提高电机的功率因数，气隙应尽可能地小。如果把异步电机看作变压器，气隙越小则定子和转子之间的相互感应作用就越好。但是气隙过小，将使装配困难且运行不可靠，因此允许采用的最小气隙是按加工的可能性及机械安全考虑所能达到的最小值。另一方面，若从磁场脉振所引起的附加损耗与因高次谐波磁场所引起的漏磁来看，气隙稍大一点也有其有利的一面。

三、异步电动机的额定值

异步电动机的额定值刻印在每台电机的铭牌上,一般包括下列几项。

1. 额定电压 U_N

额定电压 U_N 是指电动机额定运行时,外加于定子绕组上的线电压,单位为 V。

2. 额定频率 f_N

额定频率 f_N 是指加在电动机定子绕组上保证产生额定同步转速的电源频率。

3. 额定电流 I_N

额定电流 I_N 是指电动机在额定电压下、轴端有额定功率输出时,定子绕组的线电流,单位为 A。

4. 额定功率 P_N

额定功率 P_N 是指电动机在规定的额定情况下运行时,由轴端输出的机械功率,单位一般为 kW。

对三相异步电动机,额定功率

$$P_N = \sqrt{3}\, U_N I_N \eta_N \cos\varphi_N \tag{1-1}$$

式中,η_N 和 $\cos\varphi_N$ 分别为额定情况下的效率和功率因数。

5. 额定转速 n_N

额定转速 n_N 是指电动机在额定电压、额定频率下,轴端有额定功率输出时,转子的转速,单位为 r/min。

此外,铭牌上还标明定子相数和绕组接法,以及绝缘等级等。对绕线转子异步电动机还常标明转子绕组接法、转子电压(指定子加额定电压、转子开路时,集电环间的电压)和额定运行时的转子电流等技术数据。

三相异步电动机的定子绕组可接成星形或三角形,视额定电压和电源电压的配合情况而定。例如星形接法时额定电压为 380V,改接成三角形时就可用于 220V 的电源上。

为了满足这种改接的需要,通常把三相绕组的 6 个端头都引到接线板上,以便于采用两种不同接法,如图 1-5 所示。

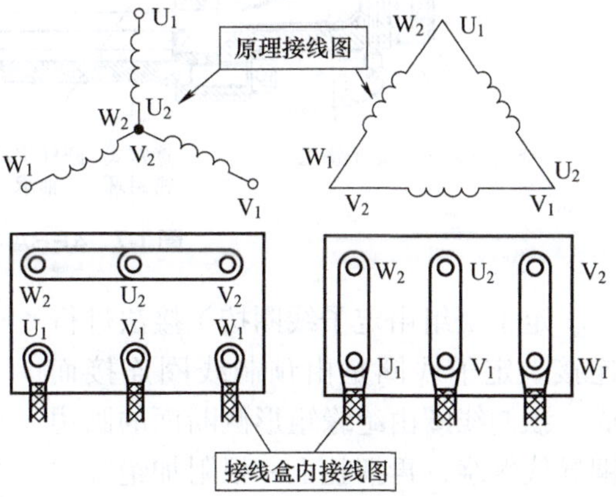

图 1-5 三相异步电机的接线板

四、4EBA 4040 型牵引电机

1. 4EBA 4040 型牵引电机的主要结构

4EBA 4040 型牵引电机外观如图 1-6 所示。它是自通风 4 极三相笼型异步电机,主要由定子、转子所组成,其结构如图 1-7 所示。

(1)定子 定子被设计为没有外壳的结构。发电机钢条束通过在 DE(驱动端)和 NDE(非驱动端)侧的绕环以及 4 个纵向牵引杆被焊接为防自身扭转的结构。轴向

图 1-6 4EBA 4040 型牵引电机外观图

冷却通风排直接布置在定子钢条上，可起到迅速驱散热量的作用。定子由定子铁心和定子绕组组成，如图1-8所示。

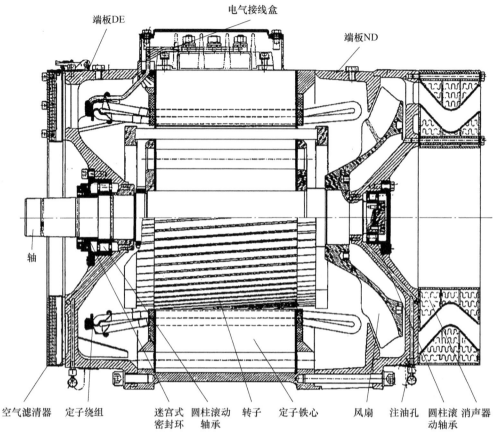

图1-7　4EBA 4040型牵引电机的结构

定子绕组由定子线圈按Y接法进行连接。定子线圈是由预制线圈连接而成。预制线圈由绝缘矩形侧断面的圆边铜导线缠绕，再捆扎上一根附加绝缘线圈，一并插入到与绝热箔平行的凹槽中。定子线圈连接电路与Y形连接点构成非驱动端的端部绕组。所有连接都是硬焊，绝缘端部绕组交织有大量的玻璃纤维束，同样，线圈连接点及其分支都连接到线圈接线片上。在注入硅树脂和硬化后，线圈耐用力会增强，可防止冲击和短路造成的变形。定子绕组的绝缘等级达到C级。

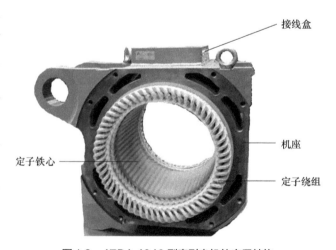

图1-8　4EBA 4040型牵引电机的定子结构

电机与电源的连接是通过接线盒中的3个接线端子实现的。为了使接线盒外的连接电缆导电，须拧紧电缆密封件。

电机温度测量是通过两个位于排气孔侧的定子缠绕环上的 Pt 100 温度监控器测量的。

（2）转子　转子采用笼型，包括有转子铁心、转子导体、转轴和风扇，如图 1-9 所示。

2. 主要技术参数

额定功率	220kW
额定电压	1150V
额定电流	30A
额定频率	58Hz
额定转速	1708r/min
最大转速	3696r/min
质量	685kg

图 1-9　4EBA 4040 型牵引电机的转子结构

3. 牵引电机的传动和悬挂方式

牵引电机是用悬挂的方式安装在电动客列车上，并通过齿轮传动装置驱动机车轮对使电动客列车行驶。

4EBA 4040 型牵引电机是采用个别传动方式进行传动的。个别传动是目前国内外应用最广的传动方式。所谓个别传动是指一台牵引电机只驱动一个轮对，它是借助电机轴上的小齿轮驱动轮对轴上的大齿轮来实现机车牵引运行的。

4EBA 4040 型牵引电机采用球面齿式联轴节的架承式悬挂，如图 1-10 所示。其平行于轮对轴，并通过一个冠状齿型联轴节链接到传动装置上。牵引电机转矩是通过冠状齿型联轴节，从电机转子上直接传送到小齿轮上。

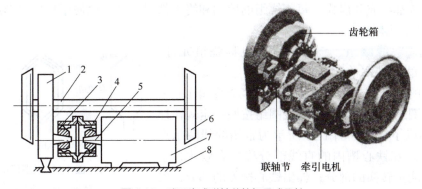

图 1-10　球面齿式联轴节的架承式悬挂

1—齿轮箱　2—动轮轴　3—内齿圈　4—球面齿轮　5—电机轴　6—动轮　7—电机　8—转向架

由图 1-10 可见，牵引电机全部悬挂在机车转向架上。这样，牵引电机的全部重量都成为转向架减振弹簧以上的重量，即成为簧上重量。因此，线路动力作用对牵引电机工作的不良影响将大为减少。这种架承式悬挂是在牵引电机机座一侧的上方有两个悬臂，下方有一个支承，均用螺钉固定在转向架上，呈三点半边悬挂。牵引电机转轴传动端与球面齿式联轴节相连，即电机转轴上安装球面齿轮，该球面齿轮传动联轴节内齿圈，内齿圈又传动小齿轮轴上的球面齿轮，再传动小齿轮（装在齿轮箱内），最后传动大齿轮以驱动机车行驶。这种传动方式的优点不仅解决了列车运行中牵引电机转轴相对于城轨车辆动轮轴有位移而影响传动的问题，同时由于小齿轮不直接装在电机转轴上，故小齿轮和它的轴可以做成一个整体，从而减少小齿轮的齿数以提高机车的速度和减轻电机的重量。这种传动方式的缺点是由于联轴节占用了空间，使电机轴向尺寸缩短。

任务二　认知三相异步电机的工作原理

任务目标

1. 熟知三相异步电动机的工作原理。
2. 熟知三相异步发电机的工作原理。
3. 掌握三相异步电机的工作特性。
4. 掌握三相异步电机的机械特性。

知识课堂

一、三相定子绕组的电动势和磁动势

交流绕组是把属于同相的导体绕成线圈，再按照一定的规律，将线圈串联或并联起来。交流绕组通常都绕成开启式，每相绕组的始端和终端都引出来，以便于接成星形或三角形。

1. 绕组的基本术语

（1）线圈、线圈组、绕组　线圈也称绕组元件，是构成绕组的最基本单元，它是用绝缘导线按一定形状绕制而成的，可由1匝或多匝组成；多个线圈连成一组就称为线圈组；由多个线圈或线圈组按照一定规律连在一起就形成了绕组，图1-11所示为常用的线圈示意图。线圈嵌放在铁心槽内的直线部分称为有效边，它是进行电磁能量转换的部分；伸出铁心槽外的部分，仅起连接作用，不能直接转换能量，称为端部。

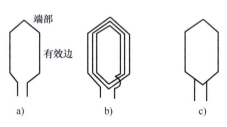

图1-11　线圈示意图
a）线圈　b）线圈组　c）绕组

（2）极距 τ　极距是指交流绕组一个磁极所占有定子圆周的长度，一般用定子槽数来表示。即

$$\tau = \frac{z_1}{2p} \tag{1-2}$$

式中　τ——极距；
　　　z_1——定子铁心总槽数；
　　　$2p$——磁极数。

（3）线圈节距 y_1　一个线圈的两个有效边所跨定子圆周的长度称为节距，一般也用定

子槽数来表示。如某线圈的一个有效边嵌放在第 1 槽而另一个有效边放在第 5 槽，则其节距 $y_1 = 5 - 1 = 4$ 槽。从绕组产生最大磁动势或电动势的要求出发，节距 y_1 应接近于极距 τ。

当 $y_1 = \tau$ 时，称为整距绕组；$y_1 < \tau$ 时，称为短距绕组；$y_1 > \tau$ 时，称为长距绕组。实际应用中，常采用短距绕组和整距绕组；长距绕组一般不采用，因其端部较长，用铜量较多。

（4）机械角度和电角度　一个圆周所对应的几何角度为 360°，该几何角度就称为机械角度。而从电磁方面来看，导体每经过一对磁极 N、S，其电动势就完成一个交变周期。若电机有 p 对磁极，这时导体每旋转一周要经过 p 对磁极，对应的电角度为

$$电角度 = p \times 机械角度 \tag{1-3}$$

如对于 4 极电机，导体旋转一周，经过两对磁极，对应的电角度为 $2 \times 360° = 720°$。

（5）槽距角 α　槽距角是指相邻的两个槽之间的电角度，计算公式为

$$\alpha = \frac{360° \times p}{z_1} \tag{1-4}$$

（6）极相组　极相组是指一个磁极下属于同一相的线圈按一定方式串联成的线圈组。

2. 三相定子绕组的电动势

不管是单层链式绕组、同心式绕组和交叉式绕组，还是叠绕组和波绕组，这些绕组的线圈是按照一定的规律分布排列着，也就是说，它们是分布线圈绕组。相比较而言，可以说变压器一、二次绕组都是集中线圈绕组。根据电磁感应定律可以证明，三相异步电机定子绕组的相电动势 E_1 为

$$E_1 = 4.44 f_1 N_1 \Phi_m K_{N1} \tag{1-5}$$

式中　f_1——三相定子绕组中电流的频率；

N_1——每相定子绕组总的串联匝数；

Φ_m——异步电机的每极磁通；

K_{N1}——定子绕组因数，$K_{N1} = K_y K_c$。

K_y 称为节距因数，它的数值与线圈节距有关，它表示短距线圈和长距线圈电动势的减小程度，短距线圈和长距线圈的 $K_y < 1$，整距线圈的 $K_y = 1$。

K_c 称为分布因数，它的数值与线圈分布有关，它表示分布线圈电动势的减小程度，分布线圈的 $K_c < 1$，集中线圈的 $K_c = 1$。

3. 三相定子绕组的磁动势

（1）单相绕组的磁动势　在三相定子绕组中通入三相正弦波的电流，则三相定子绕组中的每一个单相绕组所产生的磁动势为脉动磁动势。所谓脉动磁动势，就是磁动势的轴线（即磁动势幅值所在的位置）在空间固定不动，但振幅不断随时间而变化的磁动势。

可以证明，单相绕组脉动磁动势 $f_\Phi(x,t)$ 的数学表达式可以写成：

$$f_\Phi(x,t) = F_\Phi \cos x \cos \omega t \tag{1-6}$$

式中　F_Φ——磁动势的幅值；

x——空间坐标；

t——时间坐标；

ω——绕组中正弦交流电的角频率。

由式（1-6）可见，在任一瞬间，磁动势的空间分布为一余弦波，但在空间任何一点的磁动势，则又随时间作余弦变化。或者说，该磁动势既是空间函数又是时间函数。

可以证明，单相绕组脉动磁动势的幅值 $F_\Phi = \dfrac{0.9IN_1K_N}{p}$，说明单相绕组脉动磁动势的幅值与绕组中的电流 I 成正比，与相绕组总的串联匝数 N_1 成正比，与绕组因数 K_N 成正比，与电机的极对数 p 成反比。

（2）三相绕组的磁动势　三相绕组由 3 个单相绕组组成，这 3 个单相绕组分别产生脉动磁动势。在三相异步电机中 3 个单相绕组是对称的，即 U、V、W 三相绕组在空间互相间隔的距离为 120° 电角度。电机在对称运行时，通入三相绕组中的三相电流亦是对称的，即其幅值相等，在时间相位上互差 120° 电角度，即

$$i_U = \sqrt{2}I\cos\omega t \tag{1-7}$$

$$i_V = \sqrt{2}I\cos(\omega t - 120°) \tag{1-8}$$

$$i_W = \sqrt{2}I\cos(\omega t - 240°) \tag{1-9}$$

因此，U、V、W 三相绕组的磁动势分别为

$$f_{\Phi U}(x,t) = f_{\Phi U}\cos x \cos\omega t \tag{1-10}$$

$$f_{\Phi V}(x,t) = f_{\Phi V}\cos(x - 120°)\cos(\omega t - 120°) \tag{1-11}$$

$$f_{\Phi W}(x,t) = f_{\Phi W}\cos(x - 240°)\cos(\omega t - 240°) \tag{1-12}$$

把 U、V、W 三相绕组的磁动势叠加，得三相合成磁动势为

$$f(x,t) = 1.5F_\Phi\cos(x - \omega t) \tag{1-13}$$

式（1-13）表明，当三相对称电流流过三相对称绕组时，三相绕组的合成磁动势为一个圆形旋转磁动势。

圆形旋转磁动势的幅值为单相绕组脉动磁动势幅值 F_Φ 的 1.5 倍，其旋转速度为同步转速，用 n_1 来表示，其计算公式为

$$n_1 = \dfrac{60f_1}{p} \tag{1-14}$$

式中　f_1——三相定子绕组中电流的频率；

p——三相异步电机的磁极对数。

一个三相对称绕组流过三相对称电流时，它所产生的合成磁动势一定是一个圆形旋转磁动势。这个概念可以进一步用图 1-12 来解释。图 1-12 中 U_1U_2、V_1V_2、W_1W_2 是定子上的三相绕组，它们在空间互相间隔 120° 电角度。三相电流的变化曲线如图 1-13 所示。

在图 1-12 中假设：A、B、C 三相电流分别流入 U、V、W 三相绕组，正值电流是从绕组的首端流入（用 ⊕ 来表示流入）而从末端流出（用 ⊙ 来表示流出），负值电流则从绕组的末端流入而从首端流出。

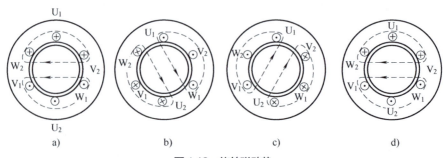

图 1-12　旋转磁动势

a) $\omega t = 0$ 时　b) $\omega t = 120°$ 时　c) $\omega t = 240°$ 时　d) $\omega t = 360°$ 时

在图 1-13 中，当 $\omega t = 0$ 时，A 相电流具有正的最大值，相应地在图 1-12a 中，A 相电流是从 U 相绕组的首端点 U_1 流入，而从末端点 U_2 流出；此时，B 相及 C 相电流均为负值，所以电流 I_B 和 I_C 分别从 V 相绕组及 W 相绕组的末端 V_2 和 W_2 流入，而从首端 V_1 和 W_1 流出。从图 1-12a 中电流的分布情况可以清楚地看到：合成磁动势的轴线正好与 U 相绕组的中心线相重合。

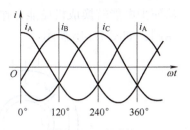

图 1-13 三相电流

在图 1-13 中，当 $\omega t = 120°$ 时，B 相电流达到正的最大值，A 相及 C 相电流则为负值，因此相应地在图 1-12b 中，B 相电流是从 V 相绕组的首端 V_1 点流入，而从末端 V_2 点流出，A 相及 C 相电流分别从它们的末端 U_2 及 W_2 点流入，而从首端 U_1 及 W_1 点流出，此时合成磁动势的轴线便与 V 相绕组的中心线相重合。

根据同样的方法可得出，当 $\omega t = 240°$ 时，C 相电流有最大值，合成磁动势的轴线便与 W 相绕组的中心线相重合。分析图 1-12a、b、c 三个图形中磁动势的位置，可以明显地看出：合成磁动势是一个旋转磁动势。旋转磁动势的轴线总是与电流达到最大值的那一相绕组的中心线相重合。

如果三相绕组流过的是正序电流，则 A 相电流首先达到最大值，而后依次是 B 相及 C 相电流达到最大值，则合成磁动势的轴线首先与 U 相绕组的中心线相重合，而后再依次同 V 相绕组和 W 相绕组中心线相重合。所以合成磁动势的旋转方向是从 U 相到 V 相，再从 V 相到 W 相。也就是说，旋转磁动势的转向总是从超前电流的相转向滞后电流的相。

如果三相绕组流过的是负序电流，则 A 相电流首先达到最大值，而后依次是 C 相及 B 相电流达到最大值，所以合成磁动势的轴线首先与 U 相绕组的中心线相重合，而后再依次同 W 相绕组和 V 相绕组中心线相重合。合成磁动势的旋转方向是从 U 相到 W 相，再从 W 相到 V 相。

可见，要改变旋转磁动势的转向，只要改变通入电流的相序。也就是说，只要把三相绕组中的任何两个出线端的位置对换就可以了。

综上所述，三相绕组合成磁动势具有以下性质：

1）三相合成磁动势在任何瞬间保持着恒定的振幅，它是单相脉振磁动势振幅的 1.5 倍。
2）三相绕组合成磁动势的转速仅决定于电流的频率和电机的极对数。
3）当某相电流达到最大值时，合成磁动势波的波幅就与该相绕组的轴线重合。
4）合成磁动势的旋转方向决定于电流的相序。

二、三相异步电机的工作原理

三相异步电机定子上的三相绕组接到三相交流电源上，转子绕组自成闭合回路，如图 1-14a 所示。

1. 三相异步电机作为电动机运行

三相异步电机作为电动机运行是其最普遍的工作状态。三相电流流入三相定子绕组，产生旋转磁动势，并在气隙中产生相应的旋转磁场。旋转磁场也是以同步转速 n_1 在旋转。为了便于说明问题，在图 1-14 中用一对旋转的磁极来表示该旋转磁场。

当旋转磁场切割转子导体时，在其中产生感应电动势，使转子导体中有电流流过。其方向可利用右手定则判断。转子电流与旋转磁场作用而产生电磁转矩，使转子以转速 n 旋转，从而把电能转换成机械能，作电动机运行。由左手定则判断可知，转子方向与磁场旋转方向相同，如图 1-14b 所示。

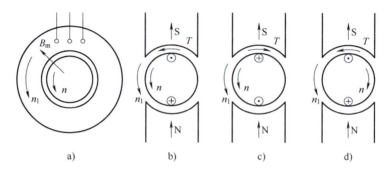

图 1-14　三相异步电机的工作原理
a）示意图　b）电动机运行　c）发电机运行　d）制动运行

当异步电机作为电动机运行时，为了克服负载的阻力转矩，三相异步电动机的转速 n 总是略低于同步转速 n_1，以便气隙中的旋转磁场能够切割转子导体而在其中产生感应电动势和感应电流，从而能够产生足够的电磁转矩来拖动转子旋转。如果转子的转速与同步转速相等，转向又相同，则气隙旋转磁场与转子导体之间没有相对运动，因而转子导体中就不会产生感应电动势和电流，电动机的电磁转矩也将为零。可见，异步电动机产生电磁转矩的必要条件是磁场的同步转速 n_1 和转子的转速 n 不相等，即 $n_1 \neq n$。

把同步转速 n_1 和转子转速 n 的差值称为转差，转差与同步转速 n_1 的比值称为转差率，转差率用 s 来表示，即

$$s = \frac{n_1 - n}{n_1} \quad (1\text{-}15)$$

转差率是异步电动机的一个基本变量，它可以表示异步电动机的各种不同运行状态。

1）在电动机刚起动时，转子转速 $n = 0$，则 $s = 1$，转子切割旋转磁场的相对速度为最大，转子中的电动势电流也最大。如果电动机产生的电磁转矩足以克服机械负载的阻力转矩，转子就开始旋转，转速会不断上升。

2）随着转子转速 n 的上升，转差率 s 减小，转子切割旋转磁场的相对速度减小，转子中的电动势及电流也减小。在额定状态下，转差率 s 的数值通常都是很小的，中小型异步电动机的转差率约为 0.01～0.07，转子转速与同步转速相差并不很大。而空载时，因阻力矩很小，转子转速 n 很高，转差率则更小，约为 0.004～0.007，可以认为转子转速近似等于同步转速。

3）假设 $n = n_1$，则转差率 $s = 0$，此时转子导体不切割旋转磁场，转子中就没有感应电动势及电流，也不产生电磁转矩。

可见，作电动机运行时，转速 n 在 $0 \sim n_1$ 的范围内变化，而转差率则在 1～0 的范围内变化。

三相异步电动机的转速可用转差率来计算，即

$$n = \frac{60 f_1}{p}(1 - s) \quad (1\text{-}16)$$

2. 三相异步电机作发电机运行

若异步电机的转轴上不是机械负载，而是用一原动机拖动异步电机的转子以大于同步转

速的速度与旋转磁场同方向旋转，如图 1-14c 所示。此时，转子导体相对于旋转磁场的运动方向与图 1-14b 相反，转子导体中的电动势及电流也反向。由左手定则可知，转子导体所产生的电磁转矩也与转子转向相反，起着制动作用。为了克服电磁转矩的制动作用，使转子能继续旋转下去，并保持 $n > n_1$，原动机就必须不断向电机输入机械功率，而电机则把输入的机械功率转换为电功率输出给电网，此时异步电机成为发电机。异步发电机运行时，转差率 s 为负值。

3. 三相异步电机在制动状态下运行

若在外力作用下，使转子逆着旋转磁场方向转动，如图 1-14d 所示。与图 1-14b 相比较，此时，转子导体相对于磁场的运动方向与电动机运行状态相同，故转子导体中的电动势和电流方向仍与电动机状态相同，作用在转子上的电磁转矩方向与旋转磁场方向相同，但却与转子转向相反，起了阻止转子旋转的作用，故称为三相异步电机的制动运行。

在这种情况下，它一方面消耗电动机的机械功率，同时也从电网吸收了电功率，这两部分功率均变为三相异步电机内部的损耗。制动运行时，由于转子逆着磁场方向旋转，$n < 0$，则转差率 $s > 1$。

在三种运行状态下，转子转速总是与旋转磁场转速（同步转速）不同，因而称为异步电机。

又由于异步电机的转子绕组并不直接与电源相接，而是依靠电磁感应的原理来产生感应电动势和电流，从而产生电磁转矩使电动机旋转，因而异步电机又称为感应电机。

三、三相异步电动机的功率和转矩平衡关系

1. 三相异步电动机中各个功率、损耗的含义

电动机是机电能量转换的机械，在能量转换过程中会有损耗，必然会遵循能量守恒定律，单位时间内的能量交换是平衡的，即功率平衡。

当三相异步电动机接在电网上稳定运行时，由电网供给的电功率称为三相异步电动机的输入功率 P_1。

$$P_1 = 3U_1 I_1 \cos\varphi_1 \qquad (1-17)$$

式中 U_1——三相异步电动机定子绕组相电压；

I_1——三相异步电动机定子绕组相电流；

φ_1——相电压与相电流之间的相位差角；

$\cos\varphi_1$——三相异步电动机功率因数。

输入功率中的一小部分将消耗于定子绕组的电阻上，该部分称为定子绕组铜耗 p_{Cu1}。

$$p_{Cu1} = 3I_1^2 r_1 \qquad (1-18)$$

式中 r_1——三相异步电动机定子绕组相电阻。

输入功率的另外一小部分将消耗于定子铁心上，该部分称为铁耗 p_{Fe}。

转子铁心损耗可忽略不计。这是因为正常运行时，三相异步电动机转子转速接近旋转磁场的同步转速，转差率 s 很小，转子铁心中磁通变化的频率很小，再加上转子铁心和定子铁心都是用硅钢片叠成，因而转子铁心中铁耗很小。所以，三相异步电动机的铁耗主要是定子铁心损耗。

输入功率减去定子铜耗和铁耗以后，余下的功率全部送入转子，这部分功率称为电磁功率 P_{dc}。电磁功率是借助电磁感应作用通过气隙旋转磁场由定子传递到转子的。

$$P_{dc} = P_1 - p_{Cu1} - p_{Fe} \tag{1-19}$$

传递到转子的电磁功率,一部分将消耗于转子绕组中的电阻上,这部分功率称为转子绕组铜耗 p_{Cu2}。

$$p_{Cu2} = 3I_2^2 r_2 \tag{1-20}$$

式中　I_2——三相异步电动机转子绕组相电流;

　　　r_2——三相异步电动机转子绕组相电阻。

传递到转子的电磁功率减去转子铜耗 p_{Cu2} 后余下的功率,称为全机械功率 P_J。

$$P_J = P_{dc} - p_{Cu2} \tag{1-21}$$

全机械功率实际上是传递到电动机转轴上的机械功率,它是转子绕组中的电流与旋转磁场作用产生电磁转矩,带动转子以转速 n 旋转时所对应的功率。

电动机转子转动时,会产生轴承摩擦及风阻等阻力转矩,为克服此阻力转矩,将消耗一部分功率,这部分功率称为机械损耗 p_m。

定子及转子绕组中流过电流时,除产生基波磁通外,还产生高次谐波磁通及其他漏磁通,这些磁通穿过导线、定子及转子铁心、机座、端盖等金属部件时,在其中感应电动势和电流并引起损耗,这部分称为杂散损耗 p_s。杂散损耗的大小与气隙的大小和制造工艺等因素有关。

全机械功率减去机械损耗和杂散损耗以后,就是三相异步电动机转轴上输出的机械功率 P_2。用 p_{m+s} 表示机械损耗和杂散损耗之和,则

$$P_2 = P_J - p_{m+s} \tag{1-22}$$

铁耗 p_{Fe}、定子绕组铜耗 p_{Cu1}、转子绕组铜耗 p_{Cu2} 都属于电磁损耗,这3项损耗主要与电动机的电磁负荷有关,即与电动机中的磁场强度、绕组中的电流大小、铁心和绕组的几何尺寸等有关。机械损耗 p_m 主要与电动机的转速、摩擦因数等因素有关。以上4项损耗属于电动机的基本损耗。

2. 三相异步电动机的功率平衡关系

三相异步电动机从电网吸收电功率,从转轴上输出机械功率,其功率流程图如图 1-15 所示。

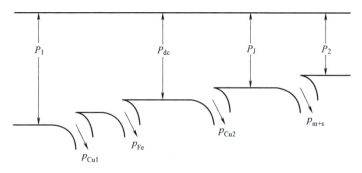

图 1-15　三相异步电动机功率流程图

从三相异步电动机功率流程图可见,三相异步电动机的功率平衡方程:

$$P_1 = p_{Cu1} + p_{Fe} + p_{Cu2} + p_{m+s} + P_2 \tag{1-23}$$

电动机的总损耗:

$$\Sigma p = p_{Cu1} + p_{Fe} + p_{Cu2} + p_{m+s} \tag{1-24}$$

电磁功率：
$$P_{dc} = p_{Fe} + p_{Cu2} + p_{m+s} + P_2 \quad (1\text{-}25)$$

全机械功率：
$$P_J = p_{m+s} + P_2 \quad (1\text{-}26)$$

除以上功率关系外，还可以证明，三相异步电动机的转子绕组铜耗与电磁功率之间存在着一定的关系，转子绕组铜耗与电磁功率之比等于异步电动机的转差率，即
$$p_{Cu2} = sP_{dc} \quad (1\text{-}27)$$

上式说明，转差率越大，电磁功率中转变为转子铜耗的部分就越多。转子电阻越大时，转子的铜耗越大，因此转差率也越大，转速也越低。

根据三相异步电动机功率流程图和式（1-25）～式（1-27）可知，全机械功率与电磁功率之间的关系为
$$P_J = P_{dc} - p_{Cu2} = (1-s)P_{dc} \quad (1\text{-}28)$$

3. 三相异步电动机的转矩平衡方程

在三相异步电动机中，输入定子的电能转换为转子上的机械能输出是通过转子上产生电磁力（载流导体在磁场中的受力），由电磁力产生电磁转矩使转子旋转而实现的。因此，电磁转矩是电动机中能量形态变换的基础。

对于已制造好的异步电动机，电磁转矩的大小与旋转磁场磁通的大小及转子电流大小密切相关。通过数学分析可知，电磁转矩 T 的大小与旋转磁场的每极磁通中 Φ_m 及转子电流 I_2' 成正比，可用公式表示为
$$T = C_T \Phi_m I_2' \cos\varphi_2 \quad (1\text{-}29)$$

式中 C_T——电动机转矩常数，$C_T = \dfrac{3pN_1K_{N1}}{\sqrt{2}}$。

Φ_m——每极磁通；

I_2'——转子电流；

$\cos\varphi_2$——转子的功率因数。

从动力学知道，作用在旋转体上的转矩等于旋转体的机械功率除以它的机械角速度。因此，在式（1-26）中，两边都除以转子的机械角速度 Ω，便得到三相异步电动机的转矩平衡方程式，即
$$T = T_0 + T_2 \quad (1\text{-}30)$$

上式中，电磁转矩 $T = \dfrac{P_{dc}}{\Omega}$，也就是说，在三相异步电动机中，转子转轴上的电磁转矩等于全机械功率除以转子机械角速度；$T_0 = \dfrac{p_{m+s}}{\Omega}$ 为三相异步电动机的空载转矩，它等于机械损耗与杂散损耗之和除以转子机械角速度；$T_2 = \dfrac{P_2}{\Omega}$ 为三相异步电动机的输出转矩，它等于输出功率除以转子机械角速度。

三相异步电动机的转矩平衡方程表明，电动机稳定运行时，电磁转矩减去空载转矩后，才是电动机转轴上的输出转矩。

由于全机械功率 $P_J = (1-s)P_{dc}$，转子的机械角度 $\Omega = (1-s)\Omega_1$，Ω_1 为旋转磁场的同步角速度，则可以得到

$$T = \frac{P_J}{\Omega} = \frac{P_{dc}}{\Omega_1} \tag{1-31}$$

上式说明，作用在转子上的电磁转矩与通过气隙旋转磁场传递到转子的电磁功率成正比。

电磁转矩既可以用转子的全机械功率除以转子的机械角速度来计算，也可以用电磁功率除以旋转磁场的同步角速度来计算。前者是从转子本身产生机械功率这一概念导出，由于转子本身的机械角速度为 Ω，所以 $T = \frac{P_J}{\Omega}$。后者则是从旋转磁场对转子作功这一概念出发，由于旋转磁场以同步角速度 Ω_1 旋转，而旋转磁场为了带动转子旋转，通过气隙传到转子的总功率就是电磁功率，所以 $T = \frac{P_{dc}}{\Omega_1}$。

四、三相异步电动机的运行特性

异步电动机从定子边吸取电能，从转子轴端输出机械能。从使用方面来说，机械负载需要它有一定的转矩和转速；从电网方面来说，要求电动机具有一定的效率、功率因数，并应限制其起动电流。为了保证电动机能够可靠、经济地运行，在设计和制造时，必须保证电动机的性能满足国家标准所规定的技术指标。三相异步电动机的工作特性反映了一些重要技术指标的变化规律。

三相异步电动机的工作特性是指在额定电压及额定频率时，转速 n、电磁转矩 T、定子电流 I_1、定子功率因数 $\cos\varphi_1$ 以及效率 η 随着输出功率 P_2 而变化的关系曲线。

1. 转速特性

三相异步电动机在额定电压及额定频率下，输出功率 P_2 变化时，转速 n 的变化规律曲线 $n = f(P_2)$ 称为转速特性。

空载时，输出功率 $P_2 = 0$，转子电流很小，转子铜耗 p_{Cu2} 很小，转差率 $s \approx 0$，转子转速接近同步转速。随着负载的增大，转速会略有下降，这样旋转磁场便以较大的转差 $\Delta n = n_1 - n$ 切割转子导体，使转子导体中的感应电动势及电流增加，而转子电流的增加，会产生较大的电磁转矩从而与机械负载的阻力转矩相平衡。转速特性 $n = f(P_2)$ 曲线形状如图 1-16 所示。

随着负载的增大，转子电流增大，转子铜耗及电磁功率也相应增大。但是，转子铜耗与转子电流的二次方成正比，而电磁功率近似与转子电流的一次方成正比，转子铜耗比电磁功率增大得快。而电动机的转差率 $s = \frac{p_{Cu2}}{P_{dc}}$，所以，随着负载的增大，转差率 s 也增大，

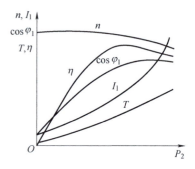

图 1-16 三相异步电动机运行特性

即转速 n 稍有下降。对一般的三相异步电动机，为保证有较高的效率，转子铜耗不能过大，所以转差率 s 的数值很小。在额定负载时的转差率约为 0.01～0.07（其中小的数字对应于容量大的电动机），这表明额定转速仅比同步转速低 1%～7%。

2. 转矩特性

三相异步电动机在额定电压及额定频率下，输出功率 P_2 变化时，电磁转矩 T 的变化规律曲线 $T = f(P_2)$ 称为转矩特性。

由三相异步电动机的转矩平衡方程式可知

$$T = T_0 + T_2 = T_0 + \frac{P_2}{\Omega} \quad (1\text{-}32)$$

从空载到额定负载之间，空载转矩 T_0 可认为不变，假设电动机的转速也不变，则转矩特性 $T=f(P_2)$ 为一条直线。实际上，随着 P_2 的增加，电动机的转速略有下降，所以，转矩特性是一条比直线略有上翘的曲线，如图 1-16 所示。

3. 定子电流特性

三相异步电动机在额定电压及额定频率下，输出功率 P_2 变化时，定子电流 I_1 的变化规律曲线 $I_1=f(P_2)$ 称为定子电流特性。

空载运行时，转子电流 $I_2 \approx 0$，此时定子电流 I_1 几乎全部为励磁电流。励磁电流是定子电流中用来产生旋转磁场主磁通的电流分量；定子电流中的另一部分称为定子电流有功分量，定子电流有功分量用来与转子电流相平衡。

当负载增加以后，输出功率增大，转子转速下降，转子电流增加，以产生足够的电磁转矩与负载转矩相平衡，通过电磁感应关系，定子电流也随着增加，输入功率增大，从而满足功率平衡方程的要求。定子电流特性 $I_1=f(P_2)$ 曲线形状如图 1-16 所示。

4. 功率因数特性

三相异步电动机在额定电压及额定频率下，输出功率 P_2 变化时，定子功率因数 $\cos\varphi_1$ 的变化规律曲线 $\cos\varphi_1=f(P_2)$ 称为功率因数特性。

对电网来说，三相异步电动机是一个电感性负载，它从电网中吸取无功功率，所以，三相异步电动机的功率因数是滞后的。

空载运行时，定子电流中的大部分是励磁电流，由于励磁电流中的主要成分是无功的磁化电流，所以空载时的功率因数很低，通常为 $\cos\varphi_1 < 0.2$。加上负载后，由于要输出一定的机械功率，因此，定子电流中的有功分量增加，电动机的功率因数逐渐提高。一般电动机在额定功率附近，功率因数将达到最大数值，额定功率因数 $\cos\varphi_N = 0.7 \sim 0.96$（功率大的电动机取大值）。功率因数特性 $\cos\varphi_1=f(P_2)$ 曲线形状如图 1-16 所示。

5. 效率特性

三相异步电动机在额定电压及额定频率下，输出功率 P_2 变化时，效率 η 的变化规律曲线 $\eta=f(P_2)$ 称为效率特性。

三相异步电动机的效率 η 为输出功率与输入功率之比。

$$\eta = \frac{P_2}{P_1} = \frac{P_2}{P_2 + \sum p} \quad (1\text{-}33)$$

空载时，输出功率 $P_2=0$，故 $\eta=0$。随着负载的增大，输出功率逐步增大，效率也相应升高。

异步电动机在运行过程中的转速及气隙磁通是近似不变的，故机械损耗与定子铁耗之和基本上是常数，称为不变损耗；定子、转子的铜耗与电流二次方成正比，随电流的变化而变化，称为可变损耗。当不变损耗与可变损耗相等时，出现最高效率。

出现最高效率后，若负载继续增大，电动机的效率就要下降，效率特性 $\eta=f(P_2)$ 曲线形状如图 1-16 所示。

由于额定功率附近的功率因数和效率都比较高，因此总希望电动机在额定功率附近运行。

如果电动机长时间在低负荷下运行，由于此时的效率和功率因数都很低，很不经济。因此，选用电动机时，应使电动机的机械容量与机械负载相匹配。

五、三相异步电机的机械特性

异步电机输出机械功率主要表现在输出转矩和转速上，因此转速或转差率是异步电机的基本变量之一。当三相异步电机的外加定子电压及频率不变，转差率 s 变化时，电磁转矩 T 的变化规律曲线 $T=f(s)$ 称为机械特性。通过数学分析，可以得到用参数表示的电磁转矩 T 的计算公式如下：

$$T=\frac{3pU_1^2 r_2'/s}{2\pi f_1[(r_1+r_2'/s)^2+(x_1+x_2')^2]} \qquad (1\text{-}34)$$

式中　p——极对数；
　　　U_1——定子相电压；
　　　f_1——电源频率；
　r_1、x_1——定子绕组的直流电阻和电抗；
　r_2'、x_2'——转子绕组的折算直流电阻和电抗。

当异步电机的定子电压、频率及各参数都为定值时，改变转差率 s 的大小，根据式（1-34）可算出相应的电磁转矩 T 和做出机械特性 $T=f(s)$ 曲线，如图1-17所示。

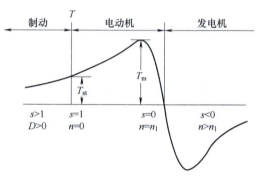

图1-17　三相异步电机的机械特性

由图1-17可知，当 $1\geqslant s>0$ 时，电磁转矩和转子的转速为正，转子转速小于磁场的同步转速，电机处于电动机运行状态；当 $s<0$ 时，转子的转速为正，转子转速大于磁场的同步转速，电磁转矩为负，电机处于发电机运行状态；当 $s>1$ 时，转子的转速为负，电磁转矩为正，电机处于制动运行状态。

任务三　三相异步牵引电机的起动、调速、反转和制动

任务目标

1. 掌握三相异步牵引电机的起动方法。
2. 掌握三相异步牵引电机的调速方法与控制方式。
3. 掌握三相异步牵引电机的反转方法。
4. 掌握三相异步牵引电机的制动方法。

知识课堂

一、三相异步牵引电机的起动

三相异步牵引电机的起动是指牵引电机获得三相电源开始,其转速从零上升到稳定值的过程。起动瞬间,$n=0$,即 $s=1$。此时的电磁转矩称为起动转矩 T_{st},据图 1-17 所示,起动转矩 T_{st} 较小。

起动(过程)电流是指在额定电压和额定频率下,电动机的转速由零到负载转速的起动期间电动机从供电线路输入的稳态方均根电流。而电动机的合闸峰值电流是指电动机合闸后的最大峰值瞬态电流,也就是本文所说的起动电流 I_{st}。定子绕组加上电压后,定子绕组中除了感应电动势和漏电动势外,定子电流还会在定子绕组电阻上造成电压降。此时主磁通还会在转子绕组中感应电动势,但转子电流为零。因此三相异步电机等效电路中总的阻抗很小。若所加电压为额定值,会导致其起动电流较大,甚至可能达到额定电流的 8 倍。

城轨车辆要起动,意味着三相异步牵引电机要能可靠起动,即其所产生的牵引力必须能克服列车的起动阻力,且不得大于最大粘着力(防空转)。

如何解决起动电流过大,而起动转矩较小的问题呢?

要降低起动电流,可通过降低加在定子绕组上的电压 U_1 来实现。但外加电源电压降低后,若其他参数不变,则起动转矩就会下降,不利于列车的起动。

从 $T=C_T\Phi_m I_2' \cos\varphi_2$ 角度分析,影响电磁转矩大小的有 4 个方面因素:

(1)**电机转矩常数 C_T** 城轨车辆采用的是三相笼型异步电机,运行过程不会改变电机的极对数、导体数和定子绕组分布,因此其数值不会改变。

(2)**气隙磁通 Φ_m** 据式(1-5)可得,气隙磁通 Φ_m 为

$$\Phi_m = \frac{E_1}{f_1} \frac{1}{4.44 N_1 K_{N1}} \tag{1-35}$$

为使电机得到满意的性能,通常应保持气隙磁通不变。当定子绕组电动势与电源频率之比为常数时,气隙磁通保持不变。但是,从控制技术的角度来说,这是比较难于实现的。

电机运行过程中,定子阻抗压降很少,可以忽略,则 $U_1 \approx E_1$。由此可得

$$\Phi_m \approx \frac{U_1}{f_1} \frac{1}{4.44 N_1 K_{N1}} \tag{1-36}$$

从式(1-36)可知,采用恒电压/频率比可使气隙磁通近似不变。这样从控制技术上很容易实现。

(3)**转子折算电流可用下式计算得到**

$$I_2' = \frac{U_1}{\sqrt{(r_1+r_2'/s)^2+(x_1+x_2')^2}} \tag{1-37}$$

式(1-37)中,定子绕组和转子绕组的参数在静止状态是不变的,但其折算值与转差率 s 和电源频率有关。当 $s=1$ 时,转子折算电流只与外加电源电压及频率有关,其中 x_2' 与 f_1 成正比。

(4)**转子功率因数 $\cos\varphi_2$** 转子阻抗角 φ_2 为

$$\varphi_2 = \tan^{-1}\frac{sx_2}{r_2} \tag{1-38}$$

式中　x_2——转子静止状态的漏抗；

　　　r_2——转子静止状态的电阻。

三相异步电机在起动时，转子绕组感抗较大，而电阻较小，从式（1-38）可知，φ_2 接近 90°，因此，转子功率因数很小。

从上面分析可知，转子电流的有功分量 $I_2'\cos\varphi_2$ 在起动瞬间是较小的。而既要增大起动转矩，又要降低起动电流，可在降低牵引电机电源电压的同时，降低电源频率，使气隙磁通保持不变。这就是说，在起动过程中，牵引电机采用恒转矩控制。

二、三相异步牵引电机的调速

人为地改变电机的转速，称为调速。

三相异步电机作为城轨车辆的牵引电机，需要具有宽广的调速范围，能实现平滑调速，且控制方便。根据电机的转速公式 $n=\dfrac{60f_1}{p}(1-s)$，影响电机转速变化的因素有3个。

（1）电机极对数 p　电机极对数 p 只能是整数，且受电机尺寸及工艺等因素限制，通过改变 p 值来调速，显然无法满足牵引要求。

（2）转差率 s　要改变转差率 s，就要增加附加设备，如增加电磁转差离合器。这要受车下空间限制，且调速范围较窄。这显然也不符合牵引要求。

（3）电源频率 f_1　随着半导体元器件和计算机技术的发展，能够在较大范围内方便地改变电源频率 f_1。因此，变频调速是三相异步牵引电机的首选。但是，三相异步电机的电磁转矩也将受到电源频率 f_1 变化的影响。

变频调速控制方式的发展，大体分为3个阶段：

1）普通功能型 U/f 控制方式——转速开环控制，不具有转矩控制功能。

2）高功能型的转差频率控制方式——转速需要闭环检测，有转矩控制功能，能使电机在恒磁通或恒功率下运行，能充分发挥电动机的运行功率，其输出静态特性较 U/f 控制有较大的改进。

3）高性能型矢量控制或直接转矩控制方式，可以实现直流电机的控制特性，具有较高的动态性能。

随着技术的发展，直接转矩控制方式下的变频调速是三相异步牵引电机的发展方向。

三、三相异步牵引电机的反转

城轨车辆运行方向的改变，是通过改变三相异步牵引电机的旋转方向来实现，而它又取决于定子旋转磁场的旋转方向，并且两者的方向相同。只要改变旋转磁场的方向，就能使三相异步电机反转。因此，通过改变逆变电路中各半导体开关的触发顺序，使输入到三相异步牵引电机的三相电源相序发生改变，就改变了旋转磁场的方向，从而使三相异步牵引电机反转。

四、三相异步牵引电机的制动

制动工况时，三相异步牵引电机处于发电机状态，将车辆动能转化为电能。现代城轨车辆以再生制动为主，产生的电能直接反馈回电网。当电网没有能力或不能全部吸收制动所产生的电能时，就会转入为电阻制动，把电能消耗在制动电阻上。再生制动与电阻制动的转换由控制单元根据线路滤波电容两端的电压控制制动斩波器自动完成。

任务四　交流异步牵引电机的检查与维护

任务目标

1. 了解典型交流异步牵引电机的维修计划。
2. 掌握交流异步牵引电机定子绕组的测定方法。
3. 掌握交流异步牵引电机的清洁方法。
4. 认知交流异步牵引电机轴承检修要点。

知识课堂

一、典型交流异步牵引电机的维修计划

以深圳地铁 4EBA 4040 型牵引电机为例，表 1-1 为其交流异步牵引电机的维修计划。

表 1-1　交流异步牵引电机的维修计划

时间	工作内容	注释
每月 1 次或根据每个检查周期	检查过滤器外部是否受到严重的污染	清洁过滤器
每 120000km 1 次或每年 1 次	检查电机是否有外部坏损并检查电机的机械连接	建议：对外部干洗，对非驱动端轴承进行润滑分析
每 240000km 1 次或每 3 年 1 次	重新润滑电机轴承	
每 600000km 1 次，最长不能超过每 7 年 1 次	更换电机轴承润滑剂，目测检查电机	建议：轴承替换

二、交流异步牵引电机定子绕组的测定

1. 异步直流电阻的测定

测定定子绕组直流电阻是电机检修的一项重要内容。通过对实测电阻值的分析，可以初步判定被试电机绕组的匝数、线径、并绕根数、接线方式及接线质量等是否达到要求，以及绕组匝间有无严重的短路故障等。绕组的直流电阻要参与电机损耗计算和温升计算，直接影响电机性能评价的效果。因此，绕组直流电阻的测定试验应选择较高精度的测试仪表，如电桥、直流电阻测量仪等，力求检测数据具有较高的准确度。

把每相绕组作为被测导体，用电桥或直流电阻测量仪等精密仪表进行测量，一般不用伏安法。测量时，先用温度计测量电机铁心的温度，并记录下来。当电机内部温度与环境温度相差不超过 2℃时，认为电机处于冷态。在冷态下测量每相绕组的电阻，并换算成 20℃时的电阻。

铜导体的换算公式为

$$R_2 = R_1 \frac{235 + T_2}{235 + T_1} \qquad (1\text{-}39)$$

式中　R_1——冷态下,导体的测量电阻(Ω)。
　　　T_1——冷态温度(℃)。
　　　T_2——换算温度,$T_2 = 20℃$。

2. 电机绝缘的测定

测量电机的绝缘电阻,就是测量电机绕组对机壳和绕组之间的绝缘电阻。根据国家标准规定使用1000V绝缘电阻表进行测量。绝缘电阻合格标准见表1-2。

表1-2　电机绝缘电阻合格标准

状　　态	标　　准
处于操作状态中的、脏的,但是外部干燥的电机,其绝缘电阻值是最小的(在室温条件下测量)	≥2MΩ
在烘干后,室温状态下测量	≥20MΩ
在清洁后尚覆盖有清洁剂的情况下,在室温状态下测量	≥200MΩ
电机经修理后,在超高压U_P=2.8kV下的附加检查(相当于初始测试时测试电压的60%)	≥200MΩ

三、牵引电机的清洁

为了便于对牵引电机进行检查,要对牵引电机的外部和内部进行必要的清洁。具体实施见实训工单一、二。

四、轴承的维修

轴承具有有限的使用寿命,预计的标准使用寿命为实际使用寿命提供了参考点。每个轴承的使用寿命根据其不同的使用环境而各异。同样的轴承在同样的使用环境下,其使用寿命也会受到统计分布的影响。

在轴承制造商(设计轴承)和润滑剂制造商同意并接受,以及在规定铁道上的使用状态的情况下,计算出的轴承使用寿命 L_s > 200 万 km。计划的替换轴承周期,必须短于轴承开始使用时预计的最小使用寿命。计算轴承额定的使用寿命的必要的前提工作是恰当的维修和处理轴承。

由于润滑剂的使用寿命会受到机械和化学作用的限制,要想达到轴承完整的使用寿命,就要完全更换润滑剂。在涂脂轴承中,润滑剂必须每600000km,最长7年更换一次。具体实施见实训工单三。

任务五　直线电机的使用与维护

任务目标

1. 认知直线电机的工作原理。
2. 认知轨道交通的直线电机结构。

知识课堂

一、直线电机工作原理

直线电机是从旋转电机演变而来，因此其工作原理与旋转电机相似。

在直线电机的三相绕组中通入三相对称正弦电流后，也会产生气隙磁场。当不考虑由于铁心两端断开而引起的纵向边端效应时，这个气隙磁场的分布情况与旋转电机相似，即可看成沿展开的直线方向呈正弦形分布，如图1-18所示。三相电流随时间变化时，气隙磁场将按A、B、C相序沿直线移动。这个原理与旋转电机的相似。但是，这个磁场平移，而不是旋转，因此称为行波磁场。

行波磁场的移动速度与旋转磁场在定子内圆表面上的线速度一样，用v_s（m/s）表示，称为同步速度，即

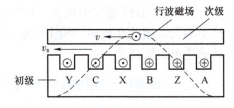

图1-18 直线电机的基本工作原理

$$v_s = \frac{D}{2}\left(\frac{2\pi n_1}{60}\right) = \frac{D}{2}\left(\frac{2\pi}{60}\right)\frac{60f}{p} = 2f\left(\frac{\pi D}{2p}\right) = 2f\tau \quad (1-40)$$

式中 D——旋转电机的定子内圆直径（m）；

n_1——旋转磁场的同步转速（r/min）（$n_1 = 60f/p$）；

τ——极距（m）（$\tau = \pi D/2p$）；

p——极对数；

f——电源频率（Hz）。

行波磁场不但对初级产生作用，同时也对次级产生作用。假定次级为栅形次级，次级导条在行波磁场切割下，将产生感应电动势并产生电流。所有导条的电流和气隙磁场相互作用便产生电磁推力。

如果初级是固定不动的，那么次级就顺着行波磁场运动方向作直线运动；反之，则初级作直线运动。其运动速度用v（m/s）表示，计算方法与旋转电机类似。同样，通过改变其电源频率f，就可以改变其运行速度v。

应该指出，直线电机的次级大多采用整块金属板或复合金属板，并不存在明显导条。可看成无限多导条并列安置进行分析。图1-19为假想导条中的感应电流及金属板内电流的分布情况。

旋转电机通过对换任意两相的电源线，可以实现反向旋转。直线电机也可以通过同样的方法实现反向运动。根据这一原理，可使直线电机做往复直线运动。

虽然直线感应电机与旋转感应电机在工作原理上并无本质区别，只是得到机械能方式不同而已。但是，两者在电磁性能上却存在很大的差别，主要表现在以下3个方面：

1）旋转感应电机定子三相绕组是对称的，因而若所施加的三相电压对称，则三相

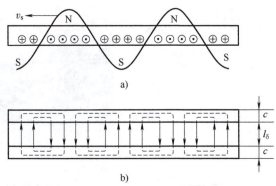

图1-19 次级导体板中的电流

a) 假想导条中的感应电流 b) 金属板内电流分布

电流就是对称的。但直线感应电机的初级三相绕组在空间位置上是不对称的,位于边缘的线圈与位于中间的线圈相比,其电感值相差很大,也就是说三相电抗是不相等的。因此,即使三相电压对称,三相绕组电流也不对称。

2)旋转感应电机定、转子之间的气隙是圆形的,无头无尾,连续不断,不存在始端终端。但直线感应电机初、次级之间的气隙存在着始端和终端。当次级的一端进入或退出气隙时,都会在次级导体中感应附加电流,这就是所谓的"边缘效应"。由于边缘效应的影响,直线感应电机与旋转感应电机在运行特性上有较大的不同。

3)由于直线感应电机初、次级之间在直线方向上要延续一定的长度,且法向电磁力往往不均匀,因此在机械结构上一般将初、次级之间的气隙做得较长,这样,其功率因数比旋转感应电机要低。

二、轨道交通的直线电机结构

1. 轨道交通直线电机分类

(1)按定子长度分 直线电机按定子长度分为长定子直线电机和短定子直线电机。目前的地铁车辆、中低速磁悬浮铁路普遍采用短初级单边型直线电机。

(2)按磁场是否同步分 直线电机按磁场是否同步划分为直线同步电机 LSM 和直线感应(异步)电机 LIM。目前国内大部分运用直线电机牵引的地铁车辆采用的是直线感应电机,德国的运捷 TR 和日本的 MLX 系统均采用直线同步电机。

(3)按驱动方式分 直线电机按驱动方式可分为导轨驱动和车辆驱动两类。

导轨驱动也称为路轨驱动或地面驱动,采用长定子直线同步电机 LSM,其运行工况及运行速度由地面控制中心控制,司机不能直接控制,一般用于长大干线铁路或城际轨道交通,如德国运捷 TR 和日本 MLX 系统。

车辆驱动技术采用短定子直线感应电机 LIM。直线感应电机的初级线圈(定子)设置在车辆上,其运行工况及运行速度由司机控制,故称为车辆驱动。一般用于城市轨道交通、中低速磁悬浮铁路及轮轨直线感应电机铁路。

目前,城市轨道交通车辆中一般使用短定子直线感应电机,即直线感应电机短定子(初级线圈)设置在车辆转向架上,长转子(次级线圈)安装在轨道中间的导轨上(常把转子称为感应轨或反作用板),如图 1-20 所示。

图 1-20 直线电机轮轨交通车辆走行部件配置

（4）按冷却方式分 直线电机按冷却方式可分为自然通风和强迫通风两类。如广州地铁4号线车辆上的直线电机（155kW）采用自然通风，而某城市轨道交通车辆因其直线电机小时功率较高（184kW），所以采用了强迫通风。

2. 车载短定子直线电机结构

（1）定子 车载短定子直线电机的定子主要由铁心和三相绕组组成。其设计应满足散热、环境、电气、机械4个方面的要求。

轨道交通直线感应电机的铁心在磁场移动的方向上是开断的，长度也是有限的，它不像旋转电机那样有闭合的圆环状态。这导致其存在纵向和横向边缘效应，从而造成电机气隙中移动磁场的畸变，进而造成电机出力减小和损耗增加。

线圈导体的要求与旋转电机相似，由于定子结构的变化，使得各相绕组阻抗不对称。且其绕组绝缘是直接裸露在空气环境中，受重力、空气摩擦力等因素影响，在使用中应特别注意。以广州地铁4号线为例，车辆自2005年在广州投入运营，直线电机数量为240台，运营至今出现多次槽楔下沉、电机烧损、绝缘电阻过低等故障，如图1-21所示。

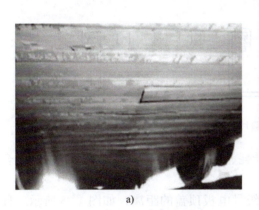
a)

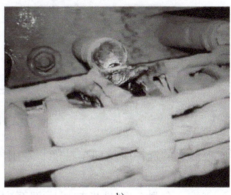
b)

c)

图1-21 直线感应电机故障现象

a）槽楔下沉现象 b）导线连杆与线圈连接处烧损 c）电机底部线圈烧损

（2）感应板（转子） 感应板由导电板、导磁板、安装座及支架组成，其结构如图1-22所示。按照导磁板结构形式，感应板分为整体式（图1-23）和叠片式（图1-24）两种；按照导电板的材料不同，感应板可分为覆铜板+低碳钢板和覆铝板+低碳钢板两种。铜板可以提供更大的推力，且次级电阻减小，故在相同推力下，覆铜板感应板的效率有所提高，但覆铜板成本较高。

图 1-22 感应板结构示意图

图 1-23 整体式感应板

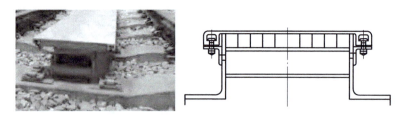

图 1-24 叠片式感应板

感应板形式的选择应从列车性能、牵引能耗、维护、成本等综合考虑，选取一个合理的平衡点。

（3）气隙　气隙一般是指初级底部至次级导电板顶盖的距离，如图 1-25 所示。日本标准气隙为 12mm，加拿大的 Sky Train 气隙值为 10mm。气隙值越小，列车运行所消耗的电能越少。

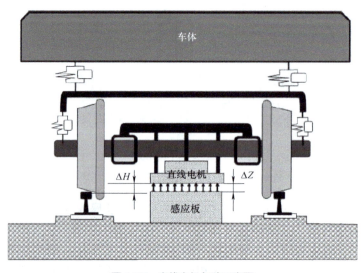

图 1-25 直线电机气隙示意图

项目二

车辆空调装置的检查与维护

学习导入

车辆客室内的空气调节依靠车辆空调装置来完成。车辆空调装置是一个综合性产品，产品涉及工程热力学、传热学、流体力学等学科，应用涉及机械、电气及控制、材料等领域，技术先进、复杂。车辆空调与制冷装置的正确安装、使用、维护和管理是车辆运用与检修人员的一项基本的、重要的工作。本项目介绍城轨车辆的空调与制冷装置在结构性能、参数等方面的特点，并学习城轨车辆管理知识和检修技术的理念，要求学生学会安装、使用、维护和管理城轨车辆的空调与制冷装置。

任务一　认知车辆空调装置

任务目标

1. 了解车辆空调装置的作用与分类。
2. 了解车辆空调装置的组成。

知识课堂

一、车辆空调装置的作用与分类

1. 车辆空调装置的作用

空调装置被广泛应用于我国的工农业生产和人们的日常生活中，对我国国民经济的发展和老百姓物质文化生活水平的提高具有重要意义。目前，它已被广泛应用在轨道交通车辆上，车辆客室内的空气调节效果已经成为车辆乘坐环境是否舒适的衡量标准。新型的铁路机车车辆和几乎所有的城市轨道交通车辆（简称"城轨车辆"）已经普遍使用了空调装置。

车辆空调装置的作用是将一定量的车外新鲜空气和车内再循环空气混合，经过滤、冷却或加热、减湿或加湿等处理后，以一定的流速送入车内，并将车内一定量的污浊空气排出车外，从而控制车内的温度、湿度、风速、清洁度及噪声，并使之达到规定标准，以提高车内的舒适性，改善乘客的乘车环境。

2. 车辆空调装置的分类

车辆空调装置按制冷压缩机的工作方式分为：活塞式、螺杆式和离心式；按安装方式分为：分装式和单元式；按客车空调供电方式分为：本车供电和集中式供电；还可以按使用制冷剂或其他特殊结构进行分类。

二、车辆空调装置的组成

车辆空调装置一般具备通风、制冷、加热、加湿等功能，一般的车辆空调装置由通风系统、空气冷却系统、空气加热系统、空气加湿系统以及自动控制系统五大部分组成。

1）通风系统的作用是将车外新鲜空气吸入并与车内再循环空气混合，滤清灰尘和杂质后，再压送分配到车内，同时排出车内多余的污浊空气，以保证车内空气的洁净度以及合理的流动速度和气流组织。通风系统一般由通风机组、空气过滤器、新风口、送风道、回风口、回风道以及排废气口等组成。

2）空气冷却系统（也称制冷系统）的作用是对车内的空气进行降温、减湿处理，使车内空气的温度与相对湿度保持在规定的范围内。冷却系统工作时，蒸发器将要送入车内的空气冷却，由于蒸发器表面的温度低于空气的露点温度，空气中的部分水蒸气就会凝结成水滴，形成我们通常所说的"空调水"。因此，空气在通过蒸发器冷却的同时也得到了减湿处理。为保证制冷系统安全、有效地工作，制冷系统除压缩机、蒸发器、冷凝器、节流装置四大件外，还配有贮液器、干燥过滤器、气液分离器等辅助设备。

3）空气加热系统的作用是在低温时对进入车内的空气进行预热和对车内的空气进行加热，以保证车内空气的温度在规定的范围内。在空气温度较低时，通风系统向车内送风过程中，由预热器对空气进行加热，然后再送入车内，而车内地面式加热器对车内空气加热，以补偿车体和门窗的热损失。空气加热系统通常包括空气预热器和地面空气加热器两部分。

4）空气加湿系统的作用是在车内空气相对湿度较低时，对空气进行加湿处理，以保证车内空气的相对湿度在规定的范围内。目前，我国在一般车辆的空调装置中不设加湿系统，仅在某些高级公务车及特殊要求的车辆上才设此系统。加湿最简单的方法是采用电极加湿器。

5）自动控制系统的作用是控制各功能系统按给定的方案协调、有序地工作，以使车内的空气参数控制在规定的范围内，并同时对空调装置起自动保护作用。电气控制系统一般由各设备的控制电器、保护元件以及相关仪表和电路等组成。

任务二　认知车辆制冷系统主要部件

任务目标

1. 熟悉制冷系统的四大件。
2. 了解制冷系统的辅助设备。

知识课堂

一、制冷系统的四大件

1. 压缩机

在蒸汽压缩式制冷系统中，压缩机是四大件的主要部件之一。它把制冷剂蒸汽从低压状态压缩至高压状态，创造了制冷剂液体在蒸发器中低温下汽化制冷和在冷凝器中常温液化的条件。此外，由于压缩机不断地吸入和排出气体，为制冷剂在制冷系统中不断循环提供了动力，才使制冷循环得以周而复始地进行，所以它被称为整个装置的"心脏"，常被称为蒸汽压缩式制冷装置的主机。

为保护压缩机的安全工作，制冷压缩机往往采取多重保护装置。例如，机组内设过电流保护，高低压保护，缺相保护和延时起动（冷凝风机先开10s，以利于压缩机起动，停机时同时停止）。其中任何一种保护发生作用时，压缩机就立即停止工作，防止损坏。

下面以全封闭式制冷压缩机为例，对压缩机的工作原理做一个基本介绍，该机组是将压缩机与电动机一起组装在一个密闭的罩壳内，形成一个整体，从外表上看只有压缩机进、排气管和电动机引线，如图2-1所示。

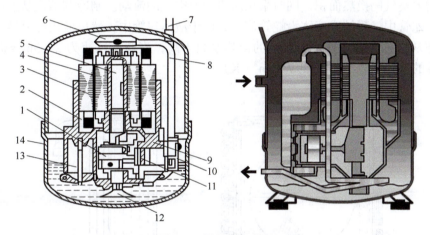

图2-1 全封闭式压缩机

1—连杆 2—电动机绕组 3—电动机定子铁心 4—转子铁心 5—偏心轴（主轴） 6—吸气包 7—排气管 8—吸气管 9—气缸体 10—气缸盖 11—活塞 12—过滤器 13—稳压室 14—罩壳

2. 冷凝器

（1）冷凝器的作用与类型 在制冷系统中，冷凝器是一个制冷剂向系统外放热的换热器。自压缩机经由分离器来的制冷剂蒸汽进入冷凝器后，向冷却介质（水或空气）放热，其状态由过热蒸汽变成饱和液体或过冷液体。制冷剂在冷凝器中放出的热量包括两部分：一是通过蒸发器从被冷却物体吸取的热量；二是在压缩机中被压缩时，外界机械功转化的热量。

冷凝器按其冷却介质和冷却方式，可以分为水冷式、蒸发式和空气冷却式（或称风冷式）3种类型。下面以空气冷却式（或称风冷式）为例进行蒸汽冷凝原理讲解。

（2）空气冷却式冷凝器的工作原理 空气冷却式冷凝器又称为风冷式冷凝器。在这种冷凝器中，制冷剂冷却凝结放出的热量被空气带走。空气冷却式冷凝器多为蛇管式，制冷剂蒸汽在管内冷凝,空气在管外流动。根据空气运动的方式,又分为自然对流式和强迫对流式两种形式。

自然对流空气冷却式冷凝器依靠空气受热后产生的自然对流,将制冷剂冷凝放出的热量带走。如图2-2所示为几种不同结构形式的自然对流空气冷却式冷凝器,其冷凝管多为铜管或表面镀铜的钢管,管外通常做有各种形式的肋片。这种冷凝器的换热系数很小,为 $5\sim10W/(m^2\cdot K)$,主要用于家用冰箱和微型制冷装置。

平板式自然对流式　　百叶窗式自然对流式　　钢丝式自然对流式

图2-2　自然对流空气冷却式冷凝器

图2-3为强迫对流空气冷却式冷凝器的结构图。它是由几组蛇形盘管组成。在盘管外加肋片,以增大空气侧换热面积,同时采用风机加速空气的流动。制冷剂蒸汽从上部的分配集管进入每根蛇管中,凝结成液体沿蛇管流下,汇于液体集管中,然后流出冷凝器。空气在风机的作用下从管外流过。这种冷凝器的换热系数不高,当迎面风速为 $2\sim3m/s$ 时,按全部外表面计算的换热系数为 $24\sim29W/(m^2\cdot K)$。

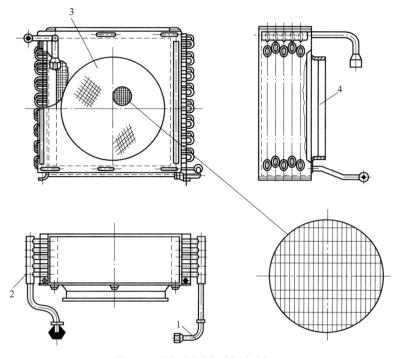

图2-3　强迫对流空气冷却式冷凝器

1—液体集管　2—蒸汽集管　3—肋片管组　4—风机的扩散器

3. 蒸发器

（1）蒸发器的类型与工作原理 蒸发器按冷却介质的不同分为冷却液体（水、盐水等）的蒸发器和冷却空气的蒸发器两种。冷却液体的蒸发器有卧式壳管式蒸发器、干式壳管式蒸发器和沉浸式蒸发器；冷却空气的蒸发器有冷却排管式和直接蒸发式空气冷却器。

蒸发器是制冷系统中的一种吸热设备。在蒸发器中，制冷剂液体在较低的温度下沸腾，转变为蒸汽，利用制冷剂的蒸发潜热，吸收被冷却介质的热量而使被冷却介质的温度降低，达到制冷的目的。因此，蒸发器是制冷系统中制取和输出冷量的设备。

（2）冷却排管式和直接蒸发式空气冷却器的区别 冷却排管式多用于冷库和试验的制冷装置中，其特点是制冷剂在管内蒸发，管外空气自然对流，传热系数较小。冷却排管可以用光管，也可以用肋片管制成。直接蒸发式空气冷却器也称冷风机，它适用于各种空调机组、冷藏库及低温试验箱。其特点是在这种蒸发器中，制冷剂在蛇管内吸热蒸发，管外空气是在风机的作用下受迫流动。由于空气是强迫流动，所以传热系数比冷却排管高，在车辆制冷系统中，采用的蒸发器均为直接蒸发式空气冷却器。

直接蒸发式空气冷却器的结构如图2-4所示，跟空气冷却式冷凝器很相似，但肋片间距较冷凝器的要小。

直接蒸发式空气冷却器一般由许多并联的蛇形管组成，而且制冷剂分配到各通路是否均匀对蒸发器的冷却效果影响很大，所以在蒸发器的进液处设有分液器2（俗称莲蓬头），使经膨胀阀节流后的制冷剂液体通过分液管3均匀分配到各蒸发蛇管中。为了保证向各管分液时均匀，各分配管的长度要求一样。蒸发后的制冷剂蒸汽汇合到汇集管4后，经回气管5再被压缩机吸入。回气管5上包扎有感温包6，用以调节膨胀阀的开启度。

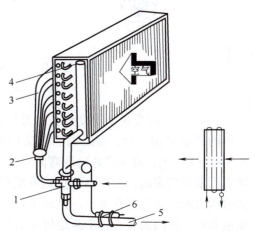

图2-4 直接蒸发式空气冷却器及其安装位置示意图
1—膨胀阀 2—分液器 3—分液管 4—汇集管
5—回气管 6—感温包

4. 节流装置

下面以车辆空调装置中应用较为广泛的热力膨胀阀为例来讲述节流装置的特点以及工作原理。

热力膨胀阀也称自动膨胀阀，它除了利用蒸发器出口处制冷剂蒸汽的过热度来调节制冷剂流量外，还对高压液体制冷剂起节流降压作用，使制冷剂一出阀孔就沸腾膨胀为湿蒸汽，故也称节流阀。热力膨胀阀按平衡方式的不同，可分为内平衡式和外平衡式两种。

（1）内平衡式热力膨胀阀的结构与特性 内平衡式热力膨胀阀是由感温包、毛细管、膜片、顶杆、阀座、阀针及调节机构等组成。膨胀阀接在蒸发器的进口管上。内平衡式热力膨胀阀结构及原理如图2-5所示。

感温包感受制冷剂离开蒸发器时的温度，与其温度相对应的饱和压力 p_1 经毛细管传至膨胀阀上部的膜片上，使膜片有一向下的推力 $F_1 = p_1 \cdot A$，（A 为膜片受压面积），作用方向使阀门向开启方向移动，膜片下面所承受的力有两个：一是经过阀门节流后制冷剂的压力 $F_0 = p_0 \cdot A$；另一个是弹簧力 F_2。这两个力的作用方向是使阀门朝关闭方向移动，这些力应当平衡，即 $F_1 = F_0 + F_2$，此时膜片不动，阀针孔的开启度不变。

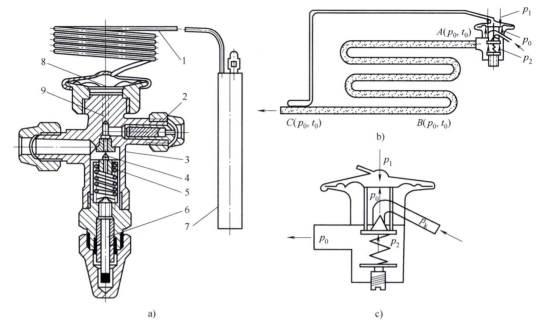

图2-5 内平衡式热力膨胀阀结构及原理图

1—毛细导管 2—阀体 3—阀座 4—阀芯 5—弹簧 6—调整杆 7—感温包 8—膜片 9—顶杆

利用力 F_1 的变化来改变针孔的开启度,从而改变制冷剂的流量,实现自动调节。当蒸发器的供液量较少时,蒸发器出口蒸汽的过热度增大,使感温包中蒸汽温度升高,压力增大,$F_1>F_0+F_2$,迫使膜片向下弯曲,通过顶杆,使弹簧压缩,因而阀孔开大,供液量增加;反之供液量较多时,出口蒸汽过热度减小,感温系统中的压力降低,$F_1<F_0+F_2$,针阀受弹簧的压力而自动将阀孔关小,供液量减少。热力膨胀阀对于蒸发器的负荷的变动,是通过感温包和蒸发器内的压力,不断地传递给预先调好的弹簧上,根据给定的过热度来调节制冷剂的流量,最大限度的发挥蒸发器的能力。

(2)外平衡式热力膨胀阀的结构与特性 当蒸发器盘管较长,制冷剂在盘管中流动阻力引起的压力降较大时,蒸发器的进口和出口将有较大的压力差,如仍采用内平衡式膨胀阀,将增加阀门的关闭过热度,导致热力膨胀阀供液量不足,就应采用外平衡式热力膨胀阀,其结构如图2-6所示。

外平衡式热力膨胀阀的结构与内平衡式基本相同,只是它的膜片下方不与供入蒸发器的制冷剂接触,而是设有一个空腔,用平衡管与蒸发器出口连接。所以膜片下面承受的压力不是节流后蒸发进口的压力 p_0,而是出口压力 p_{01},其调节特性就不受盘管中因流动阻力所引起的压力差的影响。所以因蒸发器冷却盘管较长,阻力损失较大,应采用外平衡式热力膨胀阀。

(3)毛细导管节流装置 在小型的制冷装置中,如电冰箱、窗式空调器等,由于冷凝温度和蒸发温度的变化不大,制冷量小,为了简化结构,一般都利用毛细导管作为制冷系统的节流降压机构。毛细导管,实际上就是一根直径很小而较长的管子(一般为紫铜管)。当流体沿管内流动时,由于管道摩擦阻力而产生压降,管径越小、管子越长,则流动阻力就越大,产生的压降也越大。目前使用的毛细导管为内径是 0.6~2.5mm 的紫铜管。管长一般根据制冷系统的需要而定,一般长度为 0.5~2.0m。在车辆单元式空调机组中均用毛细导管节流。

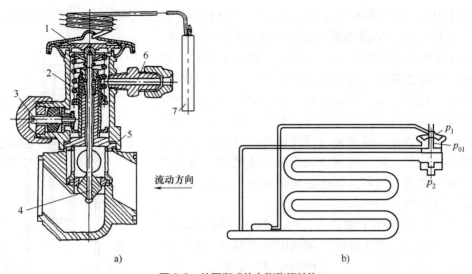

图 2-6 外平衡式热力膨胀阀结构

1—阀杆螺母 2—弹簧 3—调节杆 4—阀杆 5—阀体 6—外平衡接头 7—感温包

毛细导管节流装置的优点是结构简单，工作稳定，无运动部件，价格低廉，而且在压缩机停机后，冷凝器与蒸发器内的压力可较快地自动达到平衡，可以减轻再次起动时电动机的负载，很适于装有全封闭式活塞压缩机的制冷系统。

毛细导管的主要缺点是调节能力差，其供液量不能随工况变动而调节。因毛细导管的长度和直径是根据一定工况确定的，所以毛细导管的供液量能随工况的变化而变化，但是毛细导管的直径是不可能随工况的变化而变化的。采用毛细导管节流的制冷装置，当蒸发压力下降时，容易引起压缩机的湿冲程；当蒸发压力上升时，容易出现蒸发器供液不足的情况。因此，毛细导管节流宜用于蒸发温度变化范围不大、负荷比较稳定的场合，且通常在系统中配置气液分离器，以防止压缩机湿冲程，而不配置储液器。

采用毛细导管节流的制冷装置，制冷剂充注量要很准确，否则会影响制冷装置的正常工作。毛细导管可以用一根也可以几根并联。当用几根并联时要配置分液器，且应仔细调整，使几根毛细导管的工作情况大致相同（可由结霜情况来判断）。在毛细导管前应设过滤器，以防毛细导管脏堵。

实验证明，毛细导管的供液能力主要取决于毛细导管入口处制冷剂的状态（压力和温度）以及毛细导管的长度和直径。

二、其他辅助设备

1. 分油器

在制冷空调系统中，压缩机是唯一需要润滑油的地方，但是压缩机的排气中都是含有润滑油的，润滑油会随着高压排气一起进入排气管，并有可能进入冷凝器和蒸发器内。对于氨制冷系统，润滑油会在换热器传热表面上形成严重的油污，降低传热系数，并使制冷剂的蒸发温度有所提高。对于氟利昂系统，由于润滑油在氟利昂中的溶解度大，虽然一般不会在传热表面形成油污，但是对其蒸发温度影响（使蒸发温度升高）比较大。因此，在氨或氟利昂制冷系统中，一般都要用油分离器，将压缩机排气中的润滑油分离出来。氟利昂制冷系统利用自动回油装置，将其送回压缩机曲轴箱。氨制冷系统则一般定期地通过集油器排出。

目前常用的油分离器有洗涤式、离心式、填料式及过滤式等几种结构形式。这些油分离器的基本工作原理，是借油滴与制冷剂蒸汽的密度不同，使混合气体流经直径较大的油分离器时，利用突然扩大通道面积而使其流速降低，同时改变其流动方向，或利用其他分油措施，使润滑油沉降而分离。对于蒸汽状态的润滑油，则可采用洗涤或冷却的方式降低温度，使之凝结为油滴后分离。有的油分离器则采用设置过滤层等方法来增强分离润滑油的效果。其中氨制冷系统常用洗涤式、离心式和填充式油分离器，氟利昂制冷系统则常使用过滤式油分离器，其结构如图 2-7 所示。

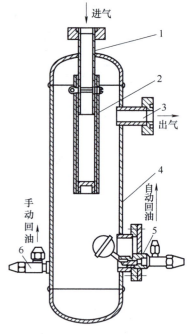

工作时高压蒸汽由上部进入，经金属丝滤网 2 减速、过滤后，从侧面出气管 3 排出。蒸汽中携带的部分润滑油被分离出来，落入筒体下部。这种油分离器的回油管与压缩机的曲轴箱连接。当器内积聚的润滑油足以使浮球阀 5 开启时，润滑油就被压入压缩机的曲轴箱中。当油面逐渐下降到使浮球下落到一定位置时，则浮球阀 5 关闭。正常运行时，由于浮球阀 5 的断续工作，使得回油管时冷时热。如果回油管一直冷或一直热，说明浮球阀已经失灵，必须进行检修。检修前，可使用手动回油阀 6 进行回油操作。

图 2-7 过滤式油分离器
1—进气管 2—滤网 3—出气管
4—筒体 5—浮球阀 6—手动回油阀

2. 储液器

储液器亦称储液筒，是用来储存制冷循环中的制冷剂液体，以适应工况变动时制冷剂流量的变化。另外，在检修制冷设备及在制冷系统较长时间不工作时，制冷剂全部收储在储液器中，以免泄漏而造成损失。

储液器多为卧式，结构很简单。图 2-8 所示储液器的筒体由钢板卷制而成，筒体上设进、出液口，其安装位置应低于冷凝器，容积应大于所需储存的制冷剂液体的体积，储存的制冷剂量不允许超过其容积的 80%。

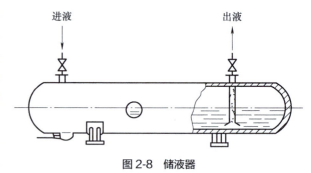

图 2-8 储液器

对于负荷变动不大的制冷设备，如单元式空调机组制冷系统，经严格控制充入的制冷剂量，可省略储液器。

3. 过滤器与干燥器

（1）过滤器　过滤器用于清除制冷剂中的机械杂质，如金属屑、焊渣、氧化皮等。它分气体过滤器和液体过滤器两种。气体过滤器装在压缩机的吸气管路上或压缩机的吸气腔，以防止机械杂质进入压缩机气缸。液体过滤器一般装在调节阀或自动控制阀前的液体管路上，以防止污物堵塞或损坏阀件。过滤器的原理很简单，即用金属丝网阻挡污物。氟利昂过滤器由网孔为 0.1～0.2mm 的铜丝网制成。

图 2-9 所示为氟利昂过滤器，它是由一段无缝钢管作为壳体，壳体 3 内装有铜丝网 2，

两端有端盖用螺纹与壳体连接，再用锡焊焊接，以防泄漏。端盖上焊有进液管接头 1 和出液管接头 4，以便与管路连接。

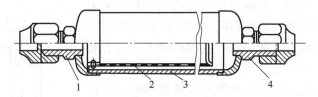

图 2-9　氟利昂过滤器

1—进液管接头　2—铜丝网　3—壳体　4—出液管接头

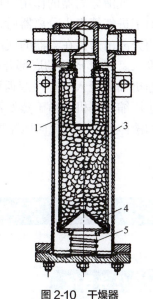

图 2-10　干燥器

1、4—进口滤网　2—密封圈
3—硅胶　5—弹簧

（2）干燥器　干燥器只用于氟利昂制冷系统。因为氟利昂不溶于水或仅有限地溶于水，系统中制冷剂含水量过多，会引起制冷剂水解，金属腐蚀，并产生污垢，使润滑油乳化等。当系统在 0℃ 以下运行时，会在膨胀阀处结冰，堵塞管道，即发生"冰塞"，故在储液器出液管路上的节流阀前装设干燥器，用以吸附制冷剂液体中的水分。一般用硅胶作为干燥剂，近年来也有使用分子筛作为干燥剂的。图 2-10 所示为一立式干燥器的结构。对于小型制冷装置，可以不装设干燥器，仅在系统充氟时，使其一次通过干燥器即可。

有时将过滤器与干燥器结合在一起，称为干燥过滤器。它实际上就是在过滤器中充装一些干燥剂。在客车空调装置制冷系统节流装置前的输液管上，都装有干燥过滤器，其主要由壳体、滤网、干燥剂、进（出）液管接头等组成，如图 2-11 所示。为了严格防止干燥剂漏入系统，滤网 3 的两端装有钢丝网或铜丝网、纱布、脱脂棉等。干燥过滤器一般装在冷凝器与热力膨胀阀之间的管路上，以除去进入电磁阀、膨胀阀等阀门前液体中的固体杂质及水分，避免引起阀门的堵塞等。

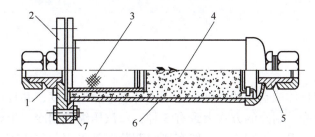

图 2-11　干燥过滤器

1—进液管接头　2—压盖　3—滤网　4—干燥剂　5—出液管接头　6—壳管　7—连接螺栓

干燥器或干燥过滤器使用一段时间后，干燥剂含水量增加，因而吸附水分的能力降低。此时需将干燥器或干燥过滤器取下，将干燥剂加热再生后继续使用。

在分装式客车空调装置制冷系统中，一般将过滤器和干燥器分开来设置，而在车顶单元式空调机组中往往将干燥器和过滤器设置在一起。

4. 气液分离器

气液分离器是用来分离蒸发器出口的蒸汽中的液体，从而保证压缩机为干压缩。毛细导管节流的制冷装置由于制冷剂流量不能自动调节，当负荷减少时，蒸发器中制冷剂就有可能不能完全蒸发。如果制冷压缩机吸入了带有液滴的制冷剂蒸汽，就有可能产生液击而使阀片、活塞、连杆等损坏。因此为避免制冷压缩机吸入液体制冷剂，可在制冷压缩机的回气管上装设气液分离器，对制冷剂蒸汽中的液体分离储存，其结构如图 2-12 所示。

气液分离器的作用原理是：从蒸发器来的制冷剂蒸汽由于进气管进入分离器后，气流的突然转向和减速，把液滴分离出来留在容器的底部，而气体则从出气管被压缩机吸入。在 U 形管的底部开有一个小孔 a，能使一定量的冷冻机油随吸入气体一起返回压缩机。b 孔为均压孔，可防止压缩机停机时由于蒸发器侧压力上升，使气液分离器中的液体通过 a 孔流向压缩机。

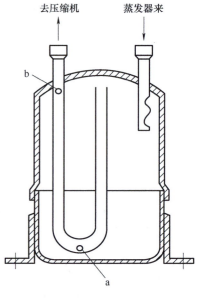

图 2-12　气液分离器结构示意图

任务三　认知制冷系统制冷原理

任务目标

1. 掌握蒸汽压缩式制冷系统的组成及基本工作原理。
2. 了解理论循环和实际循环的区别。
3. 熟记制冷剂过冷和吸气过热对制冷循环的影响。

知识课堂

用一定的方法使物体或空间的温度低于周围环境介质的温度，并且使其维持在某一范围内，这个过程称为制冷。制冷的方式大致有 5 种：蒸汽压缩式制冷、半导体制冷、吸收式制冷、蒸汽喷射式制冷、涡流管制冷。一般车辆空调装置都采用蒸汽压缩式制冷，这主要从其使用的方便性、安全性、经济性及维修性等方面考虑。下面以蒸汽压缩式制冷为例讲解制冷原理。

一、蒸汽压缩式制冷的基本原理

在一定的压力下，液体温度达到沸点（即饱和温度）就会沸腾。在制冷技术中，常把这个饱和温度称为蒸发温度。沸腾的液体如果继续吸热，它就会因吸收了汽化潜热而变成饱和蒸汽。在同一压力下，不同的液体蒸发温度不同，所吸收的汽化潜热也不同。例如，在一个大气压下，水的沸点温度为100℃，汽化潜热为2258kJ/kg；而R12（氟利昂-12）的蒸发温度为-29.8℃，汽化潜热为165.3kJ/kg。

例如，若将一个盛满低温R12液体的容器敞开口，放在密闭的被冷却空间内，由于被冷却空间内空气的温度高于R12的沸点，所以R12液体将吸热而汽化，使被冷却空间内空气温度逐渐下降，这个降温过程直到容器内的R12液体汽化完为止。为了将汽化的R12蒸汽回收使用，需将它再冷却成液体，如用环境介质（如大气或水）来冷凝，蒸汽的冷凝温度就要比环境介质的温度稍高一些。我们知道压力较高的蒸汽其冷凝温度也较高，因此，只要将R12蒸汽用压缩机压缩到所需的冷凝温度相对应的饱和压力，就能用环境介质来冷凝它，使在被冷却空间吸热汽化的R12蒸汽重新冷凝成液体。由于冷凝后制冷剂液体的温度还高于被冷却空间空气的温度，因此，必须让冷凝后的制冷剂液体降压降温，使其温度低于被冷却空间的温度，这样降压降温后的制冷剂液体就可以在被冷却空间内重新吸热汽化。制冷剂在一个封闭的系统中，只消耗压缩机的功就能反复地实现制冷剂由液体变为蒸汽，再由蒸汽变为液体的相态变化，并通过这种相态变化将低温处的热量转移到高温处去，这就是蒸汽压缩式制冷的基本工作原理。

二、蒸汽压缩式制冷循环系统的组成

蒸汽压缩制冷机组主要是由压缩机、冷凝器、膨胀阀和蒸发器4个部件组成的，并用管道连接，形成一个封闭的循环系统，如图2-13所示。

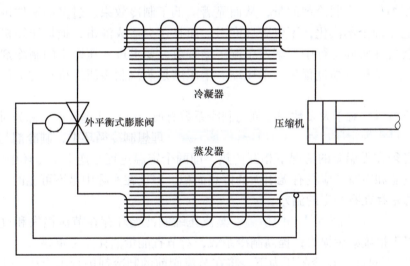

图2-13 制冷循环系统原理图

1）制冷剂液体在蒸发器中吸收被冷却物体（如室内的空气）的热量，而汽化成低压低温的蒸汽后被压缩机吸入。

2）压缩机消耗一定的机械功将制冷蒸汽压缩成压力、温度都较高的蒸汽并将其输入冷凝器。

3）高温、高压的制冷剂蒸汽在冷凝器内被环境空气（或水）冷却，制冷剂蒸汽放出热量后被冷凝成液体，此时的制冷剂液体还处于高温、高压状态。

4）高温、高压的制冷剂液体经过膨胀阀节流降压、降温后进入蒸发器。此时的制冷剂液体已变为低温、低压状态。在蒸发器中，低温、低压的制冷剂又吸收被冷却物体的热量蒸发成相对的低温、低压的制冷剂蒸汽，再被压缩机吸入，如此周而复始地循环。

三、蒸汽压缩式制冷原理的理论循环与实际循环

1. 蒸汽压缩式制冷原理的理论循环

在图2-13中表示的是单级压缩的工作过程。单级压缩机组主要由压缩机、冷凝器、蒸发器、膨胀机四大部件所组成。单级压缩是指从蒸发器出来的低压蒸汽，经压缩机一次压缩到冷凝压力而言。

蒸汽压缩式制冷的理想循环没有考虑能量变化及环境条件变化，因此蒸汽压缩式制冷的理论循环做了以下修正：

（1）用膨胀阀代替膨胀机　在理想制冷循环中，膨胀功是由膨胀机完成的。膨胀机要能将冷凝后的制冷剂从高压液态变为低压液态，还要无能量损失，实际上这样的膨胀机是无法制造出来的，所以采用了膨胀阀代替膨胀机。

采用膨胀阀后，液态的制冷剂的膨胀过程就成为节流过程。它有摩擦损失和涡流损失，这部分损失又转变为热量，将制冷剂加热，使一部分液态制冷剂汽化。因此，制冷循环的制冷系数有所降低，其降低的程度称为节流损失。节流损失大小除随冷凝温度与蒸发温度之差（$T_K - T_0$）的增加而加大以外，还与制冷剂的物理性质有关。

（2）干压缩代替湿压缩　理想制冷循环，采用的是湿压缩。湿压缩存在缺点，压缩机吸入湿蒸汽，低温蒸汽与高温气缸壁发生强烈热交换，迅速蒸发而占据气缸的有效空间，减少了压缩机吸入制冷剂的量，从而显著降低了制冷效果。过多的液体进入压缩机气缸后，若不能立即全部汽化，不仅破坏润滑，而且还会造成液击，损坏压缩机。因此，蒸汽压缩制冷装置在实际运行中严禁发生湿压缩现象，要求进入压缩机的制冷剂为干饱和蒸汽或过热蒸汽，这种压缩过程称为干压缩。干压缩是蒸汽制冷压缩机正常工作的一个重要标志。

采用干压缩后，对于大多数制冷剂的制冷系数有所降低，其降低程度称为过热损失。

（3）传热过程为定压过程，并且具有传热温差　理想制冷循环中，制冷剂与被冷却物和冷却剂之间必须在无温差的情况下相互传热，即两个定温过程是逆卡诺循环中的重要条件。这就要求蒸发器和冷凝器应具有无限大的传热面积，但这在实际中是不可能的。因此，实际热交换过程总是存在有一定的温差。

（4）改善蒸汽压缩制冷循环的措施　蒸汽压缩制冷循环存在节流损失和过热损失，因此，可采取以下措施减少损失，提高制冷系数，对节省能量消耗非常重要。

1）使制冷剂过冷。在冷凝压力下，将在节流阀前的制冷剂进行再冷却，使其温度低于冷凝压力下的饱和温度，称为过冷，也就是高压液体制冷剂在冷却器中的过冷冷却过程。

2）使气体过热。在氟利昂制冷机上，为了避免液滴进入气缸发生液击和影响吸气效率，采用过热循环。

3）回热循环。为了使液态制冷剂的温度在膨胀阀前降得更低（即增大过冷度），以便进一步减少节流损失，同时又能保证压缩机吸入具有一定过热度的蒸汽，还不发生有害的过热，可以采用蒸汽回热循环。

回热过程是等压过程，在无热量损失的情况下，液态制冷剂放出的热量等于它蒸发气体吸收的热量。

2. 蒸汽压缩式制冷原理的实际循环

前面讨论了蒸汽压缩式制冷的理论循环，但是，实际循环又与理论循环有不少差别，因为理论循环是建立在忽略了以下3个条件的情况下讨论的。

1）制冷剂在压缩机工作过程中，气体内部以及气体与气缸壁之间的摩擦和气体与外部的热交换。

2）制冷剂流经压缩机进气阀、排气阀的气流损失。

3）制冷剂通过管道、冷凝器、蒸发器等设备时，制冷剂与管壁或器壁之间的摩擦以及与外部的热交换。

因此，实际制冷循环压缩过程并非绝热过程，制冷剂在蒸发器和冷凝器中压力也并非固定不变。所以，实际循环的效率还要更低一些。

由于蒸汽压缩制冷的实际循环比较复杂，难以细致计算，所以，一般均以理论循环作为计算基础，再在其上进行必要的修正，用以保证实际循环中其他因素对它的影响。

四、制冷剂液体过冷和吸气过热对制冷循环的影响

1. 制冷剂液体过冷的影响

在理论循环中认为从冷凝器中流出和进入节流装置的制冷剂都是饱和液体状态，而在实际制冷装置中，制冷剂在冷凝器中冷凝成液体后还在继续向外放热而变成过冷液体（未饱和液体）后才流出，特别在车辆制冷装置中，冷凝器采用风冷，液体的冷凝温度总是高于环境气温，从冷凝器出来的制冷剂液体在储液器和管路中流动还要不断向外界放热而继续过冷。因此，冷凝器流至节流装置前总有一定的过冷度。饱和温度与过冷液体的温度的差值称为过冷度。过冷度越大，节流损失就越小，单位质量制冷量就越大，因此，制冷剂液体的过冷循环将提高制冷系数。

2. 吸气过热度的影响

在理论循环中，我们假定由蒸发器流出和被压缩机吸入的制冷剂都是饱和蒸汽，从蒸发器出口至压缩机吸入口之间的管路不存在热交换。实际上，制冷剂的蒸汽温度总是低于被冷却介质的温度，从蒸发器流出的饱和制冷剂，在通过吸气管流进压缩机时，还将从冷却介质处或外界吸收部分热量而变成过热蒸汽，因此，压缩机实际吸入的是过热蒸汽。如果制冷装置所采用的压缩机要求低温制冷剂蒸汽冷却电机（如全封闭式和半封闭式压缩机），制冷剂蒸汽在到达压缩机吸气腔时的过热度就会更大。

若吸入蒸汽的过热热量全部来自被制冷的室外，则会增加冷凝器的热负荷。这种过热度越大，制冷系数和单位容积制冷量降低越多，所以称为有害过热。

为了减少管路的有害过热，吸气管路都必须用隔热材料包扎起来。

若吸入蒸汽的过热热量全部来自被制冷的室内，则制冷剂的单位质量制冷量就应该由蒸汽制冷部分和过热阶段所吸收的热量两部分组成。这时制冷剂的制冷系数比理论循环提高了，所以这种过热对制冷循环是有益的。

实际上，为了保证制冷装置的压缩机运转安全，总是使压缩机吸气有一定的过热度。若没有吸气的过热度，压缩机吸入的蒸汽就难免带入未蒸发完的少量液滴，液滴在气缸中受热产生急剧的汽化，不仅会降低压缩机的实际吸气量，而且液体多时，甚至可能引起液击事故，所以压缩机吸气要有一定的过热度。

任务四　认知通风系统

任务目标

1. 熟悉车辆通风系统的概念。
2. 了解车辆通风系统的分类及应用。

知识课堂

一、车辆通风系统的概念

通风除尘和空气调节在实际工程中起着改善工作环境、保护人们的身体健康和提高生产力的重要作用。用通风的方法改善生产劳动环境，简单地说，就是把污浊的或不符合卫生标准的内部空气排至外部，把新鲜空气或经过处理的空气送到车辆内部，不断地更换车辆内部的空气。所以，通风也称作"换气"。

通风，包括排除车辆内部污浊空气和向车辆内部补充新鲜空气。前者称为排风，后者称为送风，为实现排风和送风，所采用的一系列设备、装置总体称为通风系统。通风系统按通风工作原理不同，可分为自然通风和机械通风两类；按照系统作用的范围大小可以分为全面通风和局部通风两类。

二、车辆通风系统的分类

20世纪50年代以来，随着我国轨道客车技术的发展，先后采用了以下4种通风系统。

1. 自然通风系统

新中国成立初期，我国铁路客车没有空调机组，通风采用安装在车顶的数量较多的自然通风器。当车辆运行时，车外气流在通风器迎风面形成正压，背风面形成负压，而车内压力接近于大气压。这样，在车内、外空气压力差的作用下，车内空气经自然通风器调节器的缺口排出车外，车外新鲜空气由开起的窗户或门窗缝隙进入车内。在无风及停车时，如车内温度高于车外温度，自然通风器仍有通风作用。采用自然通风系统时，车内外换气量小，尤其在冬季，车内空气品质很差。

2. 机械强迫式通风系统

目前，我国绝大部分普通空调客车采用这种通风系统。通常由离心式通风机、风道、风口、空气过滤器、排风装置等组成。在卫生间及储藏间等位置的车顶仍然安装有自然通风器。

机械强迫式通风系统有以下类型：

1）按通风机在系统中安装的位置分，通风机放在空气处理室前面的为压出式系统，放在空气处理室后面的为吸入式系统。

2）按通风系统中通风机使用情况分，送风和回风共用一台通风机的叫作单风机系统，分别设有送风机和回风机的叫作双风机系统。

如图2-14为客车空气调节装置中最常用的机械强迫通风系统示意图。在通风机组的作用下，室外新鲜空气经进风口进入车内，首先经滤尘器过滤并与回风混合后送入空气处理室，然后经过蒸发器冷却或者由电预热器预热，送入主风道，再由各送风口均匀地送入室内。室内空气的一部分，经回风口、回风道再被通风机吸入作为再循环空气重复使用；另一部分则经由排风口和排风扇排出车外。

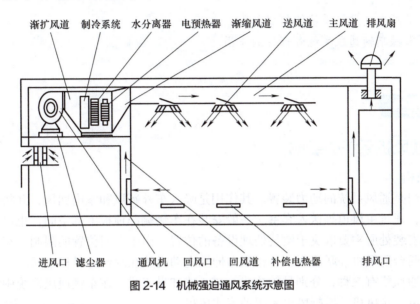

图 2-14　机械强迫通风系统示意图

3. 高速诱导通风系统

某些车型由于受空间限制，采用高速诱导通风系统。这种通风系统是利用诱导器使二次风在室内就地循环，不必集中处理和主风道输送，所以风管尺寸小，设备紧凑。诱导器通常布置在车窗下方，紧靠侧墙。诱导空调系统如图2-15所示。

4. 高速动车组通风系统

与普通空调客车一样，高速动车组通风系统的基本组成部分也包括通风机、新风系统、回风系统、送风系统和排风系统，但是，动车组的通风系统除了给乘客提供新鲜空气外，还要保证车厢内具有适当的气压。当高速列车通过隧道或与其他列车会让时，车体表面将受到变化幅度正负数千帕的瞬时压力。当压力波动反映到车厢内，即车内空气压力的变化量及变化速度超过一定值时，就会刺激旅客的耳鼓膜，引起耳胀耳痛，从而影响乘客的舒适性。为了解决这个问题，除了提高车体的气密性，使车内压力不受车体外部压力变化的影响以外，还需安装空气压力波动控制装置，以便在车外压力变化时，调节进排气口的工作状态，防止车内压力变化过大，并保持一定的正压。例如，CRH2型动车组在各车厢的地板下进（排）气口安装1台给排气一体型连续换气装置，使压力变化的最大值不超过1kPa，压力变化率不超过200Pa/s。

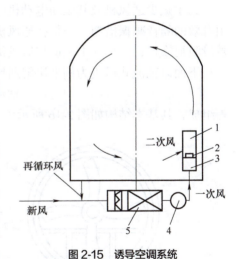

图 2-15　诱导空调系统

1—混合箱　2—喷嘴　3—静压室　4—通风机
5—集中空气处理箱

任务五 认知通风系统主要部件

任务目标

1. 了解车辆通风系统的组成部件。
2. 掌握车辆通风系统各部件的作用。

知识课堂

一、通风机系统的组成

1. 通风机组

通风机组是通风系统的动力装置。其作用是吸入车外新风和室内回风,并将处理后的混合空气加压,通过主风道等送入客室。一般安装在车辆端部顶板上部空间,也可以安装在车辆下部,其安装处所主要取决于空气处理设备的位置。由于空间位置的限制,车辆空调系统一般都采用两台通风机并联使用,一台双向伸轴电动机放在两台通风机中间。

常用的通风机有三种,分别是轴流式、离心式和贯流式。在车辆通风系统中常常采用离心式风机送风,排风机、冷凝风机采用轴流式风机。

为了减少通风机及其驱动电动机所产生的噪声传入车内客室,通风机组在安装时,应采用有效的隔音减振措施:一是在通风机组的安装座上加装橡胶减振器;二是在通风机机壳上敷设阻尼涂料;三是在主风道与通风机相连接的风管处采用帆布或人造革制作软风道。

下面以轴流式风机为例来讲解通风机的工作原理。

(1) 轴流式风机的结构特点 轴流式风机主要由叶片、机壳、吸入口、扩压段及电动机等组成,其基本结构如图2-16所示。

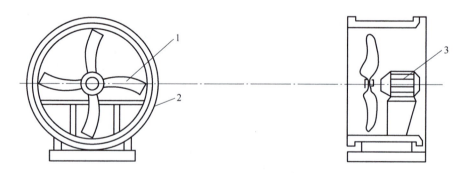

图2-16 轴流式风机基本结构
1—叶片 2—机壳 3—电动机

1) 叶片。轴流式风机的叶片常用钢板压制而成,有机翼型、板型等。大型轴流式风机的叶片安装是可以调整的,由此来改变风机的流量和风压。

2) 机壳。轴流式风机的机壳是由钢板焊接而成的筒体,前段为钟罩形吸入口,用来避免进风口风道突然缩小，以减少流动阻力；中间段为圆形风筒；后段为扩压段。带有叶轮轮毂的电动机机座安装在机壳的中间段，常用钢结构做成。

（2）轴流式风机的工作原理　由于轴流式风机的叶片与机轴中心线有一定的螺旋角，当电动机带动叶片在机壳内转动时，空气一边随叶轮转动，一边沿轴向推进；当空气被推出后，原来占有的位置形成局部低压，促使外面的空气由吸入口进入。空气通过叶轮后压力增高，从出口排出。由于气体在机壳中的流动始终沿轴向进行，所以称为轴流式风机。

2. 通风管道

通风管道的作用是输导空气。在送风系统里，依靠风道，把处理好的新鲜空气输送到客车车厢内；在排风系统里，依靠风道，把需要排出的污浊空气输送至车外。这种用以输送空气的管道可以由各种不同的材料制成，也可以有很多不同的构造和断面形式。风道的形状和布置将直接影响车内气流组织和空调效果。在客车空调装置中，风道应满足经济、耐腐蚀、隔热性好、质量轻和易于加工等方面的要求。常用的材料有镀锌铁皮、铝合金板、玻璃钢和胶合板等。

（1）主风道、回风道及排风道

1）主风道。主风道的作用是将经过空气冷却器或预热器处理后的空气输送到客室内。

主风道的截面一般有圆形和矩形两种。由于矩形风道与客车内的装饰容易协调，而且占用空间少，安装又方便，所以在客车上采用较多；对于高速诱导空调装置，由于风速高，而风道直径又较小，为了减少空气流动阻力，宜采用圆形风道。另外，按风道截面沿长度方向是否变化，有变截面和等截面风道之分。

在主风道中常装有调风机构，用以调节通过风道的风量，达到向每个送风口均匀送风的目的。其结构形式根据风道截面形状而定，调节方式可以手动或自动。

实际运用中，因这种风口风量调节装置操作不方便，不能起到应有的作用，客室内存在空气温度沿高度及车长方向的温差较大的现象。为解决这一问题，出现了条缝式均匀送风风道。该风道由中央主风道和静压箱风道组成。空调机组的送风机将风直接送入主风道，在沿主风道前进的过程中，经过主风道出风口进入静压箱。由于静压箱的压力均衡作用，使得在主风道中不同断面上具有不同静压的空气在静压箱中得到均衡，并形成一定的静压值。具有该静压值的空气在条缝送风口转换成动压，形成一定的速度射出，从而达到均匀送风的目的。纵向条缝式送风口设在静压风道的底部或侧部。该送风形式取消了风量调节装置，结构简单，制造维修方便。

2）回风道。回风道是室内回风使用的风道，一端与回风口相连，另一端与通风机相通。

3）排风道。排风道是用来排除车内污浊空气的风道，其一端连接排风口，另一端与排风扇相连或与自然通风器相连。

（2）吸风口、送风口、回风口、排风口及其调节板

1）吸风口。吸风口也称新风口或进风口，是新鲜空气的吸入口。吸风口一般布置在装有通风机端的车门上部，也有设置在车端上部和车顶上部的。吸风口上装有百叶窗和网格，用以防止杂物及雨雪进入车内。在多数吸风口的内侧还装有调节机构，以便根据需要调节新风量，同时在通风机停止运转时，也便于关闭吸风口。

2）送风口。送风口是用来调节和分配空气的。送风口处一般都装有送风器（散流器），它不但可以使送风均匀，达到室内气流分布合理及温度均匀，而且还可以根据室内的具体要求，调节送风量的大小。集中送风的通风系统，送风口一般都沿车顶棚或侧壁均匀布置。

3）回风口。回风口是室内再循环空气的入口。客车上的回风口往往设置在通风机端的客室内端壁下部，采用集中回风方式，在小走廊平顶板上开一总回风口，并设延续回风道。

4）排风口。排风口是排除车内污浊空气的出口。由于外界新鲜空气不断送入车内，为保持车内压力恒定，将与其等量的车内污浊空气通过排风口排出车外。排风口可以是客车上常用的自然通风器（安装在车体上部，利用诱导作用完成通风换气），也可以是加装排风扇的排风装置。

客车排风口一般设在与回风口相对的另一端车顶，客室内的排风口一般也设置在客室内端壁板上，外表面设有通风诱导格栅以增加美观，内部装有铁丝网以防杂物进入风道。

5）调节板。调节板的作用是调节通过风道的空气流量，其结构根据风道截面形状而定。最简单、应用也较广的调节板是百叶窗式，常用的有圆形、矩形调节板。使用时只要转动手柄，改变调节板角度，即改变空气通过的截面积，进而达到调节风量的目的。客车上调节板的开度均由人工进行调节。

（3）空气过滤器　空气过滤器是利用过滤材料把空气中的悬浮粒子除掉的设备。

空气中的尘埃不仅会影响旅客的舒适和健康，而且还会影响空气处理设备的处理效果（如加热器、冷却器的传热效果）。因此，通风系统中必须设置空气过滤器，一般设有新风过滤器、回风过滤器，并且应装在空气处理器的前端，以减少后面各设备的表面积灰。

空气过滤器的作用机理：含尘气流在通过过滤器纤维层时，利用尘粒的重力作用、扩散作用、惯性作用、静电作用以及纤维层的筛滤作用等截留灰尘。

常用的空气过滤器有金属网浸油过滤器、玻璃纤维过滤器、尼龙网过滤器以及聚酯型粗孔泡沫塑料过滤器等。积尘过多会增大空气阻力、影响风量供给和过滤效果，因此，需要对过滤器进行定期清洗和更换。如金属网浸油过滤器，清理时应先将粗大污物从滤网上除掉，然后将滤网放在苏打水里冲洗并漂清、干燥，再用无味过滤器油浸透，晾几小时后（让油滴掉）备用。用聚酯型粗孔泡沫塑料作过滤材料时，需先经过化学处理，通常是在 5% 浓度的 NaOH 水溶液中浸泡一定时间，把内部气孔薄膜穿透；使用中还应定期清洗，以保证其过滤效果。具体实施见实训工单四。

任务六　车辆空调装置的检查与维护

任务目标

1. 了解车辆空调装置的基本检查方法。
2. 熟悉车辆空调装置故障的基本分析方法。

知识课堂

当城轨车辆的空调装置在运用中出现故障时，常常表现为制冷量不足、不制冷、制冷压缩机意外停车、压缩机起动不起来、异常振动和噪声等。当发现空调装置出现这些故障时，我们并不能立即判断故障在哪里，是什么故障，只有经过详细地分析和检查，才能找出发生故障的部位并排除故障。

对于运行中的空调装置故障检查方法很多，既可以借助压力表、电流表、温度计等仪表进行监测和检查，又可以借助人体自身的感官进行观察、监听和感觉来判断。人们在长期的检修实践中，形成了一套行之有效的检查方法，即通过一看、二听、三摸、四测、五分析的方法对空调机组进行故障分析和检查。

一、眼看

1）看压力表、电流表、温度计及配电柜指示灯的指示情况，压力继电器、压差继电器、温度继电器的整定值是否合适，高低压力表及油压表所指示的压力是否在正常范围内。特别要注意观察压缩机的吸、排气压力值是否在正常值范围内。压缩机运转时最高排气压力和吸气压力正常值见表2-1。

表2-1 压缩机运转时最高排气压力和吸气压力的正常值

制冷剂		R12		R22	
冷却介质		水冷	风冷	水冷	风冷
最高排气压力值	排气压力值/MPa	1.1	1.24	1.78	2.25
	夏季最高度/℃	45	50	45	55
吸气压力值	吸气压力值/Pa	$3.629 \times 10^5 \sim 3.746 \times 10^5$		$5.839 \times 10^5 \sim 6.023 \times 10^5$	
	蒸发温度/℃	5~7			

2）看室内的降温速度。若降温速度出现显著降低，则是不正常现象。

3）看压缩机润滑油量高度。曲轴箱内的润滑油是否处在指示器所规定的高度范围内，若发现油面有显著下降，则是缺油的表现。

4）看蒸发器和吸气管的结霜或结露情况。正常的吸气管应有结霜或结露现象，若无结霜、结露或结霜、结露管段很短且机壳较热，说明制冷剂偏少。若压缩机吸气管及机壳外表大部分结霜、结露则为制冷剂量偏多。

5）看管道及各接口处是否有油渍，若有则可能出现制冷剂漏泄。

6）看连接部位是否松脱，各电器接线有无断开。

二、耳听

（1）听压缩机运行的声音是否正常　小型全封闭式压缩机正常运转时的噪声很小，一般小于40dB；若压缩机出现异常，检修人员可以根据其发出的声音辨别是何种原因引起的故障。

"嗵、嗵、嗵"是压缩机液击声，这主要发生在开启式压缩机。全封闭式压缩机因为有吸气过热，一般不易发生液体液击。

"嗒、嗒、嗒"是压缩机内部金属的撞击声。此为压缩机内部的运动件因松动、碰撞而发出的声响。机组震动厉害是由于机组底脚螺母松动引起的。

（2）听制冷管路内制冷剂的流动声音是否正常　正常时可以听到制冷剂在管内流动时发出的均匀而轻微的"咝、咝、咝"声。反常的则是连续而较响的"咝、咝"声，或断续而较响的"咝、咝"声。

（3）听风机运行的声音　正常时声音平稳，无碰撞声。否则应检查风叶的固定状况和电动机轴承的摩擦情况。

三、手摸

（1）摸压缩机在运转工况下前后轴承盖的温度　正常时，压缩机连续运行一段时间后，轴承盖处的温度以不超过 70℃ 为正常。用手摸时若感觉烫手，则属轴承温升过高现象，此时应停机查明原因。

（2）摸过滤器表面的冷热程度　正常时，单级制冷压缩机的过滤器表面温度稍高于环境温度。若手摸时明显感觉比较凉或过滤器末端出现结露现象，则为过滤器出现局部堵塞。

（3）摸制冷装置的吸、排气管温度　正常开机运行一段时间后，用手摸吸气管感觉冰凉，并伴有结霜或结露。排气管很热，夏季手摸时感觉烫手，冬季手可触摸，感觉很热。否则即为不正常。

（4）摸电动机的温升和抖动情况　若电动机外壳手感微热，可视为正常；若电动机温升过高且伴有电流增大，或抖动现象，说明风机的轴承或风叶的动平衡性有问题，应停机检查。

四、测量

为了准确判断故障的性质与部位，常常要用仪器、仪表检查测量空调器的性能参数和状态。如用检漏仪检查有无制冷剂泄漏；用万用表测量电源电压、各接线端对地电流及运转电流是否符合要求，由计算机控制的空调器，还应测量各控制点的电位是否正常等。

五、分析

经过上述几种检查手段所获得的结果，大多只能反映某种局部状态。空调器各部分之间是彼此联系、互相影响的，一种故障现象可能有多种原因，而一种原因也可能产生多种故障。因此，对局部因素要进行综合比较分析，从而全面准确地判定故障的性质与部位。

空调与制冷装置出现故障时，可从电气控制系统、制冷系统、通风系统和采暖系统几个方面进行检查。

首先，应排除空调机组本身问题造成的故障。例如，温度控制器温度整定值设定不合适，夏季设定得过高，冬季设定得过低，空调机组中的制冷或加热系统当然不会运转。另外如电源电压过低，空调无法起动。在检查分析时，应首先排除这方面的问题。

其次，检查电气部分。电动机通电后不运转，可以从电源主回路查到控制回路，也可以从控制回路查到主回路。最好能够先确认是不是负载本身的故障。同时，把一个与负载有关的电路分成若干段查找，并且从简单容易的电器线入手。

最后，如果电气回路本身没有问题，故障发生原因往往是制冷系统，可以在掌握制冷循环系统的基本构造原理和典型故障事例的基础上，进行制冷系统的故障查找和分析。在查找制冷系统故障原因时，将制冷系统共有的故障与制冷系统各部分的具体特点结合起来分析，容易取得好的效果。在实际查找制冷系统的故障时，一般不要急于寻找故障点，而是先确认系统的基本状况，排查不良的地方。例如，可以先检查制冷剂量是否充足，若不够补充；空气滤尘网是否清洁；电动机运转是否正常等。这样，可以缩小故障排查的范围，能更快地确定故障的部位。

项目三

断路器及电磁阀的检查与维护

学习导入

在学习各类电器的结构和工作原理之前,有必要对电器有整体的认知。断路器虽然体积较小,但集中体现了电器的各方面的问题,能让学习者对照学习。

任务一　认知电器基本常识

任务目标

1. 掌握电器的定义及分类。
2. 掌握电器的基本组成。
3. 认知电接触的分类。
4. 理解电器的发热与散热理论。

知识课堂

一、认知电器

1. 电器的定义及分类

凡是对于电能的产生、输送和应用起开关、检测、控制、保护和调节作用,以及利用电能来控制保护调节非电量器械设备的各种电工设备都称为电器。

电器的品种规格繁多,用途广泛,且原理、结构各异,有多种分类方法。

（1）按用途分类

开关电器:用来自动或非自动地开闭有电流的电路,如刀开关、转换开关、按钮开关、隔离开关和断路器等。此类开关操作次数少,断流能力强。

控制电器:用于自动或非自动地控制电动机的起动、调速、制动及换向等,如接触器、保护电器：用于保护电路电动机或其他电器设备，使其免受不正常的高电压、大电流的损害如过流继电器、避雷器、熔断器及电抗器等。

调节电器：用于自动调节电路和设备，使参数保持给定值，如电压调节器、温度调节器等。

仪用变流和变压器：用于将高电压及大电流变为低电压、小电流，以供仪表测量或继电器保护电路之用，如电流互感器、电压互感器等。

受流器：用于接受电网电能，以作为电动车组电源，如受电弓、集电靴。

成套电器：由一定数量的电器按一定的电路要求组合的整体电器屏柜，如高压柜、辅助柜、控制屏、信号屏等。

（2）按操作方式分类

手动电器：如刀开关、按钮开关、司机控制器等。

自动电器：如高压断路器、低压断路器、接触器、继电器等。自动电器还可根据传动方式分为电磁传动电器、电空传动电器、电动机传动电器等。

（3）按接入电路电压分类

高压电器：用于 500V 以上电压电路的电器。

低压电器：用于 500V 以下电压电路的配电系统和电动机控制调节及保护的电器。

（4）按电器执行功能分类

有触点电器：通断电路的执行功能由触头来实现的电器，如各种继电器、接触器等。

无触点电器：通断电路的执行功能是根据开关元件输出信号高低电平来实现的电器，如晶体管、晶闸管、IGBT 等。

混合式电器：有触点和无触点结合的电器，如电子时间继电器等。

2. 电器的基本组成

尽管电器的结构各异，但总的来说，电器结构由四大部分组成。

（1）触头系统　触头是有触点电器的执行元件。电路的通断和转换是通过电器中的执行部件，也就是触头系统来实现的。触头系统是电器中最薄弱的环节，其工作的优劣直接影响到电器的性能。

触头系统包括主触头、联锁触头和触头弹簧。

主触头允许通过的电流较联锁触头的要大，通常作为较大电流电路的开关，如高压电路的开关；联锁触头通常作为较小电流电路中的开关，如控制电路的开关。

（2）传动系统　电器的传动系统是用来驱动电器的执行元件（主要指触头）按一定要求进行动作的机构。传动系统接收外界的输入信号，并通过转换、放大、判断，作出有规律的反应，使电器的执行部分动作，输出相应的指令，实现控制的目的。

在电动车组电器中主要采用的是电磁传动和电空传动，其次还有手动等传动方式。

电磁传动是通过电磁铁把电磁能变成机械能来驱动电器（触头）产生动作。

电空传动是通过电磁机构控制气路的通断，从而控制传动气缸内活塞及活塞杆的运动来驱动电器（触头）动作。

（3）灭弧系统　用来及时熄灭主触头断开瞬间产生的电弧，加快切断电路并保护触头，同时为了防止触头间电弧飞溅而烧损邻近部件，专门设置了灭弧系统。

根据电流的性质、灭弧方法和原理，可以制成各种不同结构的灭弧装置。

（4）固定安装装置　用来可靠、合理地安装和布置电器各部件。

3. 电接触的分类

任何一个电系统，都必须将电流（作为电的信号或电的能量）从一个导体通过导体与导体的接触处传向另一个导体。此导体与导体的接触处称为电接触。它常常是电信号或电能传送的主要障碍。由电机、电器、自动元件、仪表、计算机等组成的现代化大型复杂电系统，例如通信系统、控制系统、拖动系统、电力系统等，它们所包含的电接触数目往往成千上万。如果其中一个或几个工作不正常或失效，则将导致整个系统工作紊乱甚至停顿，其后果极其严重。

电系统和电器元件中，电接触的具体结构类型是多种多样的，一般分为三类。

（1）固定接触　两个导体用螺栓、铆钉等紧固件连接起来，在工作过程中接触面不发生相互分离和相对移动的连接，称为固定接触。如母线与电器接线端的连接、母线与母线的连接等。

（2）滑动及滚动接触　在工作过程中，一个接触面沿另一个接触面滑动或滚动，但不能分断电路的接触，称为滑动及滚动接触。如直流电机的电刷与换向器之间的连接、滑线电阻器的滑臂与电阻线之间的连接等。

（3）可分合接触　在工作过程中，两个接触面既可以分开又可以闭合的连接，称为可分合接触，又称触头（或触点）。触头总是成对出现的，一个是动触头，另一个是静触头。动、静触头分开用于分断电路；动、静触头闭合用于接通电路。可分合接触广泛地用于各种断路器、接触器和继电器中。

二、电器的发热与散热

1. 概述

有触点电器由导电材料、导磁材料和绝缘材料等组成。

电器工作时，由于电流通过导体和线圈将产生电阻损耗。若电器工作在交流电路，由于交变电磁场的作用，铁磁体内将产生涡流和磁滞损耗；在绝缘体内将产生介质损耗。

电器工作时，电流通过导电部分将产生电阻损耗。电阻损耗将转变为热能。正常状态时，其中一部分散发到周围介质中去，另一部分使导体的温度升高。如果发热时间极短（如短路时的发热），由于来不及散热，可认为损耗功率全部用来加热导体，使得导体的温度迅速提高。

当电器的温度超过某一极限值后，金属材料的机械强度会明显下降，绝缘材料的绝缘强度会受到破坏。若电器温度过高，会使其使用寿命降低，甚至遭到破坏。反之，电器工作时的温度也不宜过低，若电器工作时温度太低，说明各种材料没有得到充分利用，经济性能差、体积大、重量重。

电器温度升高后，电器实际温度与周围环境温度之差，称为温升，用 τ 表示。

为确保电器的工作性能和使用寿命，各国电器技术标准都规定了电器各部件的发热温度极限值。

所谓发热温度极限值就是保证电器的机械强度、导电、导磁性以及介质的绝缘性不受危害的极限温度值。

因为电器工作环境直接影响电器的散热过程。国家标准规定最高环境温度为40℃，从发热温度极限减去最高环境温度即为允许温升值，即：

$$允许温升 = 发热温度极限 - 40℃$$

绝缘材料品种繁多，耐热性能各不相同，为此，国家标准规定按耐热性能将绝缘材料分为 7 个等级，见表 3-1。

表 3-1 绝缘材料的最高允许温度

绝缘等级	Y	A	E	B	F	H	C
最高允许温度/℃	90	105	120	130	155	180	>180

2. 电器的发热

电器工作过程中，常见的损耗是电阻损耗、磁滞和涡流损耗，若是高压电器还应考虑介质损耗。这些损耗转化为热能，是电器发热的源泉。

（1）载流导体产生的电阻损耗　载流导体的功率损耗为

$$P = I^2 R \tag{3-1}$$

式中　P——电阻损耗功率（W）；

　　　I——通过导体的电流（A）；

　　　R——导体电阻（Ω）。

当导体中流入交变电流时，考虑集肤效应和邻近效应时，R 应为交流电阻。

此损耗将转变为热能。正常状态时，其中一部分散发到周围介质中去，另一部分使导体的温度升高，形成温升。如果发热时间极短（如短路时的发热），由于来不及散热，可认为损耗功率全部用来加热导体，提高导体的温升。此时（绝热过程）的能量平衡公式为

$$Pt = Gc\tau \tag{3-2}$$

式中　P——电阻损耗功率（W）；

　　　t——发热时间（s）；

　　　G——导体质量（kg）；

　　　c——导体的比热容[W·s/(kg·℃)]；

　　　τ——导体的温升（℃）。

上式可用于计算导体短路电流的温升。

（2）涡流和磁滞损耗　导体通以交流电时，会产生涡流和磁滞损耗。这是因为载流导体此时产生的磁场方向和强弱会随着电流的变化而变化，从而在铁磁体内部产生涡流，且铁磁材料反复磁化使之出现磁滞现象，产生的磁滞与涡流损耗可以导致铁质零件发热。一般来说，这个损耗不大。但如果制造不当，如材料较差、铁片较厚或片间绝缘不好，则涡流损耗就会比较大。磁滞与涡流损耗一般与磁通密度大小、磁通变化率及铁磁材料有关。

在交流电器中常采用硅钢片叠成导磁铁心。因此也可根据选用导磁材料的型号，直接由国标《全工艺冷轧电工钢　第 1 部分：晶粒无取向钢带（片）》（GB/T 2521.1—2016）及《全工艺冷轧电工钢　第 2 部分：晶粒取向钢带（片）》（GB/T 2521.2—2016）查得相应型号材料的单位铁损，经过计算而得铁心的损耗。

（3）介质损耗　绝缘介质中的介质损耗一般与电场强度及频率有关。电场强度和频率愈高则介质损耗也高，对于电场强度较小的低压电器而言，介质损耗较小可以忽略不计。但在高压电器中，由于电压高，介质中的电场强度大，必须考虑介质损耗并计算介质的发热损耗。

3. 电器散热

电器工作时，只要电器温度高于周围介质及接触零件的温度，就会向周围介质散热。所以电器的发热和散热同时存在于电器的发热过程中。

当电器产生的热量与散失的热量相平衡时，电器的温升维持不变，称为热稳定状态，此时，电器的温升称为稳定温升。

电器的散热以热传导、对流与热辐射3种基本方式进行。

1）热传导现象的实质是通过具有一定内部能量的物质基本质点间的直接相互作用，使能量从一个质点传递到另一相邻质点。热传导的方向是由较热部分向较冷部分传播，或由发热体向与它接触的物体传播。热传导是固体传热的主要方式，它也可在气体和液体中进行。

2）对流是通过流体（液体与气体）的运动而传递热量。热量的转移和流体本身的转移结合在一起。根据流体流动的原因，对流可分为自然对流和强迫对流。电动车组的电机、电器因受安装空间的限制，较多采用强迫对流，以加强散热，缩小体积。

3）热辐射是发热体的热量以电磁波形式传播能量的过程。热辐射可穿越真空和气体而传播，但不能透过固体和液体物质。

热传导、对流和热辐射这三种传热过程可通过一定的公式或经验公式来进行计算，但是，分别进行热计算是相当复杂的，而且结果很不准确。所以在实际计算发热体表面温升时，不分别单独考虑，而是在一定表面情况和周围介质条件下，把3种散热方式综合起来，用综合散热系数来考虑散热，这就是通常采用的牛顿公式

$$P = K_T S \tau \tag{3-3}$$

式中 P——散热功率（W）；

K_T——综合散热系数 [W/($m^2 \cdot$ ℃)]；

S——有效散热面积（m^2）；

τ——发热体的温升（℃）。

上式表明，散热功率和温升成正比，温升越高，散热功率越大。严格讲，散热系数 K_T 不是常数，它和发热体的结构、工作制、布置方式及周围介质等许多因素有关。为简化起见，在工程计算中通常把它当作一个常数。K_T 值由实验方法确定。

4. 不同工作制下电器的发热与散热

电器在使用过程中，由于工作任务的要求不同，其工作时间长短不同，电器的发热及冷却状况也不同。从电器发热与冷却的角度，一般将电器的工作状况分为长期工作制、间断长期工作制（八小时工作制）、短时工作制及间断工作制（反复短时工作制）四种。

（1）长期工作制时电器的发热与散热　长期工作制是指电器通电后连续工作到发热稳定，此时温升达到稳定值。其特点是温升稳定后电器损耗所产生的热量全部散发到周围介质中。当发热未达到稳定前，这个热量一部分用于升高导体的温度，另一部分散发到周围介质中去。根据能量守恒原理，可得能量平衡公式为

$$Pdt = cGd\tau + K_T S \tau dt \tag{3-4}$$

式中 Pdt——在 dt 时间内电器的总发热量；

$K_T S \tau dt$——在 dt 时间内电器的散热量；

$cGd\tau$——电器吸存的热量。

由式（3-4）可得温升的计算公式为：

$$\tau = \frac{P}{K_T S}\left[1 - e^{-t\left(\frac{cG}{K_T S}\right)}\right] \quad (3\text{-}5)$$

$$T = \frac{cG}{K_T S} \quad (3\text{-}6)$$

式中 T——电器的热时间常数。

T 取决于导体的总热容量与其散热情况之比。其值是由电器本身的物理参数决定的，与发热功率（电流）无关。T 值越大，表示达到稳定温升所需的时间越长。

由式（3-5）和式（3-6）分析，对于某一电器来说，其参数基本不变，随着工作时间 t 增加，其温升按指数曲线上升，如图 3-1 中曲线 2 所示；当 $t \to \infty$ 时，电器温升达到稳定值，称为稳定温升 τ_w。

$$\tau_w = \frac{P}{K_T S} \quad (3\text{-}7)$$

理论上讲，$t = \infty$ 时，温升达到稳定值。实际上接近稳定温升所需的时间并不需要无限长。从图 3-1 中可以看出，当 $t = 4T$ 时，$\tau = 0.98\tau_w$，这时温升 τ 即可认为达到稳定值。稳定温升 τ_w 与起始温升 τ_0、电器的热时间常数 T 无关，因此，对同一电器，通以不同电流，尽管 τ_w 值不同，但达到稳定温升所需的时间相同。

为保证电器工作安全，电器处于长期工作制或间断长期工作制（八小时工作制）工作时，其稳定温升不得高于允许温升。

当达到稳定温升后，切断电源使电器冷却，即 $P = 0$，据式（3-6）分析，电器温升按指数下降直至为零，如图 3-1 中曲线 3 所示。

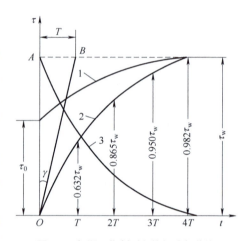

图 3-1 长期工作制时发热与冷却曲线

（2）**短时工作制时电器的发热与散热** 电器的短时工作制是指电器通电时间很短。温升未达到稳定值就停止工作，并且下一次工作要等到电器冷却到周围介质温度。电气设备若采用此工作制，一般会在参数中特别说明。

设短时工作制时发热功率为 P_d，通过工作电流为 I_d，发热时间为 t_d。把参数代入式（3-5）、式（3-6）和式（3-7）中，得

$$\tau_d = \frac{P_d}{K_T S}\left[1 - e^{-t_d/T}\right] \quad (3\text{-}8)$$

$$\tau_{dw} = \frac{P_d}{K_T S} \quad (3\text{-}9)$$

据式（3-8）和式（3-9）得短时工作制的发热和冷却曲线如图 3-2 所示。

为保证电器工作安全，短时工作制时的温升 τ_d 不得高于允许温升。

假设短时温升 τ_d 恰好与某额定功率为 P_e、工作电流为 I_e 且处于长期工作制发热的稳定温升 τ_w 相等，即 $\tau_d = \tau_w$。由式（3-7）和式（3-9）可得

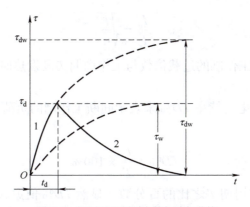

图 3-2 短时工作制时发热与冷却曲线

$$\frac{P_d}{K_T S}\left[1-e^{-t_d/T}\right]=\frac{P_e}{K_T S} \tag{3-10}$$

变形为

$$\frac{P_d}{P_e}=\frac{1}{1-e^{-t_d/T}} \tag{3-11}$$

P_d 与 P_e 的比值，称为功率过载系数。它表示在温升、散热一定的条件下短时工作与长期工作相比，功率允许过载的倍数。同时也可相应得到短时工作时电流的允许过载倍数为

$$\frac{P_d}{P_e}\oplus\frac{T}{t_d} \tag{3-12}$$

$$\frac{I_d}{I_e}=\sqrt{\frac{T}{t_d}} \tag{3-13}$$

由上分析可得：

① 若某电器在长期工作制下工作时，其稳定温升达到允许温升。该电器若用于短时工作时，允许超载运行。这样可说明该电器工作时，在保证其温升不超过允许温升的条件下，可允许其短时超载。

② 该电器在短时工作制下，其功率（或电流）的过载倍数与发热时间 t_d 及时间常数 T 有关。T 越大，t_d 越小，则过载倍数越高。

（3）间断工作制（反复短时工作制） 间断工作制是指电器在通电和断电周期循环下的工作过程。通电时间内温度未达到稳定值，断电后又不能冷却到周围介质温度。多次重复通电后，电器可能达到稳定温升。

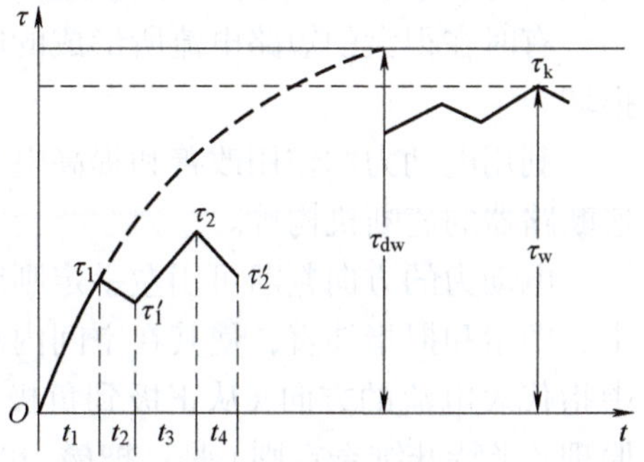

如图 3-3 所示说明了间断工作制下的发热过程，以 t_1 表示通电发热时间，t_2 表示断电冷却时间，$T=t_1+t_2$ 称为工作周期。通过分析可得其功率过载倍数、电流过载倍数分别为

图 3-3 间断工作制的发热曲线

$$\frac{P_d}{P_e}=\frac{T}{t_1} \tag{3-14}$$

$$\frac{I_d}{I_e} = \sqrt{\frac{T}{t_1}} \quad (3\text{-}15)$$

由上式可以看出间断工作制的过载倍数与工作周期 T 及发热时间 t_1 有关，t_1 越大或 T 越小，过载倍数就越大。

在电器标准中常用通电持续率 $TD\%$ 来表示间断工作制的负荷轻重程度，通电持续率的定义为

$$TD\% = \frac{t_1}{T} \times 100\% \quad (3\text{-}16)$$

即工作时间 t_1 与工作周期 T 之比的百分数。显然 $TD\%$ 值愈大，说明其工作时间愈长，任务愈繁重，过载系数就愈小。

5. 短路时电器的发热与电器的热稳定性

电器在通过工作电流时，在其工作制下，要经受额定电流发热的考验。若电路发生了短路故障，其短路电流远大于额定电流，在保护电器还未将故障切除前，电器还必须能承受住一定时间内短路电流发热的考验。由于短路电流的作用时间很短，可认为是绝热过程，即不考虑散热，全部损耗都用来加热电器。

电器的热稳定性是指在一定时间内能承受短路电流（或所规定的等值电流）的热作用而不发生热损坏的能力。例如不会因发热而产生不允许的机械变形，触头处不会熔焊等。热稳定性以 $I_t^2 t$ 表示，称为 t 秒时的热稳定电流（用有效值表示），一般时间采用 1s、5s 与 10s 为准的热稳定电流 I_1、I_5 及 I_{10}。按照热量相等的原则，同一电器不同时间的热稳定电流可以互相换算，换算公式为 $I_{t_1}^2 \cdot t_1 = I_{t_2}^2 \cdot t_2$。时间愈短，其热稳定电流愈大。

6. 载流导体的电动力及电动稳定性

（1）载流导体的电动力作用与方向判断 载流导体处在磁场中会受到力的作用，载流导体间相互也会受到力的作用，这种力在物理学中称为洛伦兹力，电器学中称为电动力。这种现象，有可利用的一面，如电动机的原理就是利用它将电能转换为机械能。同时也有危害的一面，如对大容量输配电设备来说，在短路情况下电动力可达很大数值，对配电装置的性能和结构影响极大。在电器中，载流导体间、线圈匝间、动静触头间、电弧与铁磁体间等都有电动力的作用。在正常电流下电动力不致使电器损坏，但动、静触头间的电动斥力过大会使接触压力减小、接触电阻增大，造成触头的熔化或熔焊，影响触头的正常工作。

有时在很大的短路电流所形成的电动力下，电器会发生误动作或使导体机械变形，甚至损坏。

利用电动力的作用改善和提高电器性能的例子也是很多的。例如接触器的磁吹灭弧、快速断路器的速断机构等。

电动力的方向判断可用左手定则或磁通管侧压力原理来进行。左手定则为，将左手的食指、中指和拇指伸直，使其在空间内相互垂直。食指方向代表磁场的方向（从 N 极到 S 极），中指代表电流的方向（从正极到负极），则拇指所指的方向就是受力的方向。磁通管侧压力原理（米特开维奇定则）是：把磁力线看成为磁通管，磁通管密度高的一侧具有推动导体向密度低的一侧运动的力，这个方向即为电动力的方向。

电动力方向判断的两种方法的结果是一样的，可根据具体情况使用。在结构及产生磁场因素复杂的情况下用磁通管侧压力原理来判定电动力方向较为方便，如图 3-4 所示的情况。

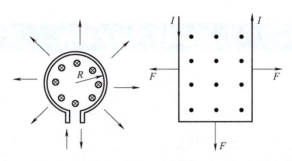

图 3-4 载流导体所受电动力

（2）载流导体电动力计算基础和电动稳定性　当长为 L 并通有电流 I 的导体垂直置于磁感应强度为 B 的均匀磁场中时，作用在该导体上的电动力 F 为

$$F = BIL \tag{3-17}$$

若该导体与磁感应强度 B 的方向成 β 夹角，则作用在导体上的电动力为

$$F = BIL\sin\beta \tag{3-18}$$

若任意形状的载流导体置于不均匀磁场中，这时把导体分割成无限短的导体 dL，它所处的磁场可认为是均匀的，因此它受到的力 dF 为

$$dF = I \cdot dL \cdot B\sin\beta \tag{3-19}$$

长为 L 的导体所受到的电动力为

$$F = \int_0^L dF \tag{3-20}$$

在通常情况下，磁场中各点的磁感应强度 B 不是预先给定的，只给出导体电流及导体的空间位置情况，此时可采用比奥沙瓦定律来进行电动力的计算。

电器的电动稳定性就是指当大电流通过电器时，在其产生的电动力作用下，电器有关部件不产生损坏或永久变形的性能，也可以说电器有关部分在电动力作用下不产生损坏或永久变形所能通过的最大电流的能力。它用可能的最大冲击电流的峰值来表示，有的也以它与额定电流的比值来表示。

7. 触头电动力

触头闭合通过电流时，在触头间有电动力存在。这是因为触头表面不管加工得如何平整，从微观上看仍然是凹凸不平的，如图 3-5 所示。由于接触面积远小于触头表面积，电流线在接触点处产生收缩，利用磁通管侧压力原理分析，可知这将引起触头间的电动斥力。

由于触头面加工情况不同，触头压力情况不同，因而难以确定触头接触处电流线收缩的情况，则电流线收缩而产生的电动斥力计算复杂。

通过分析可得，视在接触面积、触头材料的抗压强度越大，同等条件下，有效接触面积越小，电流线收缩得越厉害，电动斥力也越大。触头压力越大，使有效接触面积加大，电动斥力也就越小。

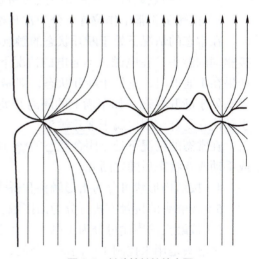

图 3-5 触头接触处放大图

任务二　认知触头系统

任务目标

1. 认知常开触头和常闭触头的定义。
2. 认知触头的接触形式。
3. 掌握触头的主要参数的定义及其作用。
4. 掌握触头间的接触电阻产生的原因及其对电器工作的危害，掌握减少触头接触电阻的方法。
5. 掌握触头间的触头振动产生的原因及其对电器工作的危害，掌握减少触头振动的方法。

知识课堂

一、概述

电器的触头是用来控制电路通断的执行元件。触头是有触点电器的重要组成部分，又是电器中最薄弱的环节，其工作的优劣直接影响到电器的性能。

1. 触头的分类

1）按触头工作情况可分为有载开闭和无载开闭两种。前者在触头开断或闭合过程中，允许触头间有电流通过，后者在触头开断或闭合过程中，不允许触头间有电流通过，而在闭合后才允许触头间通过电流，如转换开关等。无载开闭触头，由于触头开断时无载，故无电弧产生，对触头的工作十分有利。

2）按开断点数目可分为单断点式和双断点式触头。

3）按触头正常工作位置可分为常开触头和常闭触头。

在常态的情况下处于断开状态的触点叫常开触头，又称正联锁。对于由电磁铁直接或间接驱动的触头，在电磁铁不通电的情况下，常开触头处于断开状态，如低压断路器的触头，如果在不通电时，它处于断开状态，则属于常开触头。对于手动的触头，初始状态下，常开触头处于断开状态，如车辆上的隔离开关，若在正常时，它是处于断开状态，但在故障时，手动使它闭合，则也属于常开触头。

在常态的情况下处于闭合状态的触点叫常闭触头，又称反联锁。常闭触头在电磁铁动作或手动改变状态后随之断开。

4）按结构形状可分为指形触头和桥式触头等。

5）按触头的接触方式可分为面接触、线接触和点接触 3 种。

6）按触头的用途可分为主触头和联锁触头（辅助触头）。

主触头是用来控制主电路的通断的，额定电流较大。联锁触头与主触头一起联动，但它一般是用来控制低压电路（控制电路）的通断，额定电流较小。

2. 触头接触面形式

触头接触面形式分为点接触、线接触和面接触 3 种，如图 3-6 所示。

（1）点接触　点接触是指两个导体只在一点或者很小的面积上发生接触的触头（如球面对球面，球面对平面）。它用于 20A 以下的小电流电器，如继电器的触头，接触器和自动开关的联锁触头等。

（2）线接触　线接触是指两个导体沿着线或较窄的面积发生接触的触头（如圆柱对圆柱、圆柱对平面）。其接触面积和接触压力均适中，常用于几十至几百安电流的中等容量的电器，如接触器、断路器及高压开关电器的触头。

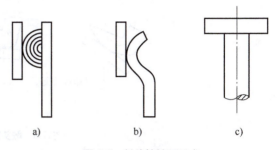

图 3-6　触头接触面形式
a）点接触　b）线接触　c）面接触

（3）面接触　面接触是指两个导体有着较广表面发生接触的触头（如平面对平面）。其接触面积和触头压力均较大，多用于大电流的电器，如大容量的接触器和高压断路器的主触头。

3. 触头的参数

触头的主要参数有触头的结构尺寸、开距 s、超程 r、初压力 F_0 和终压力 F_z 等。

（1）触头的结构尺寸　触头的结构尺寸，主要是根据触头工作时的发热条件确定，同时也要考虑到它的机械强度与工作寿命等条件。

（2）触头的开距 s　触头处于断开位置时，动、静触头之间的最小距离称为触头的开距 s（或行程），如图 3-7a 所示。用于保证触头分断电路时可靠地灭弧，并且具有必要的安全绝缘间隔。

（3）触头的超程 r　触头的超程是指电器触头完全闭合后，如果将静（或动）触头移开，动（或静）触头在触头弹簧的作用下继续前移的距离 r，如图 3-7c 所示。超程是用以保证在触头允许磨损的范围内仍能可靠地接触，即触头压力的最小值。

（4）触头的初压力 F_0　当动触头与静触头刚好接触，如图 3-7b 所示，此时触头间的压力称为触头的初压力 F_0。

（5）触头的终压力 F_z　当动、静触头闭合终了时，每个触头上的压力称为终压力 F_z。它由触头弹簧最终压缩量决定，此压力应使触头闭合状态时的实际接触面积增加，接触电阻低而稳定。

（6）触头的研距　一般线接触触头的动、静触头开始接触时，其接触线在 a 点处（见图 3-8），在触头闭合过程中，接触线逐渐移动，最后停在 b 点处接触，以导通工作电流。由于在动触头上的 ab 和静触头上的 $a'b'$ 长度不一样，因此，在两者接触过程中，不仅有相对滚动，而且有相对滑动存在，整个接触过程称为触头的研磨过程。触头的滚动量与滑动量之和称为研距。触头表面有滑动，可以擦除触头表面的氧化

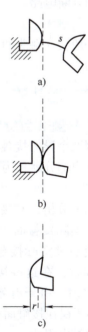

图 3-7　触头的参数
a）完全断开状态　b）刚接触状态
c）完全闭合状态

层及脏物，减小接触电阻。触头表面有滚动可以使正常工作接触线（最终接触线）和开始接触线（最后分开线）错开，以免电弧烧损正常工作的接触线，保证触头接触良好。

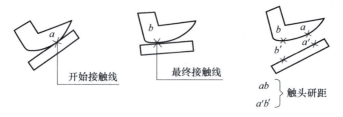

图 3-8　触头的研磨过程及研距

触头的开距、超程、初压力和终压力都是重要参数，它反映了触头的工作情况及电器的工作状态。对于行程开关、微动开关等小型电器，其品质由厂家提供保证，使用过程中只进行整体替换。对于受电弓、主电路用的接触器等高压电器，其接触压力（触头终压力）在检修过程中，必须进行检测并使之符合技术要求。

4. 触头的工作情况

（1）触头处于闭合状态　触头处于闭合状态时的主要任务是保证能通过规定的电流，且触头温升不超过允许值，主要问题是触头的发热及电动稳定性，触头的发热是由接触电阻引起的，故应设法减小接触电阻。

（2）触头闭合过程　触头在闭合过程中会因碰撞而产生机械振动，这个过程的主要问题是减小机械振动，从而减小触头的磨损，避免触头熔焊。

（3）触头处于断开状态　触头处于断开状态时，必须有足够的开距，以保证可靠地熄灭电弧和开断电路。

（4）触头的开断过程　触头开断过程是触头最容易受伤害的工作过程。当触头开断电路时，一般会在触头间产生电弧。这个过程的主要问题是熄灭电弧，减小由电弧而产生的触头电磨损。

二、触头的接触电阻

1. 接触电阻的产生

因两个导体接触在一起实现电的连接而产生的电阻比同样尺寸的完整导体产生的电阻要高，高出部分就称为接触电阻。接触电阻 R_j 由收缩电阻 R_s 和表面膜电阻 R_δ 组成。

（1）收缩电阻 R_s　触头接触处的表面，不可能是理想的平面，尽管经过精加工，但从微观角度分析，其接触面总是凹凸不平的，实际上只有若干小的突起部分相接触，如图 3-9 所示，实际接触面积比视在接触面积小得多。当电流通过实际接触面积时，电流只从接触点上通过，在这些接触点附近，迫使电流线发生收缩。由于有效接触面积（实际接触面积）小于视在接触面积，由此产生的附加电阻称为收缩电阻 R_s。

（2）表面膜电阻 R_δ　电接触表面，由于种种原因，覆盖着一层导电性很差的薄膜。

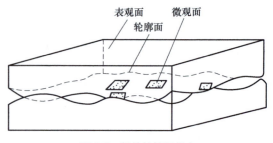

图 3-9　触头的接触状态

例如金属的氧化物、硫化物等，其电阻系数远大于原金属，也可能是落在接触表面上的灰尘、污物或夹在接触面间的油膜、水膜等，由此而形成的附加电阻，称为表面膜电阻 R_δ。

表面膜电阻的大小除和膜的种类有关外，还与薄膜的厚度有关，膜越厚，电阻越大。

接触电阻与触头材料、触头压力、接触面形式、表面和清洁状况等有关。由于膜电阻难于计算，故接触电阻可用经验公式计算，即

$$R_j = \frac{K}{F^m} \tag{3-21}$$

式中　　R_j——触头接触电阻（Ω）；

　　　　F——触头压力（N）；

　　　　m——与触头接触形式有关的常数，对于点接触 $m = 0.5$，线接触 $m = 0.5 \sim 0.7$，面接触 $m = 1$；

　　　　K——与接触材料、接触表面加工方法、接触面状况有关的常数。

必须指出，式（3-21）的局限性很大，不能概括各种因素对接触电阻的影响。尤其是触头表面的氧化对 K 值的影响很大。接触电阻的计算实际上是一个很复杂的问题，根据式（3-21）计算出的值只能作参考。在实际应用中，常采用测量接触压降的方法来实测接触电阻值。接触压降是指通过一定电流时，触头电接触处的电压降，即

$$U_j = IR_j \tag{3-22}$$

式中　　U_j——接触电压降（V）；

　　　　I——通过触头电接触处的电流（A）；

　　　　R_j——接触电阻（Ω）。

2. 影响接触电阻的因素

影响接触电阻的因素有接触压力、触头材料、触头温度、触头表面粗糙度及触头表面电化学腐蚀等。

（1）接触压力的影响　接触压力对接触电阻的影响最大，当接触压力很小时，接触压力微小的变化都会使接触电阻值产生很大的波动。

由式（3-21）可知，触头接触电阻与接触压力近似双曲线关系，即接触电阻值在一定的压力范围内是随外施压力 F 的增大而减小的。这是因为在压力作用下，两表面接触处产生弹性变形，压力增大，变形增加，有效接触面也增加，收缩电阻减小。而当压力达到一定值后，收缩电阻几乎不变，这是因为材料的弹性变形是有一定限度的，因而接触面积的增加也是有限的，故接触电阻不可能完全消除。

增大接触压力，可将氧化膜压碎，使膜电阻减小，但压力增大到一定程度后，膜电阻稳定在一个较小的数值。

（2）触头材料的影响　触头材料的性质直接影响接触电阻的大小。这些材料的性质包括电阻系数、材料的机械强度和硬度、材料的化学性能等。

材料的电阻系数越小，接触电阻就越小。银的电阻系数小于铜，但银比铜价格贵，所以常采用铜镀银或镶银的办法，以减小接触电阻。

材料的抗压强度越小，在同样接触压力下得到的实际接触面积就越大，接触电阻就越小。采用抗压强度小的材料可以使接触电阻降低，但由于触头本身需要一定的机械强度，因此常在接触连接处，用较软的金属覆盖在硬金属上，以获得较好的性能，例如铜触头搪锡等。

材料越易氧化，就越容易在表面形成氧化膜，如不设法清除，接触电阻就会显著增大。

（3）触头温度的影响　触头的接触电阻与它本身的金属电阻一样，也受温度的影响，随着触头温度的升高，接触电阻增加。这是由于接触处温度升高后，材料硬度有所降低，使有效接触面积增大，以致在温度增加时，接触电阻的增加比金属材料电阻的增加要小一些。

另外，温度升高会加剧触头材料的氧化。

图 3-10 表示在接触压力一定的情况下，接触电阻 R_j 与触头温度 θ 的关系曲线。曲线 1 的接触压力比曲线 2 的接触压力小，因此其接触电阻大。

（4）接触表面粗糙度　表面粗糙度对接触电阻有一定的影响。接触表面可以粗加工，也可以精加工，至于采用哪种方式加工更好，要根据负荷大小、接触形式和用途而定。

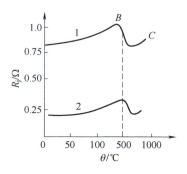

图 3-10　接触电阻与温度关系

对于大、中电流电器的触头表面，不要求精加工，最好用锉刀加工，重要的是平整。两个平整而较粗糙的平面接触在一起，接触点数目较多且稳定，并能有效地清除氧化膜。相反，精加工的表面，当装配稍有歪斜时，接触点的数目显著减小。

对于某些小功率电器，触头电流小到毫安以下，为了保证接触电阻小而稳定，则要求触头表面粗糙度越低越好。粗糙度低的触头不易受污染，也不易生成膜电阻。为达到这样低的粗糙度，往往采用机械、电或化学抛光等工艺。

（5）触头表面的电化学腐蚀　采用不同的金属作触头对时，由于两金属接触处有电位差，当湿度大时，在触头对的接触处会发生电解作用，引起触头的电化学腐蚀，使接触电阻增加。

常用金属材料的电化顺序是金（Au）、铂（Pt）、银（Ag）、铜（Cu）、氢（H）、锡（Sn）、镍（Ni）、镉（Cd）、铁（Fe）、铬（Cr）、锌（Zn）、铝（Al），规定氢的电化电位为 0，在它后面的金属具有不同的负电位（如 Al 的电化电位为 -1.34V），在它前面的金属具有不同的正电位（如 Ag 的电化电位为 +0.8V）。选取触头对时，应取电化顺序中位置靠近的金属，以减小电化电动势。例如不宜采用铝—铜做触头对。

3. 减小接触电阻的方法

根据接触电阻的成因及影响因素，减小接触电阻一般可采用下列方法：

1）增加有效接触点数目。

2）触头在开闭过程中应具有研磨过程，以擦去氧化膜。

三、触头的振动及熔焊

1. 产生振动的原因

触头在闭合过程中，触头间的碰撞、触头间的电动斥力和衔铁与铁心的碰撞都可能引起触头的机械振动。

当触头闭合时，电器传动机构的力直接作用在动触头支架上，使得质量为 m 的动触头以速度 v_1 向静触头运动，在动、静触头相撞时动触头具有一定的动能 $\frac{1}{2}mv_1^2$。触头由于碰撞而产生振动的过程如图 3-11 所示。

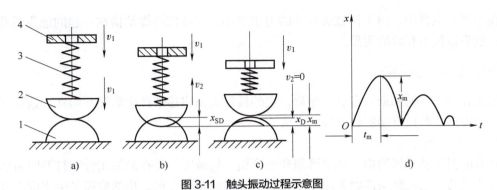

图 3-11 触头振动过程示意图
a）触头碰撞开始瞬间　b）触头碰撞后的瞬间　c）触头的振动　d）触头振荡变化过程
1—静触头　2—动触头　3—触头弹簧　4—动触头支架　x_{SD}—塑性和弹性变形量　x_D—弹性变形量　x_m—最大振幅

在触头振动过程中（见图 3-11），如果 $x_m \leqslant x_D$，则碰撞后触头不会分离，这样的振动不会产生电弧，对触头无害，因而称为无害振动。反之若 $x_m > x_D$，则碰撞后动静触头分离，形成断开电路的气隙，在触头间产生电弧，严重影响触头寿命，故称为有害振动。两个触头在闭合时发生碰撞产生振动是不可避免的，所谓消除触头闭合过程中的振动，是指消除触头的有害振动。

2. 减小有害振动的方法

为了提高触头的使用寿命，必须减小触头的振动。减小触头振动有如下几种方法：

1）使触头具有一定的初压力。增大初压力可减小触头反跳时的振幅和振动时间。但初压力是有限的，如果初压力超过了传动机构的作用力（例如电磁机构的吸力），则不仅触头反跳的距离增加，而且触头也不能可靠地闭合，反而造成触头磨损增加。

2）降低动触头的闭合速度，以减小碰撞动能。由实验可知，减小触头闭合瞬间的速度可减小触头振动的振幅。这要求吸力特性和反力特性良好配合。需要指出的是，当触头回路电压高于 300V 时，若闭合速度过小，则在动、静触头靠近时，触头间隙会击穿形成电弧，反而会引起电磨损的增加。

3）减小动触头的质量，以减小碰撞动能，从而减小触头的振幅。但是，在减小触头质量时必须考虑触头机械强度，散热面积等问题。

4）对于电磁式电器，减小衔铁和静铁心碰撞时引起的磁系统的振动，以减小触头的二次振动。其方法是吸力特性与反力特性有良好的配合及铁心具有缓冲装置。

3. 触头的熔焊

触头的机械振动，不仅由于闭合过程中触头相互碰撞引起，触头间的收缩电动力也引起触头间的振动，特别是在触头间有短路电流通过时，电动排斥力更大，使触头间断续产生电弧。在电弧高温下，使触头金属表面熔化，当触头最终闭合时，动、静触头融焊在一起，再也不能打开。这种由于热效应而引起的触头熔接，称为触头的"熔焊"或"热焊"。必须指出的是，触头的"熔焊"可能发生在严重过载或短路情况下，在额定电流下触头不可能发生"熔焊"。

还有一种触头焊接现象，产生于常温下，通常称为"冷焊"。"冷焊"常常发生在用贵金属材料（如金与合金）制成的小型继电器触点中。其原因为贵金属表面不易形成氧化膜，纯洁的金属接触面在触头压力作用下，由于金属分子和原子之间化学亲和力的作用，使动、静触头表面牢固地结合在一起，产生"冷焊"现象。由"冷焊"产生的触头间的粘接力很小，但是在小型继电器中，由于使触头分开的力也很小，不能把冷焊粘接在一起的触头弹开，常常造成触头粘住不释放的现象。

四、触头的磨损

触头在多次接通和断开有载电路后，它的接触表面将逐渐产生磨耗和损坏，这种现象称为触头的磨损。磨损直接影响电器的寿命。

1. 磨损的原因

触头磨损包括机械磨损、化学磨损和电磨损。机械磨损是在触头闭合和打开时研磨和机械碰撞造成的，它使触头接触表面产生压皱、裂痕或塑性变形。化学磨损是由于周围介质中的腐蚀性气体或水蒸气对触头材料浸蚀所造成的，它使触头表面形成非导电性薄膜，致使接触电阻变大，且不稳定，甚至完全破坏了触头的导电性能。这种非导电性薄膜在触头相互碰撞及触头压力作用下，逐渐剥落，形成金属材料的损耗。机械磨损和化学磨损一般很小，约占全部磨损的 10% 以下。

触头的磨损主要取决于电磨损。电磨损主要发生在触头的闭合和开断过程中，在触头闭合电流时产生的电磨损，主要是由于触头碰撞引起振动所产生的，在触头开断电流时所产生的电磨损，是由高温电弧所造成的。

2. 电磨损的形式

触头分断与闭合电路过程中，会产生金属液桥、电弧和火花放电等各种现象，引起金属转移、喷溅和汽化，使触头材料损耗和变形，这种现象称为触头的电磨损。电磨损主要有液桥的金属转移和电弧的烧损两种形式。

（1）液桥的形成和金属转移　触头在断开过程中，动、静头间形成熔化的液态金属桥，称为液桥。触头断开前的瞬间，接触压力和接触点数目逐渐减小，这样就使接触点的电流密度急剧增加，促使接触处的金属熔化，形成金属液体滴。触头继续断开时，将金属液体滴拉长，形成液桥。实践证明，由于液桥的金属转移作用，经过很多次操作后，触头的阳极因金属损耗而形成凹坑，阴极金属增多形成针刺，凸出于接触表面。

在弱电流电器（如继电器）中，液桥对触头的电磨损起着重要影响。

（2）电弧对触头的腐蚀　电弧对触头的腐蚀十分严重，电弧磨损要比液桥引起的金属转移高出 5~10 倍。当电弧的温度极高，触头间距离又较大时，一般都采用电动力吹弧的方法来熄灭电弧，加上强烈的金属蒸气浪冲击，往往会把液态金属从触头表面吹出，向四周飞溅。这种磨损与小功率电弧的磨损是不同的，金属蒸气再度沉积于触头接触表面上的概率已大大减小，使触头的阴、阳极都遭到严重磨损，由于阳极温度高于阴极，所以阳极磨损更为严重。

3. 减小触头电磨损的方法

减小触头电磨损，可从减小触头在开断过程中的磨损和减小触头闭合过程中的磨损两方面着手。

（1）减小触头开断过程中的磨损　即减小触头开断时的电弧，其方法有：

1）选择合适的灭弧方案。例如对于交流电器（如交流接触器）宜采用去离子栅灭弧系统，利用交流电流通过自然零点而熄弧，减小触头的电磨损。

2）正确选用触头材料。例如，钨、钼的熔点和气化点高，因此，钨、钼及其合金有良好的抗磨损性能，银、铜的熔点和气化点低，抗磨损性能较差。

（2）减小触头闭合过程中的磨损　触头闭合过程中的磨损，主要由触头在闭合过程中的振动引起，所以，减小触头闭合过程中电磨损，必须减小触头的机械振动。

五、触头材料

1. 对触头材料性能的要求

根据各种电器的任务和使用条件，对电接触材料的性能要求不同。对触头材料性能的要求如下：

1）尽可能高的导电和导热性能。

2）良好的机械性能。

3）良好的化学性能。

2. 触头材料分类

触头材料分三类：纯金属、金属合金和金属陶冶材料。

1）纯金属材料，如银、铜、钨等。

2）合金材料。由于纯金属本身性能的差异，将它们以不同的成分相配合，构成金属合金或金属陶冶材料，使触头的工作性能得以改进。

3）金属陶冶材料。金属陶冶材料是由两种或两种以上的彼此不相熔合的金属组成的机械混合物，其中一种金属有很高的导电性（如银、铜等），作为材料中的填料，称为导电相，另一种金属有很高的熔点和硬度（如钨、镍、钼、氧化镉等），在电弧的高温作用下不易变形和熔化，称为耐熔相，这类金属在触头材料中起着骨架的作用。这样，就保持了两种材料的优点，克服了各自的缺点，是比较理想的触头材料。

任务三　认知电磁传动系统

任务目标

1. 掌握电磁传动系统的结构和分类。
2. 认知电磁铁的吸力特性与反力特性。

知识课堂

一、电磁传动系统的结构和分类

电磁传动系统的核心是电磁铁，通过电磁铁将电磁能转换成机械能，带动触头使之闭合或断开，它是电磁式电器的重要组成部分之一。

1. 电磁铁的结构

电磁铁主要由吸引线圈、铁心（静铁心）、衔铁（动铁心）、铁轭和空气隙等组成，如图 3-12 所示为直流拍合式电磁铁的结构。

图 3-12 所示的电磁铁，在线圈 3 未通电时，衔铁 1 在反力弹簧 7 的作用下，处于打开位置，衔铁 1 与极靴 2 之间保持一个较大的气隙。当线圈通电后，在导磁体中产生磁通 Φ，根据磁力线流入端为 S 极，流出端为 N 极的规定，在衔铁与极靴相对的端面具有异极性。由于异性磁极相吸，于是在铁心和衔铁间产生电磁吸力。当电磁吸力大于反力弹簧的反作用力时，衔铁被吸向铁心，直到与极靴接触为止。这个过程称为衔铁的吸合过程。当线圈中的电流减小或中断时，铁心中的磁通就变小，吸力也随之减小，当电磁吸力小于反力弹簧的反作用力时，衔铁就在反力弹簧作用下返回至打开位置，这个过程称为衔铁的释放过程。

由此可见，只要控制电磁铁吸引线圈电流（或电压）大小，就能控制电磁铁衔铁（动铁心）的吸合或释放，进而由衔铁（动铁心）带动机械机构（绝缘），驱动触头进行相应的切换。

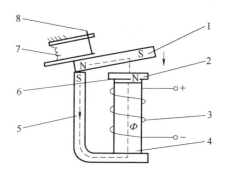

图 3-12 拍合式电磁铁的结构
1—衔铁 2—极靴 3—线圈 4—铁心 5—磁轭
6—非磁性垫片 7—反力弹簧 8—调节螺钉

2. 电磁铁的分类

电磁铁可根据线圈电流种类、磁路的形式、衔铁运动的方式、线圈接入电路的方式不同，分为多种形式和类型。

（1）按线圈电流种类可分为

1) 直流电磁铁。直流电磁铁的线圈中通过直流电流，当电流达到稳定以后，磁通是恒定的，导磁体中没有涡流和磁滞损耗，故其铁心和衔铁可以采用整块工程软铁制成。

2) 交流电磁铁。交流电磁铁的线圈中通过交流电流，导磁体中的磁通是交变的，有涡流和磁滞损耗，故其铁心和衔铁一般采用电工钢片制成。

（2）按磁路形式和衔铁运动方式分为

1) 拍合式，如图 3-13a、b 所示。

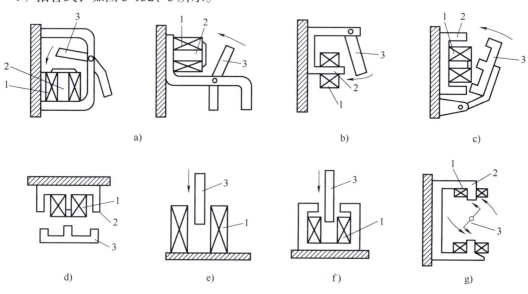

图 3-13 常用电磁传动装置（电磁铁）的形式
a)、b) 拍合式 c) E 形拍合式 d) E 形直动式 e) 空心螺管式 f) 装甲螺管式 g) 回转式
1—线圈 2—铁心 3—衔铁

2）E 形拍合式和 E 形直动式，如图 3-13 c、d 所示。
3）空心螺管式，如图 3-13e 所示。
4）装甲螺管式，如图 3-13 f 所示。
5）回转式，如图 3-13g 所示。

（3）按线圈接入电路方式分为

1）串联电磁铁。电磁铁的线圈串接于电路中，如图 3-14a 所示。串联电磁铁的衔铁动作与否取决线圈中电流的大小，但衔铁的动作并不影响线圈中电流的变化。串联电磁铁的线圈称为电流线圈，具有这种电磁铁的电器都属于电流型电器。为了不影响电路中负载的端电压和电流，要求线圈内阻小，所以，串联电磁铁的线圈导线截面积较粗，线圈匝数较少。

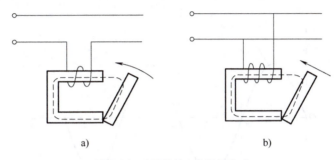

图 3-14　电磁铁接入电路的方式
a）串联电磁铁　b）并联电磁铁

2）并联电磁铁。电磁铁的线圈并接于电路中，如图 3-14b 所示。并联电磁铁的衔铁动作与否取决于线圈两端电压的大小，并联电磁铁的线圈又称为电压线圈，具有这种电磁铁的电器都属于电压型电器。直流并联电磁铁的衔铁动作不会引起线圈中电流的变化，但对于交流并联电磁铁，衔铁动作会引起线圈阻抗的变化，从而引起线圈中电流的变化。由实验得知，对于 U 形电磁铁，衔铁打开时线圈中电流值为衔铁闭合后的 6~7 倍，对于 E 形电磁铁，可达 10~15 倍。电磁铁的线圈允许电流值，是根据衔铁闭合后电流值设计所以，一旦线圈有电而衔铁由于某种原因闭合不上或频繁操作时，线圈易过热乃至烧坏，这也是交流电压型电器比直流电压型电器易损坏的原因之一。

二、电磁铁的吸力特性与反力特性

1. 电磁铁的吸力计算基本公式

1）直流电磁铁的吸力计算基本公式

$$F = \frac{B^2 S}{2\mu_0} = \frac{\Phi^2}{2\mu_0} \cdot \frac{1}{S} \qquad (3\text{-}23)$$

式中　B——铁心的磁感应强度（T）；
　　　S——磁极的面积（m^2）；
　　　μ_0——真空磁导率，1.25×10^{-6} H/m；
　　　Φ——磁极端面磁通（Wb）。

这个公式是在假定磁极端面下的磁场是均匀分布的情况下得出的，适合工作气隙 δ 较小时的分析。

2）交流电磁铁的吸力计算。设交流电磁铁中的交变磁通为

$$\Phi_t = \Phi_m \sin\omega t \quad (3\text{-}24)$$

Φ_m 代表磁通的幅值，Φ_t 将代入式（3-23）得

$$F = \left(\frac{\Phi_t}{2\mu_0}\right)^2 \cdot \frac{1}{S} = \left(\frac{\Phi_m}{2\mu_0}\right)^2 \cdot \frac{1}{S} \cdot \sin^2\omega t = F_m \sin^2\omega t = \frac{1}{2}F_m - \frac{1}{2}F_m \cos2\omega t = F_0 - F_j \quad (3\text{-}25)$$

式中　F_m——最大吸力；

　　　F_0——平均吸力；

　　　F_j——吸力中的交变分量。

交流电磁铁磁通与吸力波形如图 3-15 所示。

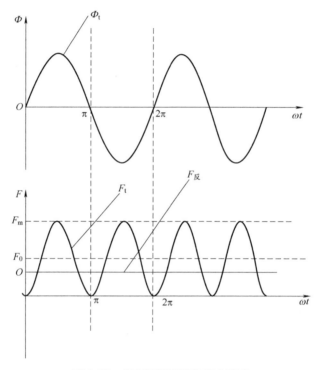

图 3-15　交流电磁铁磁通与吸力波形

在电磁铁工作过程中，决定其能否将衔铁吸合的是平均吸力的大小，即通常所说的交流电磁铁吸力。从图 3-15 看到，单相交变磁通所产生的吸力在每一周期内有两次经过零点，所以在工频电路上，每秒钟内有 100 次经过零点。单相交流电磁铁的吸力大小随着时间而变化，当吸力大于反力时，衔铁被吸住；当吸力小于反力时，衔铁开始返回；如此往复，形成振动，产生噪声，损坏零件。单相交流电磁铁要用分磁环（一般为闭合的铜环或银环）套在部分磁极端面上，就可消除振动。它是利用通过磁极端面环内和环外的磁通不同时为零，即总磁通任何时刻都不为零，所以总吸力任何时刻都不为零，且通过设计保证有电时吸力大于反力。对于三相交流电磁铁一般不存在合成磁通为零的情况，不需加分磁环。

对于交流并联电磁铁，其线圈可以看成感抗很大，内阻很小的电压源，则有

$$U \approx 4.44 fN\Phi_m \times 10^{-8} \quad (3\text{-}26)$$

式中　f——电源频率（Hz）；
　　　N——线圈匝数；
　　　Φ_m——磁通最大值（Wb）。
变形为

$$\Phi_\text{m} N \approx \frac{U \cdot 10^8}{4.44 f} \qquad (3\text{-}27)$$

当外加电源电压恒定时，磁通与其交链的线圈匝数的乘积恒定，这说明交流电磁铁为恒磁链系统。

2. 电磁铁的吸力特性

吸力特性是指电磁铁的吸力与工作气隙的关系，即 $F = f(\delta)$。根据电磁铁的吸力计算公式分析，工作气隙 δ 小时，磁路磁阻小，衔铁上的电磁吸力 F 大；当工作气隙 δ 大时，衔铁上的电磁吸力 F 小。所以吸力特性近似于双曲线。对于直流电磁铁来说，由于其为恒磁势系统，即 IN 基本不变，当工作气隙 δ 变化时，磁阻变化，磁通也变化，所以吸力也随着工作气隙变化，故其特性陡峭。对于交流电磁铁来说，由于其为恒磁链系统，其磁通有效值基本不变，所以吸力随工作气隙变化较小，故其特性相对平坦。

有时为了改变直流电磁铁的吸力特性，使其较平坦些，以减少闭合时机械冲击，在磁极端上加一极靴可使特性变得平坦。当然个别情况下也希望吸力陡一些，以保证吸合时有较大的吸力，确保可靠吸合衔铁，如 E 形电磁铁。

3. 电磁铁的反力特性

反力特性是归算到工作气隙中心的所有反力 F_f 与工作气隙 δ 的关系，即：$F_\text{f} = f(\delta)$。可能有的反力有，反力弹簧力（主要）、触头弹簧力、摩擦阻力、重力等。图 3-16 为直流接触器的反力特性示意图，斜线 1 为常开触头弹簧力，它只存在于动静触头刚接触到完全闭合的这个过程。曲线 2 为反力弹簧力，它随工作气隙减少而增大，在触头由开断状态向闭合状态变化时，始终存在，为一斜直线；曲线 1 和曲线 2 合成的结果为反力特性，这里没有考虑其他反力。

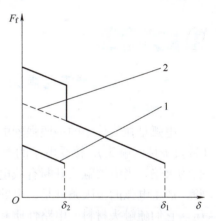

图 3-16　电磁铁的反力特性

4. 电磁铁的吸力特性与反力特性的配合

根据前面分析，电磁铁要吸合动作，要求整个过程中，吸力要大于反力，如图 3-17 中，吸力特性曲线 2、3 比反力特性曲线 1 高；电磁铁要释放，则要求整个过程中，吸力要小于反力，如图 3-17 中，反力特性曲线 1 比吸力特性曲线 5 高；出现曲线 1 与曲线 4 有交点的情况，在较大气隙时，吸力大于反力，衔铁向铁心运动，到交点处，反力大于吸力，衔铁无法继续向铁心运动，又无法释放，此时电磁铁被卡住，线圈有可能被烧坏。

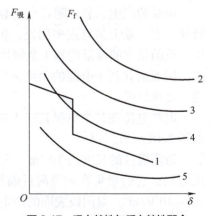

图 3-17　吸力特性与反力特性配合
1—反力特性　2、3、4、5—外加电源电压逐步下降的吸力特性

当特性配合不好时，可改变吸力特性，如调整工作气隙的大小、线圈电流和电压大小等；也可改变反力特性，如调整反力弹簧的预压缩长度等。

任务四　认知灭弧系统

任务目标

1. 认知电弧在电器工作中的危害。
2. 从物理角度认知电弧产生的原因。
3. 认知直流电弧产生的原因与熄灭的方法。
4. 认知交流电弧产生的原因与熄灭的方法。
5. 掌握轨道运输业常用灭弧装置的工作原理。

知识课堂

一、电弧的产生与熄灭

1. 概述

电弧是在气体中的一股强烈电子流，属于气体放电的一种形式。发射电子的源泉是阴极（带负极性的触头），接受电子的是阳极（带正极性的触头），其外观像一团亮度极强、温度极高的火焰。当电器触头开断有载电路时，常在触头之间产生电弧的燃烧和熄灭过程。根据试验，产生电弧的极限条件是，电路内的电流和电压必须大于某一最小生弧电流和最小生弧电压。它们随触头材料、电路性质和周围介质而异。当负载为强电阻及周围介质为大气时，各种触头材料的最小生弧电压约在 11~20V 之间，最小生弧电流约在 0.02~1A 之间。

电弧的产生，会伴随着高达数千度甚至一万度以上的高温及强烈的光辐射。电弧的这个特性，在工业上虽有很多用处，但对电器的危害极大，它使触头开断后，电路仍不能断流，更严重的是它的高温使触头金属熔化，甚至会使整个电器烧坏，或引起电器的爆炸和发生火灾。因而从有利于电器的角度来研究电弧，目的在于了解电弧的各种规律，以便采取措施，使它迅速熄灭。

电弧电位在整个电弧长度上的分布是不均匀的，它分为近阴极区、弧柱区和近阳极区，如图 3-18 所示。

近阴极区的长度约 10^{-6} m，大致为电子的平均自由行程。在电场力的作用下正离子向阴极运动，它们聚集在阴极附近而形成正的空间电荷层，使阴极附近形成的电场强度（约为 10^6~10^7 V/m），对阴极表面的高电场发射和二次发射起着重要的作用。正的空间电荷层形成阴极压降，其值约为 10~20V。

近阳极区的长度约为近阴极区的数倍。在电场力的作用下自由电子向阳极运动，它们聚集在阳极附近且不断被阳极吸收而形成电流。同时在阳极附近的自由电子形成负的空间电荷层，产生阳极压降，其值稍小于阴极压降。由于阳极区的长度较阴极区长，故其电场强度比阴极区小。

在阴极区和阳极区之间（几乎等于电弧的全长）光度强、温度高的部分称为弧柱，其压降用 U_L 表示。弧柱区的电位梯度很小，约为常数，但与电流的大小、介质种类、冷却情况有关。

电弧有短弧和长弧之分。一般把弧长小于弧径的电弧称为短弧；而把弧长大大地超过弧径的称为长弧。短弧的特点是其物理过程主要决定于阴极，电弧压降主要反映的是极前压降，所以电弧压降几乎不随电流变化。而长弧的特点是，电弧的过程主要决定于弧柱，电弧压降的大小也主要由弧柱压降所决定。

由于电弧的物理过程比较复杂，且影响其特性的因素很多，因此还不能全用理论的方法来计算电弧特性，在设计灭弧装置时，通常用经验的方法并通过实验来解决。因此在学习本节时，应很好掌握电弧内在的物理过程及其基本规律，并把密切相关的一些因素联系起来进行分析，就可以了解如何熄灭电弧的问题了。

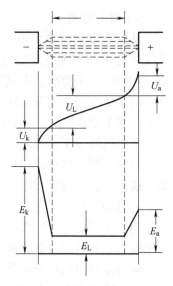

图 3-18　电弧 3 个区及电位降、电位梯度分布

U_k、E_k——阴极电压降及电场强度
U_a、E_a——阳极电压降及电场强度
U_L、E_L——弧柱电压降及电场强度

2. 电弧产生与熄灭的物理过程

当触头开断，而在间隙中有电弧燃烧时，则电路仍然导通。这说明此时触头间隙的气体由绝缘状态变成了导电状态。气体呈导电状态的原因是由于原来的中性气体分解为电子和离子，即气体被游离，此过程称为气体的游离过程。气体游离出来的电子和离子在电场作用下各朝对应的极向运动，便形成电流，从而造成触头虽然已开断，但电路却并未切断。但当电弧熄灭之后电路就不再导通了。这说明此时触头间隙的气体恢复了介质强度，又呈现绝缘状态，即气体已经消除游离而恢复为中性。那么，气体又是怎么会游离和消游离的呢？下面讨论电弧产生和熄灭的物理过程。

（1）电弧产生的物理过程

1）阴极热电子发射。

触头开断过程中，接触面积越来越小，接触处的电阻越来越大，触头表面的温度急剧增加，金属内由于热运动急剧活跃的自由电子克服金属内正离子的吸力而从阴极表面发射出来，这种主要是由于热作用所引起的发射称为热发射。温度越低和逸出的功越大时，热发射的电流密度越小。逸出功为电子克服金属内正离子的吸引力而逸出金属表面所消耗的功。

2）阴极冷发射。

在触头刚刚分开发生热发射的同时，由于触头之间的距离很小，线路电压在这很小的间隙内形成很高的电场，此电场将电子从阴极表面拉出，形成高电场发射。在高电场发射中，并不需要热功的参与，所以高电场发射也称作冷发射。当金属的温度越低和阴极表面电场越小时，电子发射的数量就越少。

通常阴极电子的发射，同时包含了热发射和冷发射的过程，只是不同的材料热发射和冷发射的程度各不相同。

3）撞击游离。

从阴极发射出来的电子，在电场作用下获得能量朝阳极逐渐加速飞驰，并不断撞击中性气体分子。当飞驰着的电子获得的能量足够大时，就能把气体中的分子击离它本身的轨道，使中性分子游离，形成撞击游离。一个电子对一个中性分子发生撞击游离后，被游离的自由电子在电场作用下高速运动，又和其他气体分子发生新的撞击和游离，于是两个电子变四个，四个变八个，……，电子和离子累进地增加。如果电子所获的能量较小，撞击后不足以使中性气体分子立即游离，但撞击后可使电子从内层轨道跳到较远的外层轨道而不脱离其原子核的束缚，这种状态称激发状态。处于激发状态的气体分子经过多次撞击，便可发生游离，这种过程称为累积游离。通常撞击游离的过程主要是累积游离的过程。

4）热游离。

当电弧燃烧时，电弧间隙中气体温度很高，气体中的中性原子或分子由于热运动而发生互相撞击，其结果也造成游离，这就是热游离。热游离实质上也是撞击游离，只不过发生撞击的原因是高温引起而不是电场引起的。所以温度越低，热游离愈弱；相反温度愈高，热游离愈强。应该指出，在高温情况下，往往有金属蒸汽充塞于触头间隙，由于金属蒸汽的游离比气体要快得多，因此游离程度更加迅速。

由上可见，电弧的产生，第一是由于热的作用，发生热发射和热游离；第二是由于电场的作用，发生冷发射和撞击游离，在气隙间出现大量电子流，使气体由绝缘体变成导体。电弧燃烧期间，起主要作用的是热游离。因而，使电弧迅速冷却是熄灭电弧的主要方法。

（2）电弧熄灭的物理过程　　电弧稳定燃烧时（电弧电流为定值），它是处在热动态平衡状态中的，此时不可能有电子和离子的累积（否则，电弧电流将不为定值），这说明电弧内部除游离外，还存在着消游离的过程。当电弧熄灭时，气体恢复为中性，这反映了消游离的结果。消游离的形式主要有以下两种：

1）复合。

复合就是异性离子（正离子和负离子或正离子和电子）互相结合在一起中和成中性原子或分子的作用过程。在游离过程中出现的电子、正负离子，如果它们的运动速度不大，当它们接近时就互相吸合而成中性分子，这种复合称为直接复合。如果电子和正、负离子的运动速度较高时，它们不能直接复合，速度较高的电子撞击中性分子时，除形成撞击游离外，也可能附在中性分子上，形成负离子。由于形成负离子后的质量比电子大得多，因而速度就减慢，当与正离子接近时，就相互中和成中性分子。这个过程称为间接复合。复合的速度受温度的影响很大，因为温度升高，离子运动速度加大，它们复合的概率就减少。反之温度低时，离子运动速度也低，它们复合的概率增大，因而冷却电弧是加强复合过程的重要因素。此外，如加入大量的新鲜气体分子，也可增强复合作用。

2）扩散。

扩散就是电弧表面的离子（或电子）扩散到周围冷介质里去的现象。电弧是一个电子和离子高度密集的空间，同时其中温度很高。它和气体分子一样，有均匀地分布在容积中的倾向，这样电子便从弧隙中向四周扩散，扩散出来的电子（或离子）因冷却互相结合而成为中性分子，这种过程的进行不在电弧的内部，而在电弧的表面空间进行。因此当弧柱表面温度降低时，即电弧内部与电弧表面之间的温差增大时，扩散就会增大。

综上所述，电弧中同时存在着游离和消游离作用。这是矛盾着的两个方面，电弧的燃烧情况就取决于同时存在着的游离作用和消游离作用的这对矛盾的斗争及其转化。当游离过程占优势时电弧便会发生和扩大;当消游离过程占优势时,电弧就趋于熄灭;当游离作用和消游离作用处于均衡状态时,则弧隙中保持一定数量的电子流而处于稳定燃烧状态。

二、直流电弧及其熄灭

电弧发生的过程随电路电源性质的差异而不同,因此我们将对直流电弧和交流电弧分别进行讨论。

对于直流电弧,可用它的伏安特性曲线来说明其基本性质及特性。

1. 直流电弧的伏安特性

当直流电弧稳定燃烧时,电路仍是导通的,因而电弧中有电弧电流,电弧两端有电弧压降。电弧的伏安特性就是指电弧电压和电弧电流之间的关系曲线。由于影响电弧伏安特性的因素很多,通常只能用实验方法求得。

在两个铜极之间敞开的空气中(即不加灭弧装置),有稳定燃烧的电弧。测得电弧长度为 L_{DH1}。调节回路电流,分别测量电弧电流 I_{DH} 和电弧两端电压 U_{DH},绘出其伏安特性如图 3-19 中曲线 1。从曲线 1 可见,触头在开断直流电路时所产生的电弧,相当于在电路中串入一个非线性电阻,当电弧电流 I_{DH} 增加时,电弧电压 U_{DH} 就减少。这和我们熟知的普通电路的情况相反。在普通电路中,当电流增加时,电阻上的电压也增加,这是因为电路中的电阻值不变的缘故(非线性电阻除外)。但在弧隙中,电弧电阻是随着电弧电流而变化。这是因为随着电流的增大,电弧内的游离作用越来越激烈,离子浓度越来越大,使弧隙中的电阻大大下降,从而维持电弧稳定燃烧所需之电压也相应减小;反之,当电弧电流减少时,维持电弧稳定燃烧所需之电压也相应增大。

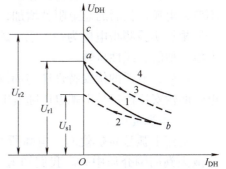

图 3-19 直流电弧的伏安特性

曲线 1、2、4—不同电流变化方向、不同长度电弧的静伏安特性 曲线 3—动伏安特性

根据电弧电流变化的快慢,其伏安特性有静伏安特性和动伏安特性之分。所谓静伏安特性曲线是指曲线上每一点都是在电弧稳定燃烧状态(稳定燃烧系指电流变化 $\dfrac{\mathrm{d}i}{\mathrm{d}t}$ 不大而言)测得的曲线,如图 3-19 中曲线 1;如果在图 3-19 中所示的 b 点以较慢的速度减小电弧电流,可测得特性曲线 2。若 a 以很高的速度增加电弧电流可得曲线 3,这种电弧电流高速变化下测得的特性曲线称为动伏安特性。

从图 3-19 可见,曲线 1、2、3 并不重合,这主要是由于弧隙具有一定的热惯性。因为在某一电流值时,弧隙电导以及电弧电压不仅与此时的游离程度有关,而且与变化前的游离状态有关。当电流高速增加,以致弧隙的游离作用来不及跟上电流的变化时,使其对应静伏安特性的每一电流值的弧隙游离程度降低,则相应的弧电阻增大,电弧电压也就增高,此时特性曲线 3 就在静特性曲线 1 的上方。反之,当电流减小时,以致弧隙中消游离作用来不及跟上电流的变化,使其对应静特性的同一电流值时的弧隙游离程度高,相应点的电阻小,弧电压也就低。因此,此时的特性曲线 2 就在静特性曲线 1 的下方。

在图 3-19 中,静特性曲线 1 与纵轴的交点叫作燃弧电压,用 U_{r1} 表示。所谓燃弧电压,就是产生电弧所必需的最低电压,电压低于此值,就不足以点燃电弧。燃弧电压的高低,与触头间的距离、弧隙间的温度与气体压力,以及触头材料等有关。由于特性曲线 1 是在电弧电流变化得很慢时测得的,所以此时不论电流增加或减少,电弧的每一个稳定燃烧点都由此曲线来决定。而图 3-19 中特性曲线 2 和纵轴的交点叫做熄弧电压,用 U_{s1} 表示。所谓熄弧电压,就是指熄灭电弧的最高电压,电压高于此值,将不能熄灭电弧。熄弧电压 U_{s1} 总是小于燃弧电压 U_{r1} 的,其原因是燃弧前弧隙中介质强度高,即游离程度小,要燃弧就必须具有较高的电压。故燃弧电压实际上是略高于能维持电弧燃烧所需的最低电压。而熄弧电压实际上略低于维持电弧燃烧所需最低电压,又因为燃烧过程中的游离程度高,介质强度低,维持电弧燃烧所需的电压值就低,所以略低于此值的熄弧电压就更低了。因此熄弧电压 U_s 总是小于燃弧电压 U_r。当电极的材料和电弧本身的热惯性越大时,U_r 和 U_s 的差值就越大。

电弧长度改变时,其伏安特性也相应变化。例如图 3-19 中的电弧拉长为 L_{DH2},可测得其伏安特性曲线 4。从图 3-19 可见,电弧拉长后,在同一电流下,维持电弧燃烧所需的电压增大了,即整个伏安特性上移,其原因可解释如下:在同一电流下,电弧单位长度的电阻不变,电弧拉长后的总电阻就增加,因而电弧电压也就增大了。

根据实验测得电极为铁、铝、碳等的伏安特性,在数量上是各不相同的,但都具有与铜电极类似的非线性特性。

此外,电弧的伏安特性还与周围介质、气体压力、灭弧方法等有关。但一般来讲,直流电弧的伏安特性,是电弧电压随着电弧电流增加而下降的非线性特性。

2. 电弧能量

直流电弧稳定燃烧时,电弧所产生的功率为 $P_{DH}=U_{DH} \cdot I_{DH}$,此功率几乎全部转变为热量散失到周围介质中去。我们知道,物体的散热方式有三种:即传导、辐射和对流。很显然,直流电弧稳定燃烧时,电弧产生的功率应等于散热的功率,即

$$P_{DH}=U_{DH} \cdot I_{DH}=P_{CD}+P_{FS}+P_{DL} \quad (3-28)$$

式中 P_{CD}——传导散热的功率;

P_{FS}——辐射散热的功率;

P_{DL}——对流散热的功率。

要使电弧熄灭,必须满足 $P_{DH}<P_{CD}+P_{FS}+P_{DL}$,因此,应该人为地加强上述三种散热的强度。在许多牵引电器中常采用灭弧罩和吹弧的方法来加强散热。

上面是指直流电弧在稳定燃烧时的情况,事实上,当触头开断有载电路时,电弧是从燃弧向灭弧过渡的。

下面分析开断图 3-20a 所示的具有电感的直流回路的过渡过程。其从燃弧到熄弧是个暂态过程。根据基尔霍夫第二定律,可写出如下电压方程式

$$E=U_{DH}+iR+L\frac{di}{dt} \quad (3-29)$$

等式两边同乘 idt,则

$$Eidt=U_{DH}idt+i^2Rdt+Lidi \quad (3-30)$$

或

$$U_{DH}idt=(E-iR)idt-Lidi \quad (3-31)$$

设燃弧时间(即从出现电弧瞬间起,到电弧完全熄灭瞬间止的时间)为 t_{DH},电路原来的稳定电流为 i,将式(3-31)在 0 到 t_{DH} 的上下限间积分,得

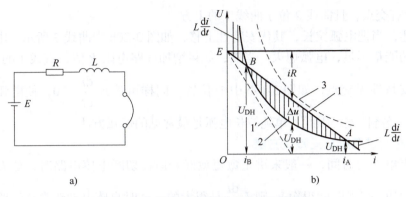

图 3-20 开断电感电路的直流电弧及其熄灭
a) 直流电弧 b) 直流电弧的熄灭

$$\int_0^{t_{DH}} U_{DH} i dt = \int_0^{t_{dh}} (E-iR) i dt - \int_i^0 L i di = \int_0^{t_{DH}} (E-iR) i di + \frac{Li^2}{2}$$

$$\int_0^{t_{DH}} U_{DH} i dt = \int_0^{t_{DH}} E i dt - \int_0^{t_{dh}} i^2 R dt + \frac{Li^2}{2} \qquad (3-32)$$

式中 $\int_0^{t_{DH}} U_{DH} i dt$ ——燃弧时间内的电弧能量;

$\int_0^{t_{DH}} E i dt$ ——燃弧时间内电源供给的能量;

$\int_0^{t_{dh}} i^2 R dt$ ——燃弧时间内消耗于电阻上的能量;

$\frac{Li^2}{2}$ ——线圈储存的能量。

由此可见,当电路里有电感时,熄弧就较困难,且电感越大,熄弧越困难,这是因为线圈中储存的能量必须通过电弧释放。

3. 直流电弧的熄灭

由前面的讨论可知,用吹弧方法可以加速电弧能量的散失而使其熄灭。实际上,吹弧时通常伴随着电弧被拉长,而且电弧被拉长到一定长度后就会熄灭,其原理如下:

设以图 3-20a 所示的直流电路的电弧熄灭过程为例进行讨论。由式(3-29)可得

$$L \frac{di}{dt} = E - (iR + U_{DH}) = \Delta u \qquad (3-33)$$

因为要讨论的是电弧的熄灭,也就是考虑电弧电流减至零的情况,所以在图 3-20b 中取用的是电弧长度一定时在电弧电流减小时的伏安特性,如曲线 2 所示。直线 1 表示 $E-iR$,并与伏安特性曲线 2 相交于 A 和 B 两点。其对应的电流值为 i_A 和 i_B。

$L \frac{di}{dt} = \Delta u = 0$,$U_{DH} + iR = E$,其物理意义为外加电源电势 E 与电路电阻压降和 U_{DH} 之和相平衡,电弧电流为一恒值,电弧稳定燃烧。从图 3-20b 看出,A 点和 B 点均为稳定燃烧点。那么要使直流电弧熄灭,就要消除稳定燃烧点,且 $\frac{di}{dt} < 0$。从图 3-20b 来看,就是曲线

1与直线2没有交点,且曲线2位于曲线1的上方。

根据前述,当把电弧拉长,其伏安特性上移,如图3-20b中曲线3所示,电路提供给电弧燃烧所需的能量不足,电弧熄灭。当然,如果增加线路电阻R值,直线1的斜率就增大,则线1与伏安特性无交点,如图3-19b中1′位置,同样可达到$\frac{di}{dt}<0$,使电弧熄灭,但此法浪费电能,经济性差。因此,单纯拉长电弧是最常见的熄弧方法。

4. 熄弧时的过电压及其减少方法

对于熄灭电弧的时间,一般来讲是愈短愈好。但在切断电感电路时,如L值很大和电弧电流变化太快(熄弧时间很短),则$L\frac{di}{dt}$是很大的。这时自感电动势常比线路电压大若干倍,此电动势称为过电压。为区别于雷电大气过电压,称这种过电压为内部过电压(或叫操作过电压)。

内部过电压不仅影响线路中电气的绝缘,而且还能造成电弧重燃,为此必须加以防止和限制。最常见的方法是在电感负载或电器触头的两端并联电阻、电容或半导体整流二极管,如图3-21所示。图中上排多用于集中电感场合。

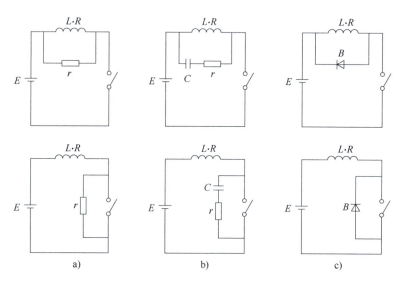

图 3-21 减小直流电弧熄灭时过电压的方法

a) 并联电阻法 b) 并联 R-C 支路法 c) 并联整流二极管法

三、交流电弧及其熄灭

1. 交流电弧的特点

因为交流电弧电流是交变的,每秒钟有$2f$次通过零点。电弧电压和电弧电流在半个周期内有着不同的瞬时值,当弧电流过零时电弧自动熄灭,之后随着电弧的重燃,电弧电压和电弧电流在下一个半周内同样有不同的瞬时值,但其方向相反。因此,交流电弧的燃烧,实际上就是一连串点燃和熄灭的过程,这个特性亦反映到它的伏安特性中。

图3-22为交流电弧在一周内的伏安特性。图中箭头的方向表示了电流变化的方向,从特性的0点到A点,是电流初过零后由于阴极的热放射作用产生极微小的电流。到A点以

后电弧点燃，电导增加，电弧电压下降，直到 B 点，此时弧电流增加到峰值点 B'。而在 B 点以后随着电流的减小，弧电阻增加，弧压降又上升，直到接近于 C 点时电弧熄灭。C 点以后电流很小，并减小到零。当电流过零点后，阴极变为阳极，重复先前的情况。

显然，由于交流电弧自身所具有的不断变化值，它的伏安特性都是动特性。由于热惯性作用，弧电流绝对值从小到大的特性曲线与弧电流绝对值从大变小的特性曲线不重合，这种现象称为"弧滞"。

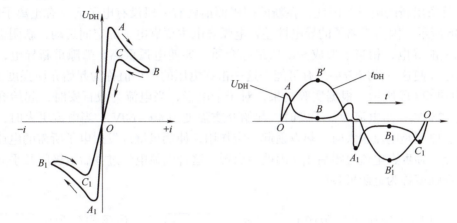

图 3-22　交流电弧的伏安特性

按照交流电弧的上述特性，交流电弧电流通过零点时，由于电源停止供给电弧能量，热游离迅速下降，为电弧的最终熄灭创造了最有利的条件，此时只要采取一定的消游离措施，使少量的剩余离子复合，就能防止电弧在下半周重燃，使电弧最终熄灭。因此，交流电弧比直流电弧容易熄灭。我们通常把利用电弧电流自然过零的特点进行的熄弧称为零点熄弧原理。

2. 交流电弧的熄灭

为了使电弧在弧电流通过零点自行熄灭后不再重燃，必须研究在电流通过零点时弧隙中的物理过程。首先必须了解什么是使电弧重新点燃的因素和什么是不利于电弧重新点燃的因素，从这一观点出发，凡是抑制电弧重新点燃的因素，或是加强不利于电弧重新点燃的因素，都可以促使交流电弧熄灭。

交流电弧电流过零期间，同时存在两个对立的基本过程，一是由于弧电流值下降至零，弧隙温度迅速下降，促进了消游离作用，使弧隙由导电状态转变为介质状态，此过程称为弧隙介质强度的恢复过程。这是促使电弧熄灭的因素。当弧隙的介质强度增高时，相当于弧隙电阻 r_{DH} 的增高，使弧电流很快减小。另一过程是在弧电流过零点以后，加在弧隙上的电压值逐渐增高的过程，称为弧隙电压恢复过程，因为此过程可能把弧隙击穿而重新引起电弧的点燃，所以这是使电弧重燃的因素。

在交流电弧电流通过零点以后，电弧能否熄灭取决于上述弧隙介质强度的增长速率是否大于弧隙外加电压的增长速率，若前者大于后者，则弧隙游离必然下降，最后变为完全介质状态，电弧就不再重燃；反之，则弧隙游离必然加强，当离子浓度达到相当程度以后，电弧便重新点燃。由此可见，这两个过程是决定电流过零以后电弧是否重燃的根本条件，也就是游离与消游离仍是决定交流电弧熄灭或重燃的基本矛盾。为此，在下面我们要对介质恢复过程和电压恢复过程作一分析。

（1）介质恢复过程　介质恢复过程与下列因素有关：

① 与近阴极效应有关。设交流电弧电流过零之前，电弧中的正离子和电子的运动方向，如图3-23a所示。当交流电弧电流过零点后，触头极性改变如图3-23b时，弧隙中剩余电子和离子的运动方向也要随之改变。但是由于电子的质量远小于正离子质量，因而电子的能动性就要高得多，在电流过零后，电子能马上反向朝刚刚得到正极性的新阳极移动。而正离子因其能动性差，在此瞬间仍停留原地来不及向新阴极移动，并且，刚得到负极性的阴极也还来不及逸出新的电子。因此，在新的阴极面前就有一段没有电子而只有正离子的空间，如图3-23b所示。因为正离子的导电性差，电弧导电主要靠电子的定向运动，新阴极表面缺少电子就不能导电，相当于形成一薄层绝缘介质。要使电弧重燃，弧隙重新导电，必须外加一定电压，使这一薄层击穿才有可能。这一击穿电压的最小值称为起始介质强度 U_{JF0}，在图3-24中如 OA 段所示。根据实验结果，对于铜电极，当电流为数百安时，起始介质强度约为150～250V；当电流为数千安时，起始介质强度为40～60V；当电流更大时，该强度还要低些。原因是电流很大时，热发射起一定作用，使阴极继续发射电子所需的电压相应降低。起始介质强度在电流过零后 1μs 内就会出现，这种电弧电流过零后电极间几乎立即出现一定的介质强度称为近阴极效应。

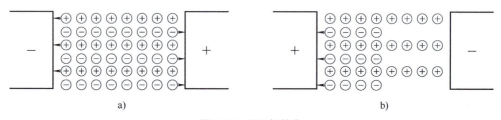

图 3-23　近阴极效应
a) 电弧电流过零前间隙带电质点状况　b) 电弧电流过零后瞬间间隙带电质点状况

② 与灭弧方法有关。随着灭弧方法的不同，介质强度继续增长的情况也不一样，只能根据具体的灭弧方法，由实验测出介质强度继续增长的规律。如果介质强度继续增长的规律为图3-24中的 AB 直线，则 $\dfrac{dU_{JF}}{dt} = \tan\alpha$ 称为介质强度恢复速度。

介质强度的恢复可以用下式近似表示

$$U_{JF} = U_{JF0} + K_{JF} \cdot t \qquad (3-34)$$

式中　U_{JF0}——决定于近阴极效应的起始介质恢复强度；
　　　K_{JF}——决定于灭弧方法的介质强度恢复速度，
　　　　　　$K_{JF} = dU_{JF}/dt = \tan\alpha$。

（2）电压恢复过程　所谓电压恢复过程，就是对应于电流过零电弧熄灭瞬间电源电压的瞬时值，也叫做工频恢复电压，例如图3-25a中，设在 A 点电弧熄灭，则对应于 A 点的电源电压瞬时值 E_0，称为工频恢复电压。电流过零电弧熄灭后，触头两端电压从熄弧电压 U_{xH} 恢复到工频恢复电压 E_0 的过程，称为电压恢复过程。为什么要提出这个电压恢复过程呢？因为在实际中，触

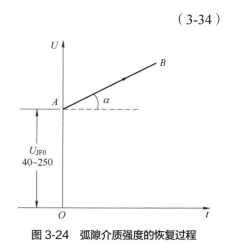

图 3-24　弧隙介质强度的恢复过程

头两端电压不是从熄弧电压 U_{xH} 立即恢复到工频恢复电压 E_0 的；而是要经过一段过程才恢复到 E_0。而且这个过程会呈现振荡或非振荡现象。例如图 3-25a 为一非振荡恢复过程，而图 3-25b 为一振荡恢复过程。发生这种现象的原因是：触头所接的线路中总是存在着电感和电阻。此外，线路中的导线对地之间、发电机的绕组之间都存在电容。这样，由于电阻、电感和电容的作用，就可能产生振荡现象。

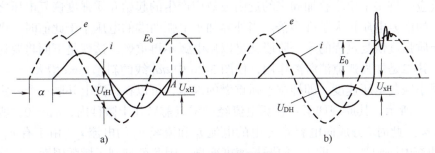

图 3-25 电压恢复过程
a) 非振荡电压恢复过程 b) 振荡电压恢复过程

电压恢复过程与下列因素有关：

1）与线路功率因数角 α 有关。如果是纯电阻电路开断，此时电弧电流过零时，电源电压为零，加在弧隙上的电压也是零，之后恢复电压按电源电压正弦规律上升，这种情况下的电弧容易熄灭；如果是纯电感电路开断，$\alpha = 90°$，则 $E_0 = E_m$，因此电弧电流过零时电源电压为负值，加在弧隙两端就有很大的电压，显然开断电感负载比开断纯电阻负载就困难多了。同时说明当 α 不同时，工频恢复电压 E_0 不一样，电压恢复过程也就不一样。必须指出，由于线路中总存在有电感、电容和电阻，在这些参数的配合下，恢复电压的变化可能是非周期的指数增长过程，也可能是高频振荡周期增长过程，在最严重情况下，恢复电压的峰值可达电源电压幅值的两倍，使熄弧更加困难。

2）与线路接线方式有关。断口增多时，电弧容易熄灭。

3. 交流电弧熄灭的条件

由上分析可知，交流电弧熄灭或重燃的条件是：如图 3-26 所示，当介质恢复速度曲线 1 高于电压恢复速度曲线 3 时电弧不再重燃；当介质恢复速度曲线 2 低于电压恢复速度曲线 3 时，则在 A 点电弧将重燃。

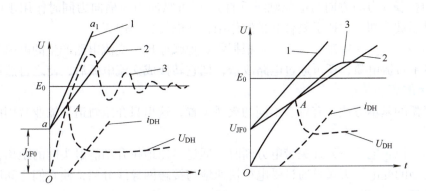

图 3-26 交流电弧熄灭或重燃条件

由此可见，为了使交流电弧熄灭，也就是要使电流过零点后电弧不再重燃，必须从两个方面着手，即在电流过零时减小恢复电压增长速度和增加介质强度恢复速度。

增加介质强度恢复速度，我们可以从两方面着手：其一是扩大介质强度恢复的第一阶段，如图 3-26 中的 oa 段（即 U_{JF0} 值）。在交流接触器中常设法使一个电弧被金属栅片分割成许多串联的短电弧，这样每一个短电弧就相当于处在一对电极之下，在电流过零时，就发生近阴极效应。许多个串联叠加起来的近阴极效应产生的起始介质强度恢复电压之和比一对电极下产生的恢复电压扩大了许多倍。当外界加于电弧两端的电压小于此值时，则在电流过零后仅靠介质强度恢复过程的第一阶段就足以使电弧不再重燃。这就是下面将要讨论的栅片灭弧原理。其二是加强弧隙消游离作用，使图 3-26 中 aa_1 线的斜率 $\tan\alpha$ 增大。

对于减小恢复电压速度，即抑制电弧重燃的因素，可以在弧隙上并联一个一定值的电阻 r_m，如图 3-27 所示。其原理如下：在弧电流经过零点前后几十微秒内，$i_{DH}\approx 0$，所以可近似认为 $R_{DH}\approx\infty$。此时 i 分成向电容 C 充电的电流 i_1 和流经 r_m 的电流 i_2。由于有 r_m 分流了 i_2，使电容 C 的充电时间加长，即 U_{ab} 的增长速度变慢，因此就抑制了燃弧因素。从熄灭电弧的角度出发，分流电阻 r_m 的值越小越好。但 r_m 过分小会造成过大损耗。所以希望 r_m 在正常工作时其阻值很大，$i_2\approx 0$；而在触头断开电路时，要求 r_m 值很小。为此，一般用非线性电阻来达到。

交流电弧的熄灭，若刚好发生在弧电流过零之前，则也会发生熄灭直流电弧一样的过电压现象。但一般交流电弧都在电流过零时熄灭，所以一般不会发生过电压。

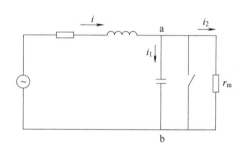

图 3-27　并联电阻灭弧原理

四、轨道运输业常用的灭弧装置

1. 熄灭电弧的基本方法

从前面分析总结可知，不管是直流电弧还是交流电弧，要维持其稳定燃烧，需要足够的能量，当能量不足时，电弧就会趋向于熄灭；冷却会加速电弧的熄灭；交流电弧电流过零时，会自然熄灭。熄灭电弧的基本方法由此而来。

（1）拉长并冷却电弧　能使电弧拉长的力有很多种，如机械力、电磁力、气体流动所产生的力等，在这些力的作用下，可使电弧被纵向拉长（力的方向与电弧轴线平行），也可使电弧被横向拉长（力的方向与电弧轴线垂直），还可纵向力与横向力同时作用于电弧。电弧被拉长同时还被冷却，加速了复合和扩散作用，使电弧更快熄灭。

（2）利用零点熄弧原理进行灭弧　根据零点熄弧原理，交流电路产生的电弧过零后会自然熄灭。对于直流电弧，还可通过电路改造，把它转换成交流电弧后，使之自然熄灭。

2. 常用的灭弧装置

根据灭弧的基本方法，有许多不同的灭弧装置，这里只介绍轨道运输业常用的灭弧装置的工作原理。

（1）用力拉长电弧　刀开关带电分断时，通过迅速地拉开动静触头间的距离，使电弧熄灭。比较典型的受电弓灭弧是通过受电弓快速地与接触网导线分离，使它们之间所产生的电弧被拉长冷却而熄灭。

（2）双断点触头　在电路中常采用桥式触头。如图 3-28 所示有两个断口。在有限的空间内，使电弧的总长度加倍，同时在分断时，产生的电弧相当于是两个方向相反的平行载流导体，相互产生的电磁力使电弧进一步拉长，加速了它的熄灭。

（3）灭弧罩　灭弧罩是为了防止电弧飞溅到易燃部分，同时让电弧与固体介质相接触，降低电弧温度，从而加速电弧熄灭的比较常用的装置。其结构形式是多种多样的，但其基本构成单元为"缝"。灭弧罩壁与壁之间构成的间隙称作"缝"。根据缝的数量可分为单缝和多缝。缝的宽度小于电弧直径的称窄缝，反之，大于电弧直径的称宽缝。根据缝的轴线间的相对位置关系可分为纵缝与横缝。缝的轴线和电弧轴线相平行的称为纵缝，相垂直的则称为横缝。

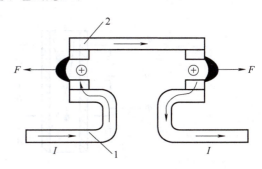

图 3-28　桥式双断点触头及电磁力灭弧
1—静触头　2—动触头

灭弧罩的种类比较多，这里只介绍常见的几种。

1）纵缝灭弧罩。

如图 3-29 所示，当电弧受力被拉入窄缝后，电弧与缝壁能紧密接触。在继续受力情况下，电弧在移动过程中能不断改变与缝壁接触的部位，因而冷却效果好，对熄弧有利。但是在频繁开断电流时，缝内残余的游离气体不易排出，这对熄弧不利。所以此种形式适用于操作频率不高的场合。

宽缝灭弧罩的特点与窄缝的正好相反，冷却效果差，但排出残余游离气体的性能好。图 3-30 中所示情况是在一宽缝中又设置了若干绝缘隔板，这样就形成了纵向多缝。电弧进入灭弧罩后，被隔板分成两个直径较原来小的电弧，并和缝壁接触而冷却，冷却效果加强，熄弧性能提高。此外，由于缝较宽，熄弧后残存的游离气体容易排出，所以这种结构形式适用于较频繁开断的场合。

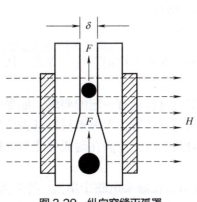

图 3-29　纵向窄缝灭弧罩

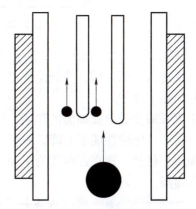

图 3-30　纵向宽缝式灭弧罩

纵向曲缝式又称迷宫式，它的缝壁制成凹凸相间的齿状，上下齿相互错开，如图 3-31 所示。同时，在电弧进入处齿长较短，越往深处，齿长越长。当电弧受外力作用从下向上进入灭弧罩的过程中，它不仅与缝壁接触面积越来越大，而且长度也越来越长。这就加强了冷却作用，具有很强的灭弧能力。但是，也正因缝隙越往深处越小，电弧在缝内运动时受到的阻力越来越大。所以，这种结构的灭弧罩，一定要配合以较大的让电弧运动的力。否则，其灭弧效果反而不好。

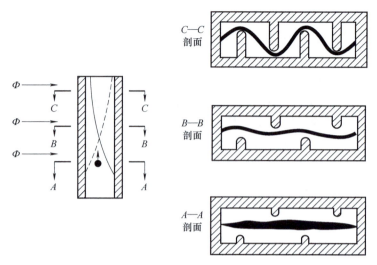

图 3-31 纵向曲缝式灭弧罩

2）横缝灭弧罩。

为了加强冷却效果，横缝灭弧罩往往以多缝的结构形式使用，称为横向绝缘栅片，如图 3-32 所示。

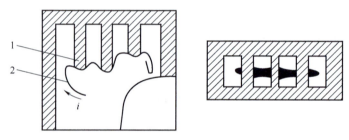

图 3-32 横向绝缘栅片式灭弧罩
1—灭弧罩 2—电弧

当电弧进入灭弧罩后，受到绝缘栅片的阻挡，电弧在外力作用下发生弯曲，从而拉长了电弧，并加强了冷却。

由于灭弧罩要受电弧高温的作用，所以对灭弧罩的材料也有一定的要求，如受电弧高温下不会热变形、绝缘性能不下降，机械强度好且易加工制造等。灭弧罩材料过去广泛采用石棉水泥和陶土材料。现在逐渐改为采用耐弧陶瓷和耐弧塑料，它们在耐弧性能与机械强度方面都有所提高。

（4）磁吹灭弧装置　磁吹灭弧装置如图 3-33 所示，在触头电路中串入一个磁吹线圈 1，它产生的磁通通过磁性夹板 5 引向触点周围，当动、静触头分开并产生电弧 4 时，由于磁性夹板中磁场方向与触头间电弧的轴线垂直，电弧受电动力的作用向上运动，并转移到引弧角 3 上燃烧，最后被拉长而熄灭。这种灭弧装置与电动力灭弧装置相比，增加了一个磁吹线圈。由于这种灭弧装置是利用电弧电流本身灭弧，因而电弧电流越大，吹弧能力就越强。

（5）横向金属栅片灭弧　横向金属栅片又称为去离子栅，它利用的是短弧灭弧原理。用磁性材料的金属片置于电弧中，将电弧分成若干短弧，利用交流电弧的近阴极效应和直流电弧的极旁压降来达到熄灭电弧的目的。横向金属栅片灭弧罩结构、原理图如图 3-34 所示。

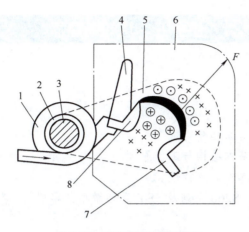

图 3-33 磁吹灭弧装置示意图

1—磁吹线圈 2—铁心 3—引弧角 4—电弧 5—磁性夹板 6—动触头 7—静触头

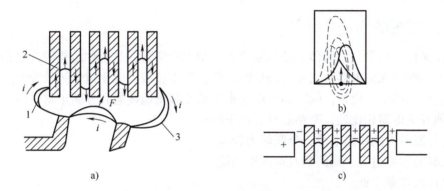

图 3-34 横向金属栅片灭弧罩结构、原理图

a) 横向金属栅对电弧的作用 b)、c) 横向金属栅灭弧原理
1—入栅片前的电弧 2—金属栅 3—入栅片后的电弧

栅片一般采用铁材料。当电弧靠近铁栅片时,由于铁片为磁性材料,所以栅片本身就具有一个把电弧拉入栅片的磁场力。当电弧被这个磁场力或外力拉入铁片栅中时,空气阻力较大。为了减少电弧刚进入铁栅片时的空气阻力,铁栅片做成楔口并交叉布置,如图 3-34b 所示,即只让电弧先进入一半铁片栅中。随着电弧继续进入铁片栅中,磁阻减小,铁片对电弧的拉力增大,使电弧进入所有的铁片栅中。电弧进入栅片后分成许多串联短弧,电流回路产生作用于各短弧上的电动力使短弧继续发生运动。此时应注意短弧被拉回向触头方向运动的力,它会使电弧重燃并烧损触头。为了消除这种现象,可以采用凹形栅片和 O 形栅片。铁栅片在使用时一般外表面要镀上一层铜,以增大传热能力和防止铁片生锈。

横向金属栅片灭弧装置主要用于交流电器,因为它可将起始介质强度成倍的增长。对于直流电弧而言,因无近阴极效应,只能靠成倍提高极旁压降来进行灭弧。由于极旁压降值较小,要想触头间的总压降增大,就需要数量较多的金属栅片,其极旁压降累加,才能实现。这样会造成灭弧装置体积庞大,UR 系列的高速断路器的灭弧装置就采用这种方案,导致其灭弧罩体积较大。

(6) 真空灭弧 真空灭弧是使触头电弧的产生和熄灭在真空中进行,它是依据零点熄弧原理,以真空为熄弧介质工作的。"真空"的特点是耐压强度高,介质强度恢复快。

任务五 认知断路器

 任务目标

1. 认知断路器的用途和分类。
2. 认知断路器的基本结构与工作原理。
3. 认知断路器基本参数及特性。
4. 认知 DZ 系列、S260 系列及 5SY 系列微型断路器。

 知识课堂

一、断路器的用途和分类

断路器又称自动空气断路器、低压断路器、微型断路器，是一种结构较为复杂，动作性能较为完善的配电保护电器。它能自动切断短路、严重过载、电压过低等故障电路，有效地保护接在它后面的电气设备；同时亦可用它来手动非频繁地接通和分断正常电路。

和其他开关电器相比较，断路器具有以下特点：

1) 能开断较大的短路电流，分断能力较强。
2) 具有对电路过载、短路的双重保护功能。
3) 允许操作频率低。
4) 动作值可调，动作后一般不需要更换零部件。

断路器种类繁多，可按以下方式分类：

1) 按用途分：有保护配电线路用断路器、保护电动机用断路器、保护照明电路用断路器和漏电保护用断路器等。

2) 按结构形式分：有框架式（亦称万能式）断路器和塑料外壳式（亦称装置式）断路器。

框架式断路器为敞开式结构，一般选择型断路器、自动快速断路器特别是大容量断路器多为此种结构。它主要用作配电网络的保护开关。

塑料外壳式断路器的结构紧凑、体积小、重量轻，且具有安全保护用的塑料外壳，使用安全可靠，适于单独安装，它除了可用作配电网络的保护开关外，还可用做电动机、照明电路以及电热器电路等的控制开关。

3) 按极数分：有单极断路器、两极断路器、三极断路器和四极断路器。
4) 按限流性能分：有一般不限流型断路器和快速限流型断路器。
5) 按操作方式分：有直接手柄操作式断路器、杠杆操作式断路器、电磁铁操作式断路器和电动机操作式断路器。

二、断路器的基本结构与工作原理

1. 断路器的基本结构

根据各类断路器的共同功能，它们在结构上必然具备以下几个基本部分。

（1）触头系统　触头系统是断路器的重要部件，主要承担电路的接通、分断任务。

（2）灭弧系统　主要有纵窄缝灭弧装置和去离子栅灭弧装置两种。

（3）传动机构（或称操作机构）　用于操纵触头的闭合或断开。传动机构有手操纵直接传动式、手操纵通过弹簧传动式、电磁铁传动式、电动机传动式、压缩空气传动式等几种。

（4）自动脱扣机构　它与触头系统和保护装置相联系，通过自由脱扣机构的作用可使触头自动断开。"自动脱扣"是指人为操纵手柄处于闭合位置，当手还未离开手柄就发生短路、过载和欠电压等故障时，保护装置作用于自由脱扣机构，断路器也能自动断开，起保护作用。

（5）脱扣器　用于检测故障并作用于自由脱扣机构，使其脱扣，带动断路器的触头断开。

断路器通常采用电磁脱扣器和热脱扣器两种。

1）电磁脱扣器分为过电流脱扣器和欠电压脱扣器，它们实际上是一个小型电磁机构，若装以电压线圈即为欠电压脱扣器；装以电流线圈即为过电流脱扣器。

现以过电流脱扣器说明其动作原理。当被保护电路发生过载或短路故障，电流增加并达到整定值时，衔铁吸合，使脱扣杆钩子与主杠杆脱扣，断路器断开，切除过载或短路故障，保护电气设备不受损坏。电磁脱扣器的动作电流值可根据需要调整反力弹簧来整定，它具有动作电流大，调节范围宽，动作时间短（一般为 10～40ms）等优点，可用作短路保护。

2）热脱扣器是由热元件和双金属片等组成。电流通过热元件产生电阻损耗而发热，其温度升高以加热双金属片。双金属片是一个将热能转换为机械能的元件，如图 3-35 所示。它由两种不同膨胀系数的金属片焊接而成，其中，膨胀系数较大的金属片贴近热元件。双金属片一端固定，另一端处于自由状态。当热元件由于间接加热或直接通电流加热时，即将热能传递给双金属片，双金属片受热后温度升高。由于两种金属片膨胀系数不同，结合面的伸长要相同，迫使双金属片向着膨胀系数较小的一侧弯曲。双金属片弯曲时产生作用力作用于脱扣杆的钩子上，使之脱扣，断路器断开，即可保护电气设备不因过载而损坏。由于双金属片是因受热而弯曲。所以双金属片弯曲时作用于脱扣机构的动作时间与过载电流大小有关。电流大动作时间短，电流小动作时间长，即动作时间与电流大小近似成反比。

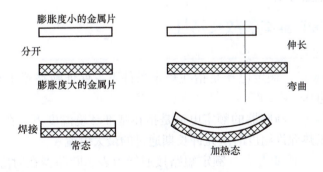

图 3-35　双金属片工作原理

2. 断路器的工作原理

断路器的主触头靠操作机构（手动或电动）合闸，自由脱扣机构是一套连杆机构。当主触头闭合以后将主触头锁在合闸位置，其工作原理如图3-36所示。

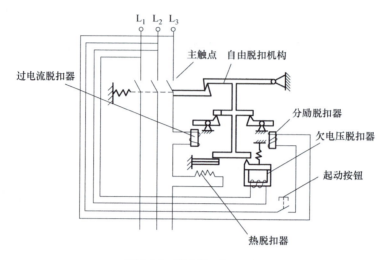

图 3-36 断路器工作原理图

在正常工作情况下，自由脱扣机构的锁钩扣住触头杆，使主触头保持在合闸位置。

过电流脱扣器，它的电磁线圈与被保护电路串联。在正常电流下，脱扣器的弹簧力使衔铁释放；当过载或短路时，强大的电磁吸力使衔铁吸合，带动衔铁另一端的顶杆向上运动，顶开自由脱扣机构中的锁钩，在开断弹簧的作用下，主触头迅速开断，将故障电路分断。

欠电压脱扣器，它的电磁线圈与被保护电路并联。在正常电压下，衔铁吸合，锁钩不脱扣；当失电压时，电磁吸力很小，在失电压脱扣器弹簧力的作用下，衔铁释放，其顶杆顶开锁钩，主触头在开断弹簧的作用下迅速开断，切断电路。

热脱扣器，它的控制线圈（双金属片）与补保护电路串联。在正常电流下，双金属片受热变形弯曲度不足以使自由脱扣机构解锁；当电流过大使双金属片受热变形严重而顶开自由脱扣机构中的锁钩，在开断弹簧的作用下，主触头迅速开断，将故障电路分断。

分励脱扣器，主要用于远距离使开关分闸，从而控制回路。远距离输送电信号给分励脱扣器的控制线圈，使其衔铁动作，顶开自由脱扣机构中的锁钩，在开断弹簧的作用下，主触头迅速开断，将电路分断。

三、断路器的基本参数及特性

1. 基本参数

（1）额定电压 U_n　额定电压是指在规定条件下，保证断路器正常工作的工作电压值，一般指它的标称电压。

（2）额定电流 I_n　断路器的额定电流是指在基准环境温度下，在额定电压工作条件下，发热不超过长期发热允许温度时所允许长期通过的最大电流。

（3）额定短路接通能力 I_{cn}　额定短路接通能力表示断路器在对应于额定工作电压的适当外施电压下，能够接通电流的额定能力。

断路器的额定短路接通能力是在制造厂规定的额定工作电压、额定频率以及一定的功率因数（对于交流）或时间常数（对于直流）下断路器的短路接通能力值，用最大预期峰值电流表示。

（4）分断能力　断路器的分断能力是指该断路器安全切断故障电流的能力。

断路器的额定分断能力分为额定极限短路分断能力和额定运行短路分断能力两种。国标《低压开关设备和控制设备　第2部分断路器》(GB/T 14048.2—2008)对断路器额定极限短路分断能力和额定运行短路分断能力作了如下的解释：

1）断路器的额定极限短路分断能力（I_{cu}）：按规定的实验程序所规定的条件，不包括断路器继续承载其额定电流能力的分断能力。

2）断路器的额定运行短路分断能力（I_{cs}）：按规定的实验程序所规定的条件，包括断路器继续承载其额定电流能力的分断能力。

（5）长延时整定电流 I_{r1}　断路器的长延时整定电流 I_{r1}，指该断路器的过载保护脱扣器所整定的电流值。它还代表着断路器不跳闸时所能承受的最大电流。因为断路器的长延时脱扣是反时限的，即电流大脱扣时间短，电流小脱扣时间长。一般来说，长延时的时间整定值是电流在 6I_n 情况下的脱扣时间。

（6）断路器的短延时整定电流 I_{r2}　断路器的短延时整定电流 I_{r2}，指该断路器的短延时脱扣器整定的电流（10倍左右），它的数值在电子可调式脱扣器中为 2~12 I_{r2} 范围可调。延时时间通常为 0.1~0.4s，即大于这个电流，0.1~0.4s 后就脱扣。

（7）断路器的瞬时整定电流 I_{r3}　断路器的瞬时整定电流 I_{r3}，指该断路器瞬时脱扣的整定电流，它的数值在不可调固定式脱扣器中，配电型为 5I_{r1}、10I_{r1} 两种；电动机保护型为 12I_{r1}。在电子可调式中为 4~16 I_{r1} 范围可调。

2. 断路器的脱扣特性

脱扣特性曲线反映的是断路器在规定的运行条件下，脱扣器脱扣时间与线路电流的函数曲线，它是断路器的重要参数之一。

1）额定极限短路分断能力（I_{cu}）的试验程序为 O—t—CO。

其具体试验是：把线路的电流调整到预期的短路电流值（例如220V，50A），而试验按钮未合，被试断路器处于合闸位置，按下试验按钮，断路器通过50A短路电流，断路器立即开断（open 简称 O），断路器应完好，且能再合闸。t 为间歇时间，一般为3min。此时线路仍处于热备状态，断路器再进行一次接通（close 简称 C）和紧接着的开断（O），（接通试验是考核断路器在峰值电流下的电动和热稳定性），此程序即为 CO。断路器能完全分断，则其极限短路分断能力合格。

2）断路器的额定运行短路分断能力（I_{cs}）的试验程序为 O—t—CO—t—CO。它比 I_{cu} 的试验程序多了一次 CO，经过试验，断路器能完全分断、熄灭电弧，就认定它的额定运行短路分断能力合格。

四、典型微型断路器

1. DZ47-63型高分断微型断路器

DZ47-63型高分断微型断路器（空气开关），如图3-37所示，适用于保护线路的短路和过载，适用于照明配电系统或电动机的配电系统，外形美观小巧、重量轻、性能优良可靠分断能力较强，脱扣迅速，导轨安装，壳体和部件采用高阻燃及耐冲击塑料，使用寿命长，主要用于交流50Hz，额定电压至400V，额定电流至63A线路的过载、短路保护，同时也可以在正常情况下不频繁地通断电器装置和照明线路。

型号及含义：

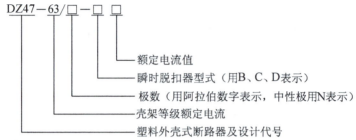

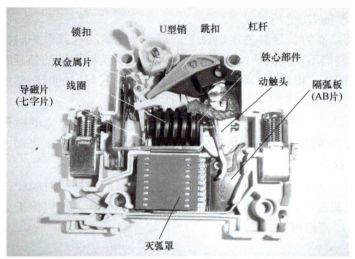

图 3-37 DZ47 自动开关结构及外形图

按断路器瞬时脱扣器的形式分：

1）B 型表示脱扣特性为照明型，瞬时脱扣为额定电流的 3～5 倍（阻性负载）。
2）C 型表示脱扣特性为配电型，瞬时脱扣为额定电流的 5～10 倍（低感性负载）。
3）D 型表示脱扣特性为动力型，瞬时脱扣为额定电流的 10～20 倍（高感性负载）。

2. S260 系列微型断路器

ABB 公司出品的 S260 系列微型断路器，如图 3-38 所示，用于终端配电线路的过载和

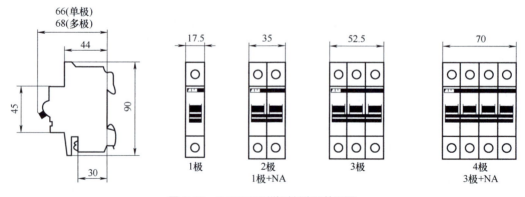

图 3-38 S260 系列微型断路器外形图

短路保护，可提供 0.5～63A 的宽范围电流等级，适用于不同场合。

S260 系列微型断路器有电磁脱扣器与热脱扣器。

（1）电磁脱扣器　只提供磁保护，也就是短路保护。当电流足够大时，产生的磁场力克服反力弹簧吸合，衔铁打击牵引杆，从而带动机构动作切断电路。

（2）热磁脱扣器　由于每相电流都对应安装有一个电磁脱扣装置和一个热脱扣装置，在任何一相短路或者过载时，相应的电磁脱扣装置或热脱扣装置均会动作。

型号及含义：

```
S260 □ □-□ □ □
                │ │ └── (G)、(PT)、(M)、无
                │ └──── 额定电流值
                └────── 瞬时脱扣器型式（用 B、C、D、K 表示）
        │ └─────────── OV、UC、H、无
        └───────────── 极数（用阿拉伯数字表示，中性极用 NA 表示）
   └──────────────── 型号
```

极数：1、2、3、4；

OV：表示带过电压保护；

UC：表示该断路器直流、交流通用，可迅速分断直流或交流配电系统的故障电流；

H：表示额定分断能力高达 10kA，可用大容量低压交流配电系统过电流故障保护；

无：普通型；

B：对计量回路提供线路保护；

C：对感性负荷和高感照明系统提供线路保护；

D：对高感性负荷和有较大冲击电流产生的配电系统提供线路保护；

K：对电动机系统提供可靠保护；

(G)：表示该断路器适用于海拔 2000m 至 5000m 高原地区，其额定电流为 0.5～50A；

(PT)：表示计量专用断路器，其额定电流为 3、6、10A；

(M)：表示单磁式断路器，是为不需要过载保护的配电系统提供短路保护，同时还能与热过载继电器配合对电动机系统提供全面的保护，若不加则为标准型。

3. 5SY 系列微型断路器

5SY 系列微型断路器是西门子公司的产品，它具有以下特点：

1）高额定分断能力，最高可达到 10000A。

2）具有良好的限流特性，能够适用不同的需求。

3）为防止人手意外接触，提供终端保护。

4）组合终端能够同时连接母线和馈电电缆。

5）能够单独快速安装。

6）设有手柄锁定装置，实际上防止任何未经授权的人进行手柄的操作。

5SY 系列微型断路器的脱扣特性曲线，如图 3-39 所示。

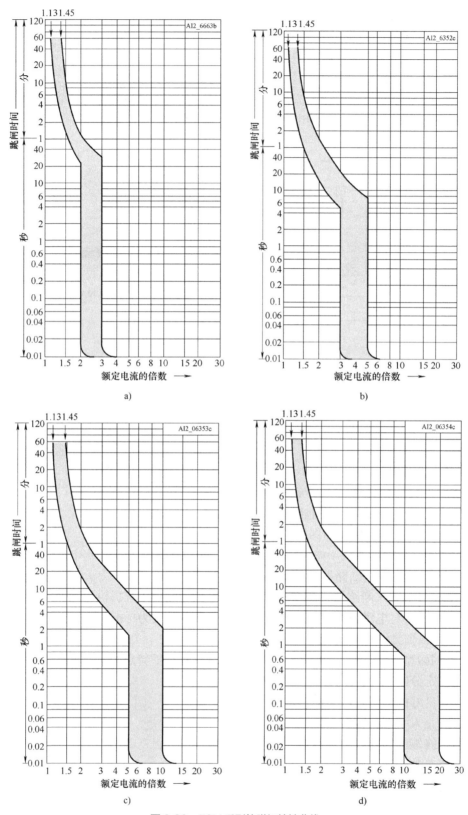

图 3-39 5SY 系列的脱扣特性曲线

a) A 型特性　b) B 型特性　c) C 型特性　d) D 型特性

任务六　断路器的检查与维护

任务目标

1. 掌握微型断路器的日常检查项目。
2. 掌握断路器热脱扣特性的测试方法。

知识课堂

一、微型断路器的日常检查

1. 车上外观检查

外观检查各部分接线及操作手扳钮，要求各紧固螺钉无松动，端子无过热烧损痕迹，导线与线鼻压接处断股不超过原形的 10%，外壳无裂纹。

2. 开关动作检查

把手柄置"OFF"位，再置"ON"位。期间扳钮动作灵活，没有卡滞现象。

3. 脱扣试验

当微型断路器被拆卸下来后，可进行脱扣特性测试。以 DZ47-63 微型断路器为例，单极及多极串联负载脱扣试验测试中，产品不允许出现内部噪声或其他异常现象，同时其应符合试验要求，如表 3-2 所示。

表 3-2　DZ47-63 微型断路器试验要求

检验项目	额定电流	起始状态	试验电流	规定时间	预期结果	备注
A	≤63A	冷态	$5I_n$	$t \geq 0.1s$	不脱扣	C 型
			$10I_n$	$t \geq 0.1s$	不脱扣	D 型
			$10I_n$ 注：建议调整到 $6.5 \sim 8.5I_n$	$t < 0.1s$	脱扣	C 型
			$16I_n$	$t < 0.1s$	脱扣	D 型
B	≤32A	冷态	$2.55I_n$	$1s < t < 60s$	脱扣	
	>32A		$2.55I_n$	$1s < t < 120s$	脱扣	
C	≤63A	冷态	$1.13I_n$	$t \geq 1h$	不脱扣	
	≤63A	热态	$1.45I_n$	$t < 1h$	脱扣	
D	≤63A	冷态	$1.1 \times 1.45I_n$	$t < 1h$	脱扣	2 极
	≤63A	冷态	$1.2 \times 1.45I_n$	$t < 1h$	脱扣	

A 项——瞬时脱扣特性校验；
B 项——延时脱扣特性校验（详见供方参数表）；
C 项——长延时脱扣特性校验（30～35℃）；
D 项——多极开关单极负载时脱扣特性校验（30～35℃）。

二、断路器热脱扣特性的测试

额定电流低于 10A 的断路器,按测试电路图 3-40 接线,测试应符合限度要求(见表 3-2)。

1)将 AC(0~100A)输出上的端子接在需要测试的断路器上。

2)将试件的触头接到触头(1~6)输入的端子上。

3)将调压器调节旋钮调节到最小位置,接通试验台电源。

4)按起动按钮,起动交流调节回路。

5)调节调压器使交流电流表至规定的值(见表 3-2),同时操作计时仪表计时。

6)记录相关数据。

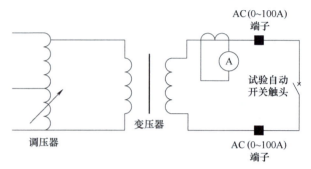

图 3-40 脱扣测试接线图

任务七 电磁阀的检查与维护

任务目标

1. 掌握压缩空气传动装置的分类、基本结构和工作原理。
2. 认知闭式电磁阀和开式电磁阀的工作原理。
3. 认知 WMV-1NZG 型电磁阀。
4. 认知 WIMHV-5... 型脉冲阀。
5. 能够对电磁阀进行检查与维护。

知识课堂

电器除了由电磁机构驱动外,还可通过压缩空气驱动,电空传动系统由压缩空气传动装置和电磁阀组成。

一、压缩空气传动装置

压缩空气传动装置按其结构形式分为气缸式传动装置和薄膜式传动装置。

1. 气缸式传动装置

气缸式传动装置主要由气缸、活塞和电磁阀等组成。它又可分为单活塞和双活塞两种,如图 3-41 所示。

(1)单活塞压缩空气驱动装置 图 3-41a 所示为单活塞压缩空气驱动装置,气缸内压缩空气的进入和排出是由电磁阀控制的。当电磁阀有电时,打开了风源与传动气缸的通路,压缩空气由进气孔6进入气缸1内，推动活塞2克服弹簧4的弹力向右移动，活塞2带动活塞杆3移动，以操纵电器触头的开断或闭合。当电磁阀失电时，关闭风源至气缸的通路，打开气缸至大气的通路，气缸内的压缩空气排向大气，则活塞2在弹簧4的作用下向左移动，恢复原位。通常活塞由皮碗或耐油橡皮制成，活塞上涂上有机油，以减小活塞运动时的摩擦阻力，并具有良好的密封性能。气缸式传动装置的缺点是摩擦力较大，动作较慢，活塞磨损较多，因此，活塞使用寿命较短。在北方冬季运行时，由于润滑油冻结，使气缸传动装置动作不灵活。它的优点是可按要求选择行程，以满足触头开距和超程的要求。

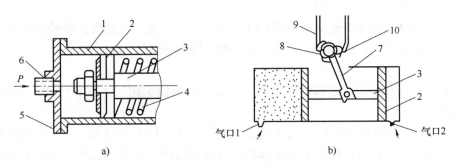

图 3-41 气缸式传动装置

a）单活塞气缸式传动装置　b）双活塞气缸式传动装置示意图

1—气缸　2—活塞　3—活塞杆　4—弹簧　5—气缸盖　6—进气孔　7—曲柄　8—转鼓　9—静触头　10—动触头

（2）双活塞压缩空气驱动装置　图3-41b所示为双活塞压缩空气驱动装置示意图。与活塞杆3相连的两个活塞均由压缩空气驱动，压缩空气由电磁阀控制，它有两个工作位置。当气缸1开通与气源的通路时，气口2则开通与大气的通路，压缩空气从气口1进入气缸，活塞被推向右侧，活塞杆3带动曲柄7使转鼓8反方向转过一个角度，带动触头开闭转换，传动装置处在第一个工作位置。反之，若气口2开通与气源的通路，则气口1开通大气的通路，动作过程相反，传动装置处在第二个工作位置。该装置的活塞是通过涨圈与气缸内侧进行配合的。由于双活塞压缩空气驱动装置所能控制的行程受一定的限制，且对被控制的触头不具有压力的传递等原因而较少采用。

2. 薄膜传动装置

薄膜传动装置结构如图3-42所示。

当电磁阀有电时，压缩空气进入气缸内，作用在弹性薄膜2上的压力增大到大于右侧弹簧4等反作用力时，鼓动弹性薄膜2，推动活塞杆3右移，驱动电器触头闭合或断开。当电磁阀失电时，气缸内的压缩空气排出，在弹簧4等反力作用下，使活塞杆3复原，驱动电器触头动作。

与气缸传动结构相比，薄膜式传动的优点是动作灵活，摩擦和磨损较小，因此使用寿命较长。此外，它是靠薄膜突然变形驱动电器触头动作的，有利于触头断开时熄灭电弧。它加工制造方便，消耗金属材料较少，重量轻，在运行中不必润滑，维修较方便。薄膜式传动装置的缺点是行程由薄

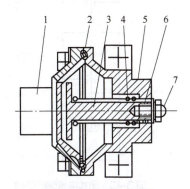

图 3-42 薄膜传动装置

1—气缸盖　2—弹性薄膜　3—活塞杆　4—复原弹簧　5—气缸座　6—衬套　7—杆头

膜变形量决定，故其活塞杆行程较小。此外，在低温下薄膜材料丧失弹性，使变形处容易开裂。

二、电磁阀

电磁阀是借电磁吸力来控制压缩空气管路的导通或关断，从而达到远距离控制气动器械的目的。

电磁阀按工作原理分有开式和闭式两种，但从结构来说都由电磁机构和气阀两部分组成，工作原理也类似。

此外，按控制对象（即流道口数量）可分为二通、三通、五通等；按控制效果（即阀门开启程度）可分为二位（通与断）、三位（通、断、控制开度）。

1. 闭式电磁阀

闭式电磁阀是在线圈失电时，使气源和传动气缸通路关闭，大气和传动气缸连通的阀，其结构如图 3-43 所示。

其工作原理：当线圈有电时，衔铁吸合，阀杆动作，使上阀门关闭，下阀门打开，关断了传动气缸和大气的通路，打开了气源和传动气缸的通路，压缩空气从气源经电磁阀进入传动气缸，推动气动器械动作。当线圈失电时，衔铁在反力弹簧作用下打开，带动阀杆上移，使下阀门关闭，上阀门打开，关断了气源和传动气缸的通路，打开了传动气缸与大气的通路，传动气缸的压缩空气经电磁阀排向大气，气动器械恢复原状。在轨道交通车辆上，闭式电磁阀应用较多。

2. 开式电磁阀

开式电磁阀是在线圈失电时，使气源和传动气缸打开，大气和传动气缸关闭的阀。其原理结构如图 3-44 所示。

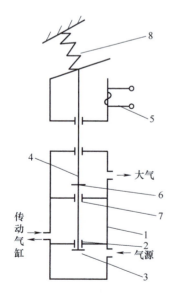

图 3-43 闭式电磁阀的结构

1—阀体 2—下阀门 3、6—阀块 4—阀杆
5—电磁铁 7—上阀门 8—反力弹簧

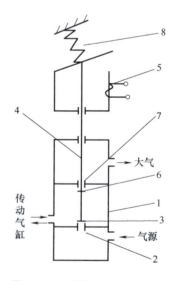

图 3-44 开式电磁阀的原理结构

1—阀体 2—下阀门 3、6—阀块 4—阀杆
5—电磁铁 7—上阀门 8—反力弹簧

三、WMV-1NZG 型电磁阀

1. WMV-1NZG 型电磁阀基本结构

WMV-1NZG 型电磁阀由气动基础阀 2 和电磁铁 1 组成，如图 3-45 所示，它是三位二通阀。

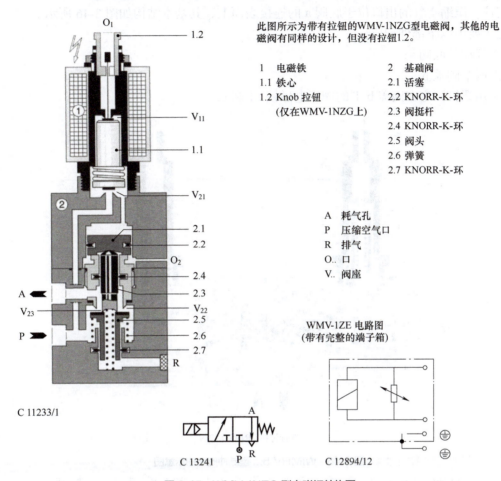

图 3-45 WMV-1NZG 型电磁阀结构图

2. WMV-1NZG 型电磁阀工作原理

（1）失电状态 电磁铁线圈失电状态时，从压缩空气口 P 进入的压缩空气和基础阀内的弹簧共同作用下，阀挺杆上移，压缩套在铁心上的弹簧，使铁心上移，（下）阀座 V_{23} 关闭，耗气口 A 至排气 R 的通道连通；（上）阀座 V_{21} 关闭，压缩空气口 P 至耗气口 A 的通道被切断。

（2）得电状态 电磁铁线圈得电，铁心克服压缩空气的压力下移，使（上）阀座 V_{21} 打开，压缩空气口 P 贯通至耗气口 A；同时（下）阀座 V_{23} 关闭，关闭排气口 R 到耗气口 A 的通道。

（3）人工操作 当电磁铁线圈失电状态下，要检查气路情况，可按下按钮 1.2（仅在 MWV-1NZG 型），使铁心下移，使基础阀处于得电状态。

（4）工作条件

1）阀的工作压力范围为 1.6～10bar⊖。

2）电压在 DC 24V～220V 之间变化。

⊖ $1\text{bar} = 10^5\text{Pa}$

四、WIMHV-5…型脉冲阀

1. WIMHV-5…型脉冲阀基本结构

WIMHV-5…型脉冲阀设计安装在一个印制电路板上和一个底阀上,并用两个 M6 的螺钉固定住。压缩空气的出口位于底阀 a 的连接表面上,其基本结构如图 3-46 所示。

它主要由以下部件构成:

1)气动的底阀 a;

2)两个阀盖 b;

3)用螺钉固定在阀盖 b 上的阀用电磁铁 c1 和 c2。

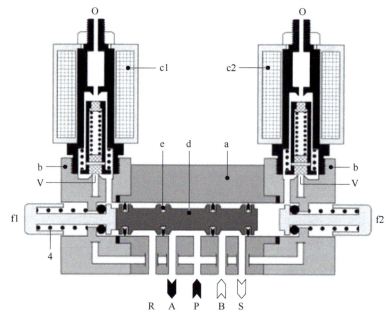

电路标记按DIN-ISO 1219

图 3-46 WIMHV-5…型脉冲阀结构示意图

a—底阀 b—盖 c1、c2—阀用电磁铁 d—活塞 e—KNORR-K 环 f1、f2—手动按钮
A、B—用所单元接口 O—排气孔 P—压缩空气接口 R、S—排气接口 V—阀座

底阀 a 由一个外壳和一个装有 4 个密封件 e(KNORR-K 形密封环)的换向活塞 d 组成。

通过对阀用电磁铁(c1 和 c2)的交互激励和去激励来转换脉冲阀。控制空气在内部被分流;没有外部控制空气供给接口。

有两个按钮 f1 和 f2 用于应急控制,例如在停电时。通过这两个按钮可以手动转换脉冲阀。

脉冲电磁阀即可用作二位三通阀。当此阀作为二位三通阀时,两个出口 A 或 B 中的一个口和相关的排气孔(R 或 S)必须被关闭。

2. WIMHV-5…型脉冲阀工作原理

(1)阀用电磁铁未励磁 脉冲阀在静止位置上,底阀 a 的换向活塞 d 总是位于两个端位中的一个上。在图 3-46 中,活塞 d 处在左端位上。这时,压缩空气气源接口 P 的通道向用气单元接口 A 打开。同时,用气单元的管路 B 通过孔 S 排气。

当活塞 d 处在右端位上时,P 的通道向用气单元接口 B 打开。同时,用气单元管路 A 通过孔 R 排气。

（2）阀用电磁铁励磁 当两个电磁线圈中的一个励磁时，相应的阀用电磁铁 c1 或 c2 打开阀座 V，控制空气流向底阀 a 的换向活塞 d 的端面。在控制空气脉冲的作用下，活塞 d 移向相对的端位。当电流脉冲结束时，控制空气的供给又被中断。

活塞 d 保持在已到达的位置上，控制空气室通过孔 O 排气。

活塞 d 停留在已到达的端位上，直到另一个电磁线圈被激励并引起换向。

（3）脉冲阀（作为二位五通换向阀）的换向位置

1）阀用电磁铁 c1 未激励，c2 激励：

- P 的通道向 A 打开；
- B 通过 S 排气。

2）阀用电磁铁 c1 激励，c2 未激励

- P 的通道向 B 打开；
- A 通过 R 排气。

WIMHV-5... 型脉冲阀也可以作为二位三通换向阀使用。为此，需要将两个用气单元接口中的一个 A 或 B 以及支承板上相关的排气接口 R 或 S 堵住。

（4）手动操作 在断电时，可以手动操作脉冲阀（也就是当电磁阀不在得电状态或没有控制压力的情况）。为此，需要将相应的手动操作按钮 f1 或 f2 按到底，以此，换向活塞 d 被移到相对的端位。在释放按钮之后，按钮在弹簧力的作用下回到初始位置；活塞 d 保持在已到达的端位上。

注意：必须采取措施防止未经授权的人在系统带电情况下进行操作。

五、电磁阀的检查与维护

1. 检修周期

为了能够确定实际运行条件下至下一次检修日期的时间，电磁阀的检修时间应根据运行条件和车辆使用地区的环境影响来确定。如果是厂家提供的维修手册规定的，按规定执行；如果没有规定，根据以往的项目经验来制订检修周期。

2. 检查

以脉冲阀为例，如果单元出现故障，尽可能在板上寻找原因。引起的原因可通过调试直接得到修正。

故障查找次序见表 3-3 所示。

表 3-3 故障查找次序

问　　题	原　　因	排　　除
端口 A 和 B 不能正常充气和排气	端口 P 没有风	恢复供风
	电磁阀没电	检查插接器
		在正常控制下测试电磁阀
	单元缺陷	按要求拆卸单元并修理
在脉冲阀和支架之间不断地有空气溢出	紧固螺钉松开	检查插接器
	O 型圈失效	按要求拆卸单元更换 O 型圈，按要求进行组装
脉冲阀泄露：假如脉冲阀动作正确，仅当电磁阀失电时空气泄露，或者仅从端口 A 和 B 漏出	单元故障	按要求拆卸单元并修理

3. 拆装步骤

为保障安全，在工作前必须关闭电路板的电源。采取措施防止未经同意又重新送电。不要在有电时拔插接器。

（1）拆卸步骤

1) 截断风源并排掉与单元相连的管路内的剩余空气。不允许任何压力空气到达脉冲阀。
2) 关闭电源，并采取措施防止有人重新接通电源。任何时候也不允许脉冲阀带电。
3) 松开紧固电源座的螺钉，将电源座拔下来。
4) 松开紧固螺钉，将脉冲阀从印制电路板上取下来。
5) 将脉冲阀的零件盖起来。
6) 将电路板上的部件盖起来，防止电源座落灰和受到伤害。除非在拆除件后马上进行修理。

（2）安装步骤

1) 从脉冲阀和印制电路板的端口上取下盖。
2) 彻底清扫端口。
3) 在脉冲阀的密封的位置放置润滑油。
4) 将脉冲阀放到位于印制电路板的安装位置上，并用紧固件固定。
5) 给电路板接上电源，并查看电路图。
6) 恢复给脉冲阀供风。

项目四

继电器的检查与维护

学习导入

继电器属于通用电器,在工业生产中被广泛应用。通过学习,应该对继电器的定义、组成和工作原理等基本知识有初步认知。本项目着重对轨道交通车辆使用的中间继电器、时间继电器及保护继电器的结构及工作原理进行了介绍,为继电器的检修与维护打下基础。

任务一 认知继电器的基本常识

任务目标

1. 了解继电器的定义及组成。
2. 认知继电器的分类。
3. 认知继电器的工作原理。
4. 掌握继电器的基本参数。

知识课堂

一、继电器的定义及组成

1. 继电器的定义及作用

继电器是根据某种输入信号(输入量)接通或断开小电流控制电路,实现远距离控制和保护的自动控制电器。

在轨道运输行业中,继电器主要用于控制电路,具有控制、保护或转换信号的作用。

2. 继电器的组成

(1)结构组成 对于有触点的继电器,其通断电流较小,一般采用桥式双断点结构,利用磁吹力进行灭弧。某些情况下，为了增强磁吹力，在触点旁加装永磁钢。因灭弧装置与触点结构有关，通常也可认为继电器是由触点和传动装置组成。

（2）原理组成　继电器根据外界输入的一定信号来控制相应电路中电流的"通"与"断"，为了完成它的特定使命，继电器一般由测量机构、比较机构和执行机构等部分组成，其原理框图如图4-1所示。

对于大部分继电器来说，输入量可以是电量，如电压、电流、阻抗、功率等，也可以是非电量，如压力、速度、温度等。输入量可以是一个量，也可以是两个或多个量。输出量往往是电量。不管输入是何种形式的物理量，根据比较结果（即执行机构的动作状态）决定是否有输出量。

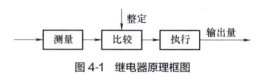

图4-1　继电器原理框图

测量机构是反应继电器输入量的装置，用于接收输入量，并将其转换成继电器工作所必需的物理量。例如电磁型继电器，测量机构是线圈和铁心构成的磁系统，用来测量输入电量的大小，并在衔铁上将电量的大小转换成相应的电磁吸力。

比较机构的作用是将输入量（或转换量）与预设的整定值进行比较，根据比较结果决定执行机构是否动作。例如：电磁型继电器的反力弹簧等。当电磁吸力大于反力弹簧的反力时，衔铁吸合，执行机构动作；当电磁吸力小于反力时，衔铁不吸合，执行机构不动作，没有输出。一般可以在比较环节上调整（整定）继电器的动作值。

执行机构是反应继电器输出的装置，它作用于被继电器控制的相关电路中，以得到必需的输出量。执行机构根据比较的结果决定动作与否：如有触点电器中触点的分、合动作，无触点电器中晶体管的饱和、截止两种状态。执行机构的动作与否能实现对电路的"通""断"控制。

二、继电器的分类

继电器的用途很广，种类繁多，对不同类型的继电器要求不同，有时对同一类型的继电器，也需要从不同的方面去说明它的特性，因此，继电器有很多种分类方法，下面仅根据目前轨道运输行业中使用的情况来分类。

1. 按用途分类

按照用途不同，继电器可分为控制继电器和保护继电器。控制继电器可用来对一个或多个电路进行控制；保护继电器能够通过接通或开断相应电路来实现对电路的保护。

2. 按输入量的性质不同分类

按继电器按输入量性质的不同划分，有电磁式继电器和机械式继电器两类。电磁式继电器的输入量是电流、电压等电量，是反应电量的继电器；机械式继电器的输入量是压力、风速、温度等物理量，是反应非电量的继电器。

3. 按执行机构的种类不同分类

按执行机构的种类不同划分，可分为有触点继电器和无触点继电器。有触点继电器的执行机构为触点，通过触点的闭合和开断来执行动作；无触点继电器则通过晶体管的饱和或截止来实现类似有触点继电器的触点动作的功能。

4. 按输入电流性质不同分类

按输入电流性质不同划分，有直流继电器和交流继电器。

5. 按作用不同分类

按作用不同划分,有电流继电器、电压继电器、时间继电器、中间继电器、压力继电器等。

三、继电器的工作原理

现以图 4-2 所示的有触点电磁型继电器为例,说明继电器的工作原理。

继电器由测量机构、比较机构、执行机构组成。它的电磁机构是测量机构,触点是执行机构。测量机构接收输入量(电流或电压等信号),并将其转变为继电器工作所必需的物理量(电磁吸力);通过比较机构进行比较,当达到其动作参数或释放参数(电磁吸力大于或小于反力)时,促使执行机构动作(触点的闭合或开断)。接通被其控制的电路,从而得到一个输出电压。

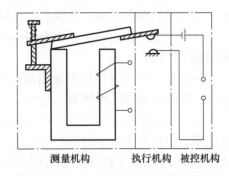

图 4-2 有触点电磁型继电器工作原理示意图

继电器的输入量与输出量之间有一特定的关系,这就是继电器最基本的输入-输出特性,亦称继电特性。图 4-3 为具有常开触点继电器的继电特性,输入量用 X 来表示,输出量用 Y 表示。由上述工作原理分析可见,继电器的继电特性是由连续输入、跃变输出的折线组成,只要某装置有该输入-输出特性就能称为继电器。图中 X_{dz} 称为继电器的动作值,X_{sf} 称为继电器的释放值。

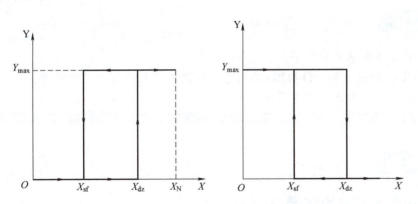

图 4-3 具有常开触点继电器的继电特性

四、继电器的基本参数

在继电器的选用、维护、维修等工作中,要求对继电器的一般参数有所了解,以下就继电器的常见参数作介绍。

(1)额定参数 指输入量的额定值及触点的额定电压、额定电流等。

(2)动作值 使继电器吸合动作所需要的最小物理量的数值,如电流继电器的动作电流、电压继电器的动作电压、风压继电器的动作风压等,有时也称整定值。

(3)释放值 使继电器释放动作所需要的最大物理量的数值。对于具有常开触点的继电器而言,其释放值也称返回值。

（4）返回系数　指继电器输入量的释放值 X_{sf} 与动作值 X_{dz} 之比，用 K_{fh} 表示，即：

$$K_{fh}=\frac{X_{dz}}{X_{sf}} \tag{4-1}$$

返回系数是继电器的重要参数之一，对继电器来说一般 $K_{fh}<1$。K_{fh} 越接近于1，继电器动作越灵敏，但抗干扰能力就差，所以返回系数也不完全是越高越好，对控制继电器来说，返回系数要求不高，而保护继电器一般要求有较高的返回系数。

（5）额定工作制　对于继电器，一般有三种额定工作制，即：长期工作制、短时工作制和间断工作制。

（6）使用寿命　使用寿命指继电器的机械寿命和电气寿命，是继电器的重要技术指标。目前，控制继电器的机械寿命可高达一千万次以上，它与使用条件有关。

（7）动作时间和释放时间　对于电磁式继电器，动作时间是指继电器通电起，到所有触点达到工作状态止所经过的时间间隔。释放时间是指继电器断电起，到所有触点恢复到释放状态止所经过的时间间隔。按动作时间或释放时间的长短，继电器可分为快速动作、正常动作和延时动作三种类型。

任务二　中间继电器的检查与维护

任务目标

1. 认知中间继电器的用途。
2. 认知 3TH 系列、D-U200 系列等中间继电器的结构和工作原理。
3. 掌握中间继电器检查常识。

知识课堂

一、中间继电器的作用

中间继电器用于继电保护与自动控制系统中，以增加触点的数量及容量。

二、JZl5-44Z 型中间继电器

1. 型号及含义

J——继电器；
Z——中间；
15——设计序号；
44——4 常开、4 常闭接点数；
Z——直流控制。

2. 组成

JZ15-44Z 型中间继电器为整体式结构，布置紧凑，其结构如图 4-4 所示，主要由传动装置和触点装置组成。

传动装置由直动螺管式电磁铁构成，铁心和线圈布置在继电器中央，铁心采用锥形止铁（可获得较平坦的吸力特性和足够的开距）。继电器的反力特性依靠动触点支架上的一对拉伸弹簧调节，衔铁上还装有一个手动按钮，以供检查及故障操作使用。

触点装置为 8 对双断点桥式银点触点，分别布置在磁轭两侧。可根据需要任意组合成 2 开 6 闭，4 开 4 闭，6 开 2 闭的方式，但必须注意两个触点盒中的常开常闭触点数应对称布置。为了防尘和便于观察触点，继电器带有透明的防尘罩。

该型继电器的触点容量为 10A，为了保证继电器体积小，结构紧凑及大电流的分断能力，触点系统采用永磁钢吹弧以提高触点直流分断能力。小型化的永磁钢嵌装在静触点的下部，采用无极性布置法，可以加强直流电弧的拉长，实现吹弧的目的。

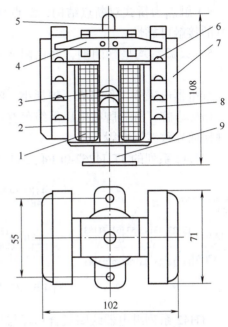

图 4-4　JZ15-44Z 型继电器结构

1—吸引线圈　2—磁轭　3—铁心　4—衔铁　5—按钮
6—触点组　7—防尘罩　8—反力弹簧　9—支座

在检修时要特别注意以下两点：

1) 永磁钢极性不能任意改变，应保证两个静触点下的永磁钢极性相反，若装成同极性，则可能在某一电流方向时发生两弧隙电弧拉向内侧，造成静触点间飞弧的事故。

2) 若永磁钢丢失，则分断能力要降低一半，触点必须降容量使用。

3. 工作原理

在控制电路中，输入电压信号，且达到其动作值（DC77~110V），该继电器通过电磁机构使触点系统动作，常开触点闭合，常闭触点断开，使相关电路得到控制。若输入电压达到释放值时，其电磁机构释放，常开触点断开，常闭触点闭合，使相关电路切换。

三、地铁车辆典型中间继电器

1. 3TH 系列中间继电器

3TH 系列中间继电器，又称为接触式继电器，适用于交流 50Hz 或 60Hz，电压至 660V 和直流电压至 600V 的控制电路中，用来控制各种电磁线圈及电信号的放大和传递，符合 IEC947、VDE0660、GB14048 等标准，与普通继电器的区别在于，要有灭弧装置。其结构特点为：

1) 继电器采用 E 形铁心，双断点桥式触点系统的直动式运动结构，动作可靠。3TH40~80 有四对触点可组合；3TH42~82 有八对触点可组合；3TH30 可接插辅助触头座（3TX4），可自由组合。

2) 继电器动作机构灵活，手动检查方便，结构设计紧凑，可防止外界杂物及灰尘落入继电器的活动部位。接线端都有罩覆盖，人手不能直接接触带电部位，安全防护性很高。

3）继电器外形尺寸巧、安装面积小。安装方式可用螺钉坚固，也可扣装在 35mm 宽的标准导轨上，具有装卸迅速方便之优点。

4）触点为桥式双断点结构，触点材料由电性能优越的银合金制成，具有使用寿命长及良好的接触可靠性。

5）灭弧室均呈封闭型，并由阻燃性材料阻挡电弧向外喷溅，保证人身及邻近电器的安全。

继电器电磁铁工作可靠、损耗小、噪音小，具有很高的机械强度，线圈的接线端装有电压规格标志牌，标志牌按电压等级著有特定的颜色，清晰醒目，接线方便，可避免因接错电压规格而导致线圈烧毁。

3TH42 系列的 3TH4262-0LF4、3TH4244-0LF4、3TH4253-0LF4 的触点形式如图 4-5 所示。

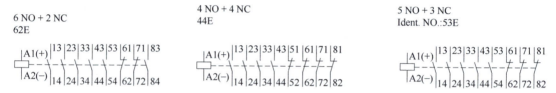

图 4-5　3TH42 系列中间继电器触点形式

3TH42 系列继电器线圈吸合功耗与保持功耗均为 5.2W，触点额定电流为 10A。

2. D-U200 系列瞬动中间继电器

D-U200 系列瞬动中间继电器是 MORS-SMITT 公司生产的小型插入式轨道专用瞬动继电器，主要应用于铁路、高铁、地铁等的列车及相关设备中。

型号含义

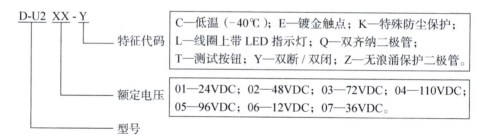

D-U204-KLC + V23BR 继电器，如图 4-6 所示，具有防尘外罩，线圈上带 LED 指示灯，适用低温条件下工作，其额定电压为 DC 110V，线圈功率为 2W，其触点的额定电流为交流 10A。

由图 4-6 可知，该型号继电器带有四组转换触点。接控制电源时，应注意极性。其触点对 3-13、4-14、5-9、6-10 为常闭触点，触点对 3-11、4-12、5-7、6-8 为常开触点。

D-U200 系列继电器，装有反电动势保护和电磁吹弧装置。可以直接插入对应底座，无需其他特殊安装。底座的安装可以采用标准导轨安装或者用螺栓固定于合适位置。

3. RB4P 系列继电器

RB4P 系列继电器的特点是内置密封的贝斯达 R25 触点，其触点形式如图 4-7 所示。

RB4P 系列继电器控制线圈的额定电压为 DC 110V，最低控制电压为 DC 77V。

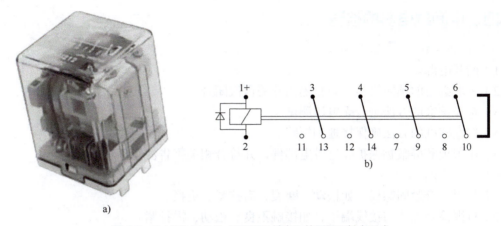

图 4-6 D-U204-KLC+V23BR 继电器外形图及触点形式
a）外形图 b）触点形式

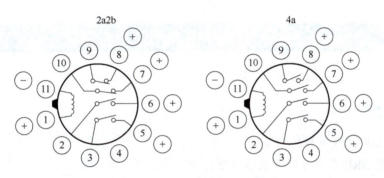

图 4-7 RB4P 系列继电器触点形式

使用时应注意：

1）该型号继电器需要利用绑带将继电器固定好，防止因振动等原因造成脱落，底座进行相应的接线，将继电器插到底座上扣上耐振绑带即可。

2）控制线圈是有极性的。将端子符号①安装在正极，端子符号⑪安装在负极。

3）在直流回路中使用时，端子符号⑤⑥⑦⑧连接在正极。

4. CU-U204-GE + V10 继电器

如图 4-8 所示为 CU-U204-GE + V10 继电器的外形图，该型继电器适合小电流的回路中。接线如图 4-9 所示。

图 4-8 CU-U204-GE+V10 继电器外形图

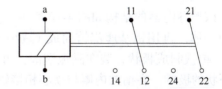

图 4-9 CU-U204-GE+V10 继电器接线图

四、中间继电器的检查

(1) 准备工作

1) 断开电源。
2) 采取必要的预防措施以防止隔离开关再次闭合。
3) 按经核准的方法进行无电压测试。
4) 按经核准的方法确保接地和短路。
5) 用盖板和屏蔽物保护邻近带电部件,并符合相关警告注意事项。

(2) 车上检查步骤

1) 目视检查紧固螺栓,如松动、断裂,需拧紧、更换。
2) 目视检查电缆与接线端子,如接触不良、松动,需拧紧。

任务三　时间继电器的使用与调试

任务目标

1. 认知时间继电器的用途。
2. 掌握 3RP 系列时间继电器的结构和工作原理。
3. 会调试 3RP 系列时间继电器。

知识课堂

一、时间继电器作用

作为控制电路中的时间控制环节元件,通电延时是指控制线圈得电后,被控的触点要延时一段时间后才动作;断电延时是指在断开控制电源后,被控的触点要延时一段时间后才切换。如控制通风机间隔起动的延时继电器,使两台通风机间隔 3s 起动,以避免同时起动带来的起动过电流的叠加。

二、JT3 系列电磁时间继电器

该系列继电器有 3 个时间等级:1s(0.3~0.9s),3s(0.8~3s),5s(2.5~5s)。

1. 结构

该型继电器的结构如图 4-10 所示,其铁心和磁轭采用圆柱整体电工钢,使铁心与磁轭成为一体,再用铝基座浇铸而成(减小了装配气隙,降低磁阻,有利于提高继电器的灵敏度)。衔铁制成板状,装在磁轭端部,可绕棱形支点转动,形成拍合式动作。铁心端部套有圆环状的极靴。在衔铁内侧与铁心相接触处,装有一磷铜皮制成的非磁性垫片,此垫片使衔铁闭合时与铁心间保持一定的距离,即衔铁与铁心间有一定数值的磁阻,以防止衔铁在闭合

状态下，当吸引线圈断电时，剩磁将衔铁"粘住"，引起继电器不能正常释放而造成事故。时间继电器的延时作用是依靠套装在磁轭上的阻尼套筒来保证的。继电器断电时，可借助于反力弹簧的作用使衔铁打开。

继电器的联锁触点采用标准组件，更换方便，且常开和常闭联锁触点的数量可按需要组合。它装在继电器的前侧。动触点支架由胶木制成杆状，与衔铁机械固定在一起，由拨叉控制，衔铁动作时通过拨叉控制动触点支架上、下动作，使联锁触点作相应的开闭。

2. 动作原理（延时原理）

当继电器的线圈通电时，在磁路中产生磁通。当磁通增加到能使衔铁吸动的数值时，衔铁开始动作，随着衔铁与铁心之间气隙的减小，磁通也增加。当衔铁与铁心吸合以后，磁通最大（此时的磁通大于将衔铁吸住时所需的磁通）。在线圈通电时，因为磁通的增长和衔铁的动作时间很短，所以联锁触点的动作几乎是瞬时的。当线圈断电时，电流将瞬时下降为零，相应于电流的主磁通亦迅速减小，但因其变化率很大，根据楞次定律，在阻尼套内部将产生感应电动势，并流过感应电流，此电流产生与原主磁通相同方向的磁通以阻止主磁通下降，这样就使磁路中的主磁通缓慢地衰减，

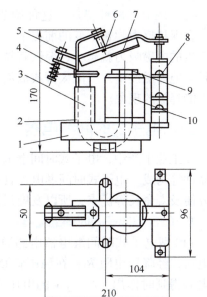

图 4-10 JT3 系列电磁时间继电器结构简图
1—底座　2—阻尼套筒　3—铁心　4—反力弹簧
5—反力调节螺母　6—衔铁　7—非磁性垫片
8—触点组　9—极靴　10—吸引线圈

直到磁通衰减到不能吸住衔铁时，衔铁才释放，触点相应地打开（或闭合），这样就得到了所需的延时。

为保证继电器延时的准确性，在使用时间继电器时必须保证有足够的充电时间（即线圈通电时间），使衔铁和铁心中的磁通完全达到稳定值。若充电不足，没有建立起稳定的磁通，延时作用将大大削弱。JT3 系列时间继电器的充电时间不能小于 0.8s，故继电器通电时间必须大于 1s。

3. 延时时间的调节

时间继电器的延时整定必须符合所选继电器相对应的时间等级范围，否则将不能保证延时精度。

时间继电器不同延时时间等级之间的调节（又称大范围调节）可以用更换阻尼套的办法来实现。时间继电器的延时等级取决于阻尼套的材质及参数。因为阻尼套中电流的衰减过程取决于阻尼套的时间常数 T，R 越小，T 就越大，电流衰减也就越慢，延时时间也就越长。因此，5s 级的时间继电器一般采用大截面铜套以降低电阻值，3s 级的时间继电器则用铝套或小截面铜套以增加电阻值。

时间继电器相对应的阻尼套都是专用的，由制造厂配给，不能随意拆换。若确需改变继电器的使用等级，则可调换相应等级的阻尼套，以确保整定延时的足够精度。

在允许时间范围内，延时时间的调节方法有两种。

（1）**调节反力弹簧** 此调节可以是连续而细微的，称为细调。在保持非磁性垫片的

厚度不变的前提下，反力弹簧拧得越紧，反作用力就越大，延时时间就越短；反之，反作用力越小，延时时间越长。但反力弹簧不能调得太松，否则有被剩磁粘住不释放的危险。

（2）调节非磁性垫片　这种调节是阶梯形的，既不连续，也不能作微量调整，称为粗调。在保持反力弹簧不变的前提下，非磁性垫片越厚，磁路的气隙和磁阻就越大，相同磁势下产生的电磁吸力就越小，衔铁就越容易释放，故延时时间相应缩短；反之则延时时间相应延长。但非磁性垫片不能太薄或取消，太薄容易损坏而成无垫片，无垫片将会发生继电器衔铁不能释放的现象。

三、电子式时间继电器

在工业生产中，电子式时间继电器已成为主流产品，一般采用晶体管或集成电路和电子元器件等构成。电子式时间继电器具有延时范围广、精度高、体积小、耐冲击和耐振动、调节方便及寿命长等优点，所以发展很快，应用广泛。

1. TJS 型电子式时间继电器

TJS 型电子式时间继电器电路原理图如图 4-11 所示。当时间继电器接线柱 1 由外电路得电后，经降压电阻 R_1，在稳压管 DW_1 上获得 24V 的直流电压，通过电阻 R_2 对电容 C_2 的充电获得延时作用。当 C_2 上的电压充至单结晶体管 BT31F 的峰点电压 U_p 时，C_2 经 BT31F 向电阻 R_4 放电，由此产生的脉冲触发晶闸管 VT，晶闸管导通，接线柱 1 与接线柱 2 接通，使外接中间继电器线圈得电闭合。

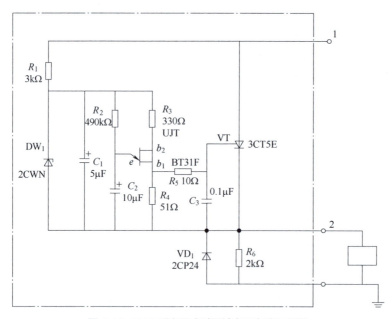

图 4-11　TJS 型电子式时间继电器电路原理图

改变电阻 R_2 的阻值，可方便地调整延时时间。电容器 C_1 起滤波和防干扰作用，电容器 C_3 用以防止晶闸管 VT 误导通，二极管 VD_1 用来释放外接中间继电器线圈的电磁能量，电阻 R_6 使晶闸管 VT 一旦导通后能维持导通状态，不受中间继电器线圈电感的影响。

2. 3RP 电子式时间继电器

由西门子公司生产的电子式 3RP1/3RP2 时间继电器可用于所有需要进行延时操作的起动、保护以及开环和闭环控制回路。其中 3RP1505-2BW30 时间继电器属于多功能继电器，其外形如图 4-12 所示。

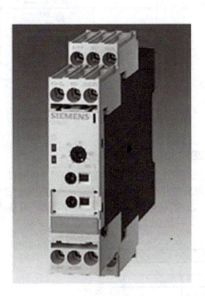
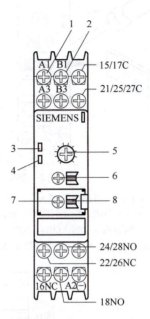

图 4-12　3RP1505-2BW30 时间继电器外形图

1—A1/A3 Power 电源　2—B1/B3 Power 电源　3—设备灯，线圈通电时常亮黄灯
4—延时指示灯，延时时黄灯闪烁，触点动作后常亮黄灯，触点恢复后灯灭　5—整定旋钮 0～100%
6—时间段选择，15 段　7—功能选择旋钮，（8 或 16 功能）　8—功能显示

3RP1505-.B 时间继电器接线图如图 4-13 所示，通过使不同控制线圈的得电与失电，它既能实现通电延时也能实现断电延时功能。进行时间继电器的时间调节步骤为：

1）基本功能有 8 个，分别为 A、B、C、D、E、F、G、H，若为 16 功能，则在 8 功能基础上再增加 A!、B!、C!、D!、E!、F!、G!、H!。如果要选择 A 功能，则用螺钉旋具插入功能选择旋钮位，使旁边窗口显示"A"，如图 4-14 所示。

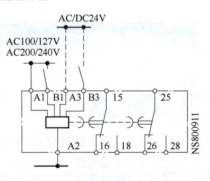

带辅助电压的通电延时及断电延时

图 4-13　3RP1505-.B 时间继电器接线图

2）选择时间段，3RP1505-2BW30 时间继电器为 15 段，0.05～1s、0.15s～3s、0.5～10s、1.5～30s、0.05～1min、5～100s、0.15～3min、0.5～10min、1.5～30min、0.05～1h、5～100min、0.15～3h、0.5～10h、1.5～30h、5～100h。当设定为"∞"时，没有延时功能，仅用现场检测。

3）调整具体时间。旋转整定旋钮，调整时间。

4）具体接线根据功能表来进行。如功能 A 的接线要求如图 4-15 所示。

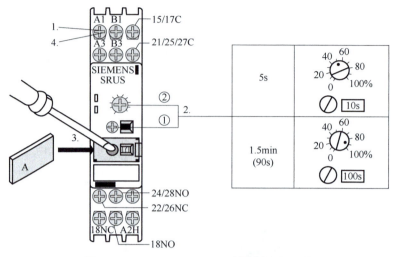

图 4-14　3RP1505-2BW30 时间继电器设置图

1—控制线圈接线端子 A1，外接电源"＋"　2①—通过带窗口的时间段选择旋钮选择两个时间段，一个是 5s 范围，另一个是 1.5min（100s）范围；所选时间段在时间段选择旋钮右边窗口显示　2②—通过旋转整定旋钮，整定时间，其值为所选时间段的 20%、40%、60%、80%、100%　3—旋转功能旋钮，选择所要功能；所选功能在功能旋钮右边窗口显示，如图中选择了 A 功能　4—控制线圈接线端子 A3，外接电源"－"

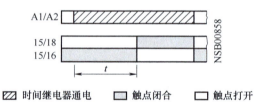

图 4-15　功能 A（通电延时）时的接线要求

任务四　认知保护继电器

任务目标

1. 认知保护继电器的作用。
2. 掌握电流继电器的结构和工作原理。
3. 掌握接地继电器的结构和工作原理。

知识课堂

一、保护继电器作用

保护继电器是用来作电路保护的，包括过电流保护、过电压保护、接地保护等。它可分为电流继电器、电压继电器和接地继电器等。

二、电流继电器

电流继电器是用较小的电流去控制较大电流的一种"自动开关",故在电路中起着自动调节、安全保护、转换电路等作用。

1. 电流继电器的结构（以 JL14-20J/5 型为例）

JL14-20J/5 型电流继电器的结构如图 4-16 所示。它的电磁系统是由呈角板形的磁轭、固定在磁轭上的圆形铁心、套装在铁心上的吸引线圈,以及平板形衔铁所组成。衔铁可绕磁轭的棱角支点转动,形成拍合式动作。磁轭棱角的左下方装有反力弹簧,继电器失电时,衔铁可借助于反力弹簧的反力打开。电磁系统右侧安装有触点组,触点支架与衔铁支件相连,衔铁动作时,可带动触点支架作相应的动作,使联锁触点开闭。在铁心端的衔铁上装有非磁性垫片,用以防止剩磁继续吸引衔铁而出现不释放现象。

2. 电流继电器的工作原理

当继电器收到的输入信号达到其动作值时,电磁传动系统中的衔铁克服反力弹簧等所产生的反力,向铁心运动,带动触点系统动作,使之控制的电路分断,起过流保护的作用。

3. 电流继电器的参数调整

1) 改变非磁性垫片的厚度,可调节继电器的释放电流值。通过增加或减少非磁性垫片与磁极面的接触面积来实现,一般不使用。

2) 改变反力弹簧的压力,可调节继电器动作电流的整定值。

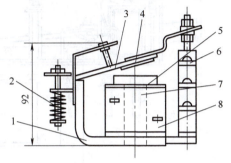

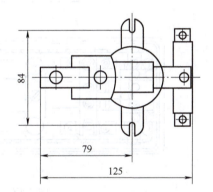

图 4-16　JL14-20J/5 型电流继电器结构简图
1—磁轭　2—反力弹簧　3—衔铁　4—非磁性垫片
5—极靴　6—触点组　7—铁心　8—吸引线圈

三、接地继电器

1. TJJ2-18/21 型接地继电器的结构

TJJ2-18/21 型接地继电器主要由传动装置、触点装置、指示装置和机械联锁等组成,组装在由酚醛玻璃纤维压制成的底板上,外面装有防尘的有机玻璃透明外罩,如图 4-17 所示。

传动装置：由拍合式电磁铁构成,带有吸引线圈。

触点装置：有两对主触点和一对联锁触点,均为桥式双断点,主触点由衔铁控制,联锁触点由指示杆带动。

指示装置：带有恢复线圈,螺管式电磁铁和指示杆。

机械联锁：由钩子和扭簧组成。

2. 接地继电器的工作原理

正常工作状态,红色指示杆埋在罩内,继电器处于无电释放状态,指示杆被钩子勾住,接地继电器的联锁触点处于常开位置。当机车主电路发生接地故障时,在电磁力的作用下,衔铁被吸合，主触点进行分合转换，开闭有关控制电路，使主断路器跳闸从而切断机车总电源，达到保护目的。与此同时，衔铁压下钩子的尾部，迫使钩子克服扭簧的作用力转开，不再钩住指示杆，使红色指示杆脱扣并在弹簧作用下跳出外罩，显示机械式动作信号，同时联锁触点相应闭合，在司机台显示故障信号。

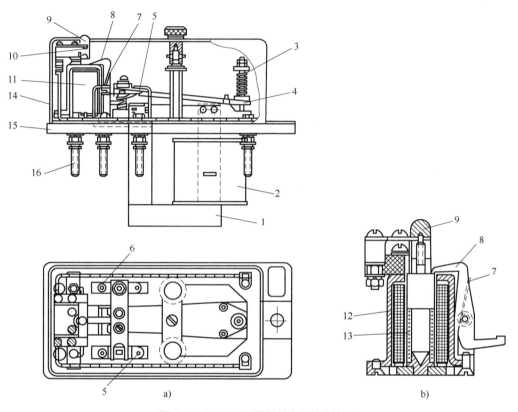

图 4-17 TJJ2 系列接地继电器结构简图

1—接线端子　2—底板　3—主触点　4—恢复线圈　5—联锁触点　6—指示器　7—钩子　8—扭簧　9—外罩　10—衔铁　11—反力弹簧　12—支座　13—非磁性垫片　14—吸引线圈　15—铁心

当故障消除后，衔铁在反力弹簧作用下返回原位。但此时红色指示杆不能恢复原位（即回复至罩内），机械信号仍保持；司机台上信号也不能立即消除。只有通过按主断路器"合"按键，使恢复线圈短时得电，才能使指示杆吸合进入罩内，指示杆重新被钩子勾住，联锁触点也随之断开，于是接地继电器发出的机械信号和电信号一起消失，恢复至正常状态。

TJJ2 型接地继电器在使用过程中必须注意两点：一是该型继电器的指示杆正常时应能被钩子可靠勾住，以防信号错乱；二是该继电器的恢复线圈只能短时通电，其持续时间不得超过 1min，以免过热而烧损。

项目五

电磁接触器的检查与维护

学习导入

接触器在工业领域中应用广泛。电磁接触器与电空接触器相比,体积较小,同样能完成开断大电流电路,实现自动控制的目的,因此,在轨道运输业中大量应用。本项目介绍接触器的基本常识,着重以典型的电磁接触器为例,让大家了解其结构和工作原理,为电磁接触器的检修与维护打下基础。

任务一 认知电磁接触器

任务目标

1. 掌握电磁接触器的定义、基本组成和分类。
2. 掌握电磁接触器各基本参数的定义与作用。
3. 会分析电磁接触器的工作原理。
4. 掌握轨道交通车辆上典型电磁接触器的结构。

知识课堂

一、电磁接触器的定义和基本特点

电磁接触器在工业控制中应用非常广泛。在城轨车辆上用来频繁地接通或切断带有负载的主电路、辅助电路或大容量的控制电路。若接触器采用电磁传动装置进行驱动,则称为电磁接触器。与其他开关电器相比,它具有可动作频繁,能通断较大电流,可以实现一定距离的控制等特点。

二、电磁接触器的组成

电磁接触器一般由以下几部分组成。

1. 触点装置

触点分主触点和联锁触点。主触点一般由动、静主触点等组成,用以直接控制相应电路的通断。联锁触点用以控制其他电器、信号或电气联锁等。

2. 传动装置

传动装置包括驱使触点闭和的装置和开断触点的弹簧机构以及缓冲装置,用来可靠地驱使触点按规定要求动作。

3. 灭弧装置

灭弧装置一般与主触点配合使用,在主触点断开电路产生电弧时,用来及时地熄灭电弧,切断电路并保护触点。根据电流的性质、灭弧方法和原理,可以制成各种灭弧装置。

4. 安装固定装置

固定装置属于非工作部分,用以合理的安装和布置电器各部件。

三、电磁接触器的分类

电磁接触器种类繁多,轨道运输业中一般可分为:

1. 按主触点通断电流的性质分

有交流接触器和直流接触器之分。不管控制线圈电流是何种性质,只要主触点通断的是交流电,就称为交流接触器;只要主触点通断的是直流电,就称为直流接触器。SS系列电力机车中,某型电磁接触器,它的控制线圈是直流电控制,其主触点用来控制辅助电机(三相异步电机)供电电路的通断,此类接触器仍然称为交流接触器。

2. 按主触点所处的环境分

有空气式和真空式接触器。主触点处于空气环境下的电磁接触器,称为空气式接触器,一般没有特别说明的,默认其属于空气式接触器,如AF系列交流接触器。主触点处于真空包内的电磁接触器称为真空接触器,如3RT12系列真空接触器。

3. 按主触点的数量分

有单极和多极接触点。只有一对主触点的接触器称为单极接触器;若有两对以上主触点的称为多极接触器,如3RT1017-2KF41型和AF系列电磁接触器均有三对主触点,可称之为多极接触器。

四、电磁接触器的基本参数

基本参数除额定电压和电流外还有以下几种。

1. 切换能力

切换能力又称开闭能力、通断能力,是指触点在规定条件下接通和切断负载的能力。在此电流值下通断负载时,不应发生熔焊、电弧和过分的磨损等现象。保证接触器能在较恶劣的条件下可靠地工作。

2. 动作值和释放值

对电磁接触器主要是指电压和电流的动作值和释放值。对电空接触器来说,还包括电磁阀的动作电压及气缸相应的气压值的动作值和释放值。

3. 操作频率

操作频率指接触器在每小时内允许操作的次数。接触器的操作频率越高,每小时开闭的次数就越多,触点及灭弧室的工作任务也就越重,对交流接触器来说,线圈受到的冲击电流及衔铁铁心受到的冲击次数也就越多，操作频率对常用的交、直流接触器来说，常采用每小时 150、300、600、1200 次的规定。

4. 机械寿命和电气寿命

机械寿命指的是接触器在无负载操作下无零部件损坏的极限动作次数。电气寿命指的是接触器在规定的操作条件下，且无零部件损坏的极限动作次数。目前，接触器的机械寿命一般可达数百万到千万次以上，而电气寿命则按不同的使用类别和不同的机械寿命级别有一定的百分比，一般为机械寿命的 1/5 左右。

5. 动作时间、释放时间

动作时间（又称闭合时间）是指从电磁铁吸引线圈通电瞬间时起到衔铁完全闭合所需要的时间；释放时间（又称开断时间）是指从电磁铁吸引线圈断电瞬间起到衔铁完全打开所需要的时间。为了对有关电路能准确可靠地进行控制，对接触器的动作时间也有一定的要求，如：直流接触器的闭合时间一般为 0.04~0.11s，开断时间为 0.07~0.12s，交流接触器的闭合时间一般为 0.05~0.1s，而开断时间为 0.1~0.4s。

接触器除应满足以上基本参数的要求外，还应满足在 85% 额定控制电压下保证接触器正常工作。

另外，在选择电磁接触器时还应考虑工作制的要求。

五、AF 系列三相电磁接触器

AF 系列三相电磁接触器控制电压可以是交流电，也可以是直流电。在轨道交通车辆上使用时，采用的控制电源为直流，AF 系列（AF95-30-11、AF185-30-11、AF260-30-11、AF400-30-11、AF110-30-11）接触器型号的意义如下。

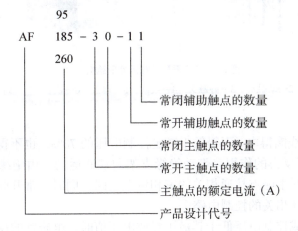

1. 结构

AF 系列三相接触器采用立体布置方式，电磁传动装置在主触点之上，其外形如图 5-1 所示。

（1）触点装置　主触点采用桥式双断点结构，主触点采用面接触，动主触点为船形结构。辅助触点采用模块化，一个模块具有一对常闭辅助触点（在前），一对常开辅助触点（在后）。辅助触点也是采用桥式双断点结构，根据需要可装配在接触器的左侧或右侧。

（2）传动装置　AF 系列交流接触器采用直动式 E 型电磁铁，有分磁环，铁心为硅钢叠片而成。为了减少有害振动，在静铁心和罩盖间有橡胶垫进行缓冲，在静铁心和线圈骨架底部间有橡胶垫进行缓冲。

接触器内置一电子线路板。使用此线路板后，线圈的控制电压范围可以很宽，交直流均可控制。在 A1 及 A2 端子上施加一个稳定的电压，此电压是在线圈额定电压范围内，从而使接触器动作。A1 及 A2 端子接着电子线路板，因此不能直接测出线圈电阻。

（3）灭弧装置　采用金属栅片灭弧罩进行灭弧。

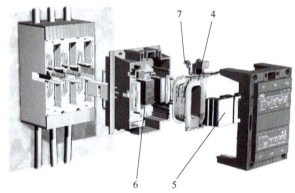

图 5-1　AF 系列接触器外形结构

1—端子排　2—动触头　3—静触头　4—线圈　5—罩盖　6—铁心　7—线圈端子

2. 动作原理

当直动 E 型电磁铁线圈得电（不得低于额定控制电压的 70%，也不得高于额定控制电压的 105%）时，衔铁克服反力的作用，带动绝缘支架向铁心运动，由绝缘支架带动主触点及联锁触点动作。三对常开主触点接通相关的三相供电电路。同时，常开联锁触点接通相关的控制电路，常闭触点断开相关的控制电路。

当电磁铁线圈失电或控制电压低于其最小释放电压值时，电磁铁的反力大于吸力，衔铁释放，带动绝缘支架返回初始位置，由绝缘支架带动主触点及联锁触头动作。三对常开主触点切断相关的三相供电电路。同时，常开联锁触点切断相关的控制电路，常闭触点接通相关的控制电路。在主触点分断过程中，利用交流电弧过零自然熄灭这一特性，采用金属栅片进行灭弧。

六、3RT1017-2KF41 型电磁接触器

3RT1017-2KF41 型接触器在电客列车上可用于制动电阻风扇、窗加热、前照灯照明及客室照明等控制。其主触点既可通交流，也可通直流。

1. 结构

3RT1017-2KF41 型接触器外形如图 5-2 所示，它是采用电磁铁驱动的接触器，其控制线圈无外部串联电阻，线圈电压范围 $0.7 \sim 1.25U_s$（注：车辆上使用时 U_s 为 DC 110V），线圈两端并联有抑制浪涌的压敏电阻（见图 5-3）作为内置的浪涌抑制器，除了抑制过电压，更多的是避免了其对其他电子设备的干扰。

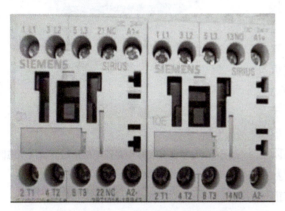

图 5-2　3RT1017-2KF41 型接触器外形图

图 5-3　并联压敏电阻的控制线圈结构图

3RT1017-2KF41 型电磁接触器有三对常开主触点，一对常开联锁触点，不可以加 4 极辅助触点块。其触点形式如图 5-4 所示，主触点额定电流为 12A，触点采用直动、双断点结构。

灭弧室呈封闭型，采用阻燃型材料制作灭弧罩，内部无灭弧隔弧板。

图 5-4　3RT1017-2KF41 型电磁接触器触头形式

2. 工作原理

其工作原理类似电磁铁工作原理，当吸引线圈得电时，衔铁吸合，带动常开触点闭合，常闭触点打开，当吸引线圈失电时，衔铁在反力弹簧作用下打开并带动常闭触点闭合，常开触点打开，常开主触点上的电弧被灭弧装置熄灭。

外加控制电源时，A1 接"＋"，A2 接"－"。

七、BMS.15.06 型直流电磁接触器

BMS.15.06 型直流电磁接触器在电客列车的牵引电路中，控制电路的通断，属于高压电器。

1. 型号含义

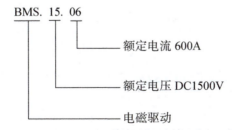

2. 结构

BMS.15.06 型直流电磁接触器结构示意图如图 5-5 所示。

（1）触点系统　触点系统包括主触点和联锁触点两部分。主触点采用单断点、L型、线接触形式，只有一对，主触点表面材料为银-锡氧化物；联锁触点采用桥式双断点结构，有四对常开触点。

（2）传动系统　采用螺管式电磁铁进行驱动，电磁铁内活塞杆连接驱动机构，克服恢复弹簧的反力作用，使触点系统动作，接通相关电路。

控制线圈的额定电压为DC 110V。

（3）灭弧系统　采用横向金属栅片式灭弧罩。BMS.15.06型电磁接触器要开断600A的直流电路，期间产生的是直流电弧。对于直流电弧而言，因无近阴极效应，只能靠成倍提高极旁压降来进行灭弧。由于极旁压降值较小，要想触点间总压降增大，就需要数量较多的金属栅片，其极旁压降累加，才能实现。这样会造成灭弧装置体积庞大。

图5-5　BMS.15.06型直流电磁接触器结构示意图
1—上接线端　2—灭弧罩　3—手柄
4—联锁触点　5—线圈　6—驱动机构

除这三个系统外，接触器还有固定和安装装置，如螺栓、螺钉、开槽螺母等。

3. 工作原理

在电磁线圈未得电时，衔铁在恢复弹簧作用下保持在释放位置，当电磁线圈得电后，铁心在电磁力作用下带动驱动杆克服恢复弹簧运动。动主触点与静主触点闭合，联锁触点依靠安装的驱动凹轮，正常地打开或闭合。这样，主接触器就进入工作状态。失电后，电磁力变小，恢复弹簧起作用，主触点分断，同时联锁触点的状态也跟着变化。

任务二　电磁接触器的检查与维护

任务目标

能对典型电磁接触器进行检查与维护。

知识课堂

一、AF系列电磁接触器的检修

1. 外观检查

在确认断电的情况下进行以下项目的检查维护：

1）对接触器外部进行清理，将尘垢拭去，应无油污。

2）检查接触器外表，应完整、无破损或异常。

3）检查三相输入/输出端、线圈接线端、辅助触点接线端，应接触牢固。

4）检查接触器本体安装应牢固，无松动现象。

2. 解体

按图 5-6 所示步骤进行解体。

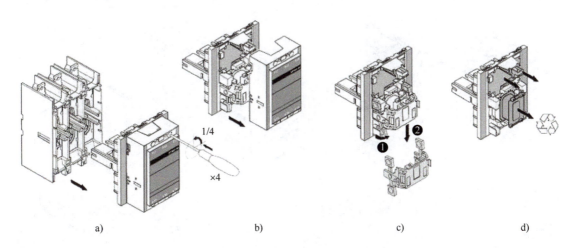

图 5-6　AF 系列接触器解体步骤示意图

1）用一字螺钉旋具插入主端子孔内螺栓，然后用力按逆时针旋转 90°（1/4），有弹开感觉后，依次把其他三孔螺栓也松开（×4）。向外取出动主触点及传动装置，如图 5-6a 所示。

2）再一次用一字螺钉旋具插入主端子孔内螺栓，然后用力按逆时针旋转 180°；其他三孔螺栓也同样如此操作。取出罩盖，如图 5-6b 所示。

3）用两把一字螺钉旋具插入动铁心的外罩孔（图 5-7 所示），然后往中间方向用力，松开静铁心外罩和动铁心外罩锁扣，向外用力取出动铁心，如图 5-6c 步骤 1 和 2 所示。

4）取出线圈，如图 5-6d 所示。

3. 检修

图 5-7　拆下动铁心

（1）灭弧装置

1）用清洁软布清理动触点支架和灭弧罩上的黑色炭粉。

2）检查灭弧罩及灭弧栅片，发现有破损或裂痕或有脱落等现象，应立即更换。

（2）触点装置

1）外观检查主触点情况。主触点磨损严重或灼伤严重时应全套更换，不能单独更换其中一组或两组。

2）用低电阻测量仪测量辅助触点的接触电阻 $R<1\Omega$。若超过 1Ω 则可采用分断 1A 左右的感性电流的方法，消除触点的氧化膜，或更换新的辅助触点配件。

注意：不能用砂布、锉刀等对接触器动、静触点接触面进行修磨。

（3）传动装置

1）取出线圈，检查和用清洁软布清理铁心极面的尘垢。

2）检查电子线路板，不得有开焊、松脱等异常现象。

4. 组装

按图 5-8 所示步骤进行组装。

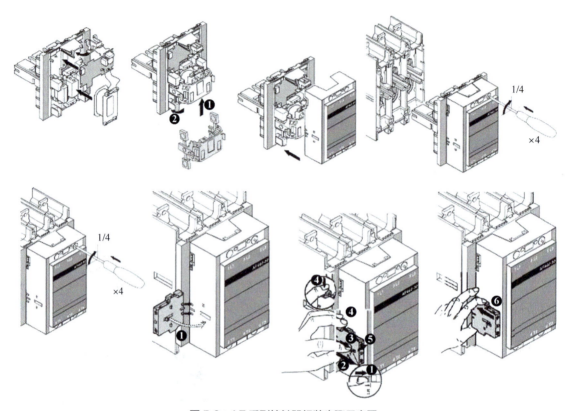

图 5-8　AF 系列接触器组装步骤示意图

5. 调整与试验

1）用量块和塞尺测量主触点开距，用测力计测量主触点压力。

主触点开距：14.4±4%mm；

超程：3.7±4%mm；

有条件时测触点压力：3786g±8%。

2）用低电阻测量仪测量联锁触点模块相关的接触电阻不大于 1Ω。

3）用绝缘电阻表测量主触点对地绝缘不小于 15MΩ，主触点之间绝缘不小于 10MΩ。

4）试验：通入 85～90V 交流电压，该电器应可靠吸合，无过热、异味、震动和铃震现象。当电压降至 54～30V 时，应可靠释放。

试验完毕后，所有破封处用红漆固封。并填写相应的合格证、记录等。

二、电磁接触器日常检查与维护

接触器在使用时应经常或定期地检查其运行情况，并进行必要的合理维护，以延长其使用寿命，保证其安全可靠的运行。维护、检修时应首先断开电源，再按如下步骤进行。

1. 外观检查

用压缩空气清除接触器各部件的灰尘，铁心极面上的灰尘也可以用毛刷清除。若有油污，可先用棉布沾少量酒精擦拭，然后再用干布擦净，并仔细观察接触器外观是否完整无损，注意拧紧所有紧固件。

2. 灭弧室维护

取下灭弧罩，用毛刷清除罩内落物及金属颗粒，如发现有破裂或严重烧损及零部件（如灭弧栅片）变形、松脱或位置变化等现象而不易修复时，应及时更换新灭弧室。重新安装时，应装回原位，不能随意更换到另一极上，以免影响其灭弧效力。

3. 触点的维护

定期检查触点的温升是否超过标准，银或银基粉末冶金制成的触点表面有烧毛发黑的现象是正常的，不会影响其实际工作能力，一般可不必清理。对于具有铜触点的转动式接触器，若长时间没使用或连续工作 8h 以上，在使用前应先开闭 1~2 次，以便除去触点的氧化膜。触点如有开焊、裂缝或磨损到原厚度 1/3 的情况时，则应更换新触点。

定期检修辅助触点开闭是否灵活，其接触电阻是否超标，若故障无法消除，应更换配件。

4. 吸引线圈的维护

观察线圈外表层有无过热变色，定期检查线圈温升是否超过所规定的值（一般规定，当环境温度为 40℃，A 级绝缘的线圈用温度计测得的表面温升不得超过 60℃），引线与导线是否有松动、开焊或将断的情况，线圈骨架有无碎裂、磨损或固定不正常现象。此外，还应注意缓冲件是否完整。

5. 铁心的维护

观察铁心极端面有无变形、松动现象。可用棉纱沾少量汽油擦拭极面上的污垢。

6. 接触器转轴的维护

转轴转动是否灵活，在转轴与轴承处可注入少量润滑油，以保持转动灵活。

项目六

受流器的检查与维护

学习导入

受流器是电客列车上的重要电器，属于专用电器。它肩负着把外部高压电源引入车内的重要任务。本项目介绍受流器的基本常识，详细讲述典型受流器的结构及工作原理，学会检测典型受流器的主要参数及日常维护知识。

任务一　认知受流器

任务目标

1. 认知受流器的用途、分类。
2. 认知弓网电接触要求。
3. 了解滑板质量要求与滑板材料发展情况。
4. 掌握受电弓的工作特点。

知识课堂

一、受流器概述

1. 用途

电力机车、电客列车或车辆从接触网接触导线或导电轨受取电流的装置统称为受流器。它是电力机车、电客列车或车辆与固定供电装置之间的连接环节，受流器性能的优劣直接影响所取电流的可靠性，也直接影响电动机车车辆的工作状态。随着列车运行速度的不断提高，对受流器性能的要求也越高。

2. 分类

根据不同的运行速度、功率及用途，受流器可分为以下五种形式。

（1）受电弓　受电弓是从架空的接触网导线上受流，属上部受流，能取得较好的受流质量，相对安全。它被广泛应用于铁路干线上的电力机车、高速动车组、城际间的动车组及地铁车辆上。

（2）轨道式受流器（集电靴或称受电靴）　轨道式受流器是从导电轨（亦称第三轨）上受流，属下部受流。考虑空间经济价值及减小隧道截面等因素，适用于地铁车辆和城市轻轨车辆使用。

（3）侧面受流器　侧面受流器是从机车车辆的顶部的侧面受流（亦称旁弓）。利于车辆由上部装卸货物，适用于工矿电动车辆。

（4）弓形受流器　弓形受流器属上部受流。它的结构轻便简单，适用于矿井下小功率电动车辆及速度不高于40km/h的城市有轨电车。

（5）杆形受流器　杆形受流器属上部受流。广泛地用于城市无轨电车上。

目前在地铁车辆上主要是使用受电弓和集电靴进行受流。

受电弓按其结构形式分为单臂、双臂两种。双臂受电弓结构对称、侧向稳定性好，但结构复杂，调整难度大。单臂受电弓结构简单，尺寸小，重量轻，调整容易，具有良好的动态特性，因而广泛用于现代、高速、大负荷的干线电力机车及电动车辆上。

3. 弓网电接触要求

实际运行过程中，弓网电接触状况复杂多变，在其接触界面不断发生着电、热、力等效应转换以及与环境的相互作用，且与运行速度、接触压力等运行参数密切相关。

接触电阻是弓网电接触可靠性的主要表征参数。当弓网电接触状态不佳时，接触电阻会急剧增大，在接触区引发严重的过热现象，从而影响受电弓滑板与接触网导线的材料性能，甚至威胁列车的安全。

弓网电接触热效应主要热量来源由三部分构成，即受电弓滑板、接触导线自身电阻和弓网接触电阻产生的焦耳热、弓网相对滑动时产生的机械摩擦热和弓网离线时产生的电弧热。随着列车运行速度和电流传输密度的提高，弓网电接触热效应就越大，会使受电弓及接触网的使用寿命缩短，甚至会影响到轨道运输生产。

为保证滑板和接触导线接触可靠，减少接触电阻及其热效应，其间应有一定的接触压力。滑板和接触导线分别属于两个弹性系统——受电弓系统与接触网系统，两个弹性系统相互接触提供了滑板和接触导线之间的接触力。

弓网相对滑动时，会产生磨损。为保证轨道运输生产，必须保证接触网的使用寿命较长，延长其导线更换周期。同时，受流器是通过与固定导线的滑动接触而受流的，滑板的质量是影响受流质量的关键因素之一，优质滑板应满足以下的要求：

1）力学性能好，能承受一定的冲击载荷。

2）摩擦因数低，对接触导线及滑板自身的磨耗小。

3）电阻率低，耐弧性强。

4）质轻。

在接触滑板的研究和应用方面，其材料主要经历了铜滑板、碳滑板、粉末冶金滑板、浸金属碳滑板、金属基复合材料或无机非金属基复合材料滑板的发展过程。考虑更换导线的费用较为昂贵，以保导线为原则，滑板以碳纤维滑板、金属纤维滑板，带有润滑功能的金属基复合材料（如Cu—C）、具有自润滑功能的无机非金属基复合材料（如Ti_3SiC_2/SiC）取代了铜滑板、碳滑板、粉末冶金滑板。未来将会有更多符合要求的新滑板材料涌现。

二、受电弓的工作特点

升降弓时，响应速度要快，同时减少电弧对弓网的损害，还不能产生过分冲击，为此要求升降弓过程具有先快后慢的特点，即升弓时滑板离开底架要快，贴近接触导线要慢，以防弹跳；降弓时滑板脱离接触导线要快，使弓网间产生的电弧被迅速拉长而熄灭，接近底架时要慢，以防对底架有过分的机械冲击。

运行中要求受电弓动作轻巧、平稳、动态稳定性好。为改善受电弓的动态特性，达到良好的跟随性，减少离线和拉弧，现在很多国家都在试验开发主动控制受电弓。所谓主动控制受电弓就是在单臂受电弓模型的滑板下加装力传感器、加速度传感器和一个响应接触线高度变化和振动的执行器，底座上安装一个用于升降弓以及适应进出站线及隧道等接触线高度变化的执行器，将测得的弓网间的接触力反馈回控制系统去驱动执行机构，以调节接触压力，加速度传感器作为校正。

任务二 Fb 系列单臂受电弓的使用与调试

任务目标

1. 认知 Fb 系列单臂受电弓的基本结构。
2. 掌握 Fb 系列单臂受电弓的工作原理。
3. 认知 Fb 700.580 型单臂受电弓的技术参数，并会调整其主要参数。
4. 认知 Fb 700.580 型单臂受电弓的特性，并会调试静特性。

知识课堂

一、Fb 系列单臂受电弓的基本结构

Fb 系列单臂受电弓主要由底架、集流头、框架、升弓弹簧、电磁阀和传动气缸等组成，如图 6-1 所示。

1. 底架

底架安装在 4 个绝缘子上，它由方形的中空管、角钢及板的焊接构件组成，它作为下臂的支撑装置，包括轴承、下导杆的轴承滑轮、阻尼器、升弓弹簧的悬挂及气缸传动装置等，如图 6-2 所示。其中阻尼器用来吸收降弓时所产生的振动。

2. 弓头

弓头用枢轴安装在上臂的上部。弓头由全套簧片、弹簧装置、接触滑板及端角等组成。

（1）滑板（含簧片） 滑板直接与接触网导线进行滑动接触，把电能引入到车内。Fb 系列单臂受电弓共有 4 条 800mm 长的滑板，剖面为 35×22m，弓头宽度为 1550mm，如图 6-3 所示。

项目六 受流器的检查与维护

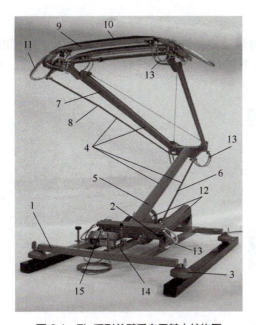

图 6-1　Fb 系列单臂受电弓基本结构图

图 6-2　底架

1—底架　2—高度止挡　3—绝缘子　4—框架　5—下臂　6—下导杆
7—上臂　8—上导杆　9—弓头　10—接触滑板　11—端角　12—升降装置
13—电流传输装置　14—锁钩　15—最低位置指示器

簧片使弓头与接触导线接触时有一定弹跳，若没有则需更换。

（2）端角　端角是每侧接触滑板上向下弯的部件，防止接触网导线滑入滑板下方，从而造成弓网故障，如图 6-4 所示。

图 6-3　滑板

（3）弹簧装置　弓网滑动接触过程中，吸收因线路变化而产生的纵向振动。

日常保养时，检查弓头接触滑板的不平均磨耗（目测，可用直尺），凹槽≤5mm 应用锉刀锉平，否则必须更换。接触滑板上有磨耗痕迹时应及时更换，通常情况下接触滑板上没有磨损痕迹，当固定器上部边缘和接触滑板上部边缘间的距离最小为 2～3mm 时，更换接触滑板。具体实施见实训工单五。

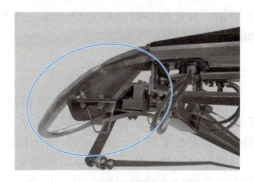

图 6-4　端角

3. 框架

框架用来安装弓头零部件，并且使弓头按垂直线方向上下运动。框架由上导杆、上臂、下导杆和下臂组成，形成两个连杆机构。

（1）下臂　下臂由一个焊接钢管构成，它一头通过中心连接与上导杆、上臂相接，支撑起上导杆、上臂及弓头，支撑点由密封的重型旋转头组成，如图 6-5 所示；另一头与底架上的滚子链相接。

（2）下导杆　下导杆引导多边形接点，它由精密的钢管组成，长度为每侧左右手侧带把的旋转头间长度。

（3）上臂　上臂为封闭的框架设计，由焊接铝结构组成，它由拉伸型管、环形的上臂十字管和上臂连接，它支撑下臂的旋转头和下导杆，框架由斜的不锈钢支柱支撑，如图6-6所示。

图6-5　下臂中心连接

1—上臂延伸部分　2—下导杆　3—上导杆　4—下臂

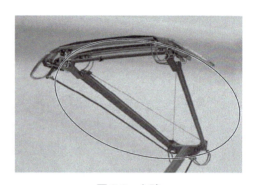

图6-6　上臂

底架、下臂、下臂的中心连接和下导杆构成下部四连杆机构，上臂、上导杆、弓头和下臂的中心连接构成上部四连杆机构，保证弓头的运动轨迹是一铅垂线，4条滑板保持水平状态。四连杆机构的几何模型如图6-7所示，各杆件的长度影响受电弓的接触压力大小和升弓的高度。

为了保证导电良好，且为了防止电流对轴承的烧损，受电弓所有的关节部位都采用导电编织线进行短接。日常维护时须检查导电编织线是否完好，如破损超限应及时更换。

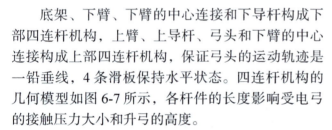

图6-7　四连杆机构的几何模型

1—弓头滑板　2—枢轴　3—上导杆　4—上臂
5—中心连接　6—下臂　7—下导杆　8—底架

4. 升降弓装置

升降弓装置如图6-8所示。

（1）升弓弹簧　升弓弹簧传递和控制升弓力矩，决定了弓网电接触时的接触压力大小。升弓弹簧一端固定在底架上，另一端与链条相接；链条另一端固定在链导向板上；链导向板固定在下臂的连接上，下臂的连接通过轴安装在底架上，如图6-9所示。受电弓降弓状态时，升弓弹簧处于拉伸状态；当升弓弹簧收缩时，带动链条动作，所产生的力使下臂杆向上抬起，从而使下部四连杆机构动作，带动上部四连杆动作，弓头沿垂直线方向抬升。

（2）气缸传动机构　气缸传动机构传递和控制升降弓的作用力矩，由缸体、活塞、活塞杆、活塞杆导向装置、风箱、橡胶环和降弓弹簧等组成，如图6-10所示。

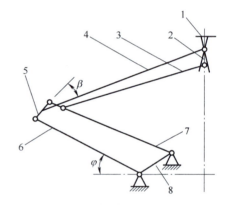

图6-8　升降弓装置

1—升弓弹簧　2—传动气缸

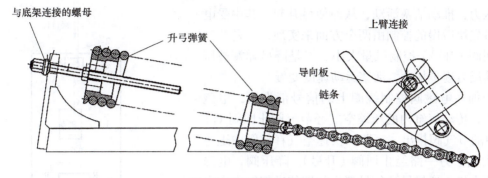

图 6-9 升弓弹簧的连接

当有控制信号时，压缩空气进入到气缸内，克服缸内降弓弹簧的作用，即降弓弹簧被压缩，活塞左移，带动活塞杆左移，通过连接带动下臂逆时针转动。当信号消失（失电）时，缸内压缩空气排出，在降弓弹簧的作用下，活塞右移，带动活塞杆右移，通过连接克服升弓弹簧的拉伸力，使下臂顺时针转动，同时强制使升弓弹簧拉伸。

缸内橡胶环起绝缘作用。受电弓通过支持绝缘子和橡胶环来保证受电弓导电部分与气缸传动部分及控制部分实现电隔离。

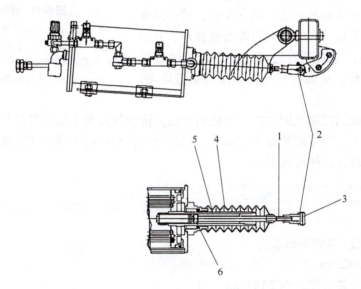

图 6-10 气缸传动机构

1—活塞杆 2—开口销 3—螺栓 4—风箱 5—活塞杆导向装置 6—橡胶环

5. 控制部分

受电弓属于气动电器，它是由压缩空气进行驱动的，通过控制压缩空气的通断来控制受电弓的升降。控制部分就是指控制气路通断的部分，它包含电磁阀、降压阀、节气阀止回阀（升弓）、快速空气释放阀、节气阀止回阀（降弓）等，其中节气阀止回阀（升弓）和节气阀止回阀（降弓）结构相同，但装配是相反的。

受电弓的气路组成如图 6-11 所示，控制信号加到电磁阀控制线圈上，电磁阀得电动作，来自总风缸的压缩空气，经电磁阀进入降压阀降压后，再通过节气阀止回阀（升弓）中的节气阀调整进风量，直通快速空气释放阀、节气阀止回阀（降弓），进入传动气缸，克服降弓弹簧压力，推动活塞活动，从而使弓升起。其中受电弓升弓先快后慢的控制由两个方面来实现，一是节气阀止回阀（升弓）控制风量大小，二是降弓弹簧被压缩后其反力逐步加大，活塞运动速度变慢。

当加在电磁阀控制线圈上的信号消失后，电磁阀释放，传动气缸内的压缩空气经节气阀止回阀（降弓）中的节气阀排出，一路从快速空气释放阀中迅速排往大气，另一路经止回阀（升弓）、降压阀、电磁阀排往大气。这样导致信号消失初期传动气缸内压力骤降，降弓弹簧迅速反应，使活塞快速移动，带动弓迅速下降，后期缸内外压力差变小，活塞运动速度变慢，从而使弓下降速度变慢。

二、Fb 系列单臂受电弓的工作原理

当收到升弓信号后，电磁阀控制圈得电，电磁阀动作，使压缩空气从总风缸进入受电弓的气路，使传动气缸内的降弓弹簧被压缩，活塞左移，带动活塞杆、连杆及下臂连接；同时，升弓弹簧被放松，升弓弹簧收缩，带动链条及下臂连接，使下臂逆时针旋转，带动框架动作，从而使弓头按铅垂线轨迹运动，弓升起。

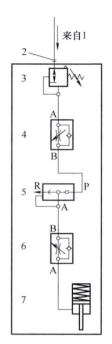

图 6-11　受电弓气路图

1—总风缸　2—受电弓气压提升传动装置的连接点　3—降压阀　4—节气阀止回阀（升弓）
5—快速空气释放阀　6—节气阀止回阀（降弓）
7—含降弓弹簧的传动气缸

降弓时，电磁阀控制线圈失电，电磁阀释放，传动气缸内压缩空气经气路排往大气，在降弓弹簧的作用下，升弓弹簧被强制拉伸，同时与连杆相接的下臂连接受其力的作用顺时针旋转，带动框架动作，使弓降下。

三、Fb 700.580 型单臂受电弓的技术参数

1. 受电弓的主要尺寸

最大提升高度：$2880\text{mm}_{-25\text{mm}}^{0}$

最低位置：$342\text{mm}_{0}^{+10\text{mm}}$

最低位置的拉伸长度：约 2480mm

接触条长度：800mm ± 1mm

弓头宽度：1550mm

2. 受电弓逆着接触导线的接触力

120N 可调范围：100～140N

3. 空气传动装置的运行压力

最小：300kPa

最大：1000kPa

额定：750～900kPa

4. 升降弓时间及最大工作高度

提升时额定空气压力的作用范围：750～900kPa

升弓时间：约 7～8s
降弓时间：约 7～8s
最大工作高度：2050mm

四、受电弓特性

要使受电弓弓头滑板与接触网导线正常接触，可靠地受流，受电弓必须具备如下性能。

1. 静态接触压力与静特性

众所周知，受电弓是靠滑动接触来传导电流的，弓头滑板与接触网导线形成一副摩擦偶件。为了保证可靠的电接触，其间必须保持一定的接触压力，静态接触压力就是受电弓主要技术参数之一，它包括三个部分。

（1）额定静态接触压力　它是指在受电弓位置静止状态下，受电弓弓头滑板在工作高度范围内对接触网导线的压力。该值的大小，直接影响受流质量。压力值偏小，受流时离线率高，离线瞬间所产生的电弧，影响着正常的受流，而且使滑板和接触网导线间的表面光滑度恶化，从而加剧摩擦偶件的磨损。此外，接触压力偏小，接触电阻就大，在车辆未运动时传导较大电流，会在接触网导线和滑板间产生高温，从而损坏接触导线或滑板。压力值偏大，机械摩擦增大，磨损也随之增加，影响接触网导线和滑板的使用寿命。因此要求受电弓在其工作高度范围内有一个较合适的、基本不变的接触压力。这个接触压力则由受电弓机械结构的各部分参数决定。适当的静态接触压力可以使受电弓与接触网导线正常接触，减少离线，克服风和高速气流及轮轨传来的机械振动的影响，保证受流特性。

受电弓的静态接触压力与工作高度之间的关系称为受电弓的静特性，它可由受电弓静特性曲线表示，如图 6-12 所示。升弓曲线是指升弓状态下，高度变化是从低到高的；降弓曲线是指升弓状态下，高度变化是从高到低的。

（2）同高压力差　它是指受电弓弓头在同一高度下，上升趋向和下降趋向时的静态接触压力差。该值的大小，表征了受电弓各运动铰接部分的摩擦力大小。

（3）同向压力差　它是指在工作高度范围内，受电弓上升时和下降时的最大静态接触压力差。该值的大小表征了受电弓的总体调整水平。

2. 工作高度

它是指在此高度范围内，弓头滑板对接触网导线的静态接触压力为额定值，也即在此高度范围内，可以保证正常受流。该值的确定主要取决于接触网导线和车辆的高度。

3. 最高升弓高度

它是指受电弓按其结构所能升起的最高限度。

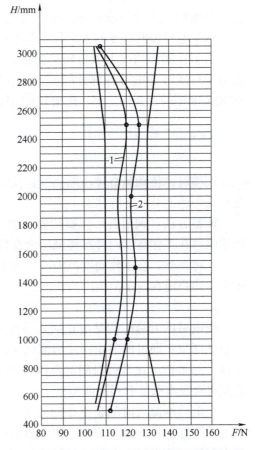

图 6-12　Fb 700.580 型单臂受电弓静特性曲线

1—升弓曲线　2—降弓曲线

通常该值小些，可以缩小受电弓的总体尺寸。

4. 升降弓时间

TB1456—82 规定：升降弓时间指在传动风缸处在额定工作气压时，由落弓位升到最大工作高度和由最大工作高度降至落弓位所需的时间。

5. 弓头运行轨迹

弓头在工作高度范围内应该始终处于机车转向架的回转中心上，这样当列车在弯道运行时，使弓头相对于轨道中心的偏移量最小，以避免弓头滑板偏离接触网，造成失流或刮弓的不良后果。因此要求弓头垂直运动轨迹在工作高度范围内是一直线。对于单臂受电弓，由于结构因素，规定了允许偏差值，在设计时已考虑了受电弓上升过程与下降过程的静特性存在着差异，是因受电弓活动部分存在着摩擦力。当受电弓下降时此摩擦力使接触压力增加，而当受电弓上升时此摩擦力使接触压力减小。为使同高压力差尽可能小，就必须设法减小摩擦力。

6. 动特性

列车运行时，受电弓是随着接触导线高度的变化而上下运动的。当运动速度不大时，接触压力可视为基本按静特性曲线变化，但随着运行速度的增高，接触压力不仅与受电弓的静特性有关，而且还与受电弓上下运动时的惯性力、风力、气体动态分力、列车运动产生的干扰力及受电弓运行于接触网导线下的干扰力等有关，即与受电弓的运动特征有关。

在动能相等的情况下，把受电弓运动系统的质量归化到滑板上，该质量称为归化质量。也就是说归化质量所求得的总动能和受电弓实际质量的总动能是相等的。受电弓的归化质量，与受电弓提升高度的关系称为受电弓的动特性。

为了在动态情况下取得较稳定的接触压力，就要设法尽量减小归化质量。要想减小归化质量可减轻受电弓各部分的质量，受电弓应尽可能轻些，特别是减轻上部结构重量，如FB700.58 型的滑板固定器（托架）采用较轻的铝合金材料。

五、受电弓的调试

1. 静态接触压力的调整

调整时，传动风缸接压缩空气，使受电弓和传动风缸之间无力的作用。整个调整过程是在弓头匀速上升或下降状态下进行。

调整方法：调节升弓弹簧拉伸长度和调节导向板的角度。这样就调节了升弓转矩大小，使受电弓在工作高度内静态接触压力在规定范围内。

这种调整，在工作高度范围内，要多次反复进行，直至静态压力值、同高压力差和同向压力差均稳定在规定范围内为止。

2. 升降弓时间的调整

受电弓的升弓时间是由止回式节流阀来调节的（升弓动作调节阀）。调节时使受电弓处于最低部位，通过调节止回式节流阀（升弓动作调节阀）使其可变阻气门变大，然后用秒表测量，如果仍不在升弓时间的范围，则继续调节止回式节流阀（升弓动作调节阀）的气门，直至符合受电弓的升弓时间范围。

受电弓的降弓时间是由止回式节流阀来调节的（降弓动作调节阀）。调节时使受电弓处于工作高度部位，通过调节止回式节流阀（降弓动作调节阀）使其可变阻气门变大，然后用秒表测量，如果仍不在降弓时间的范围，则继续调节止回式节流阀（降弓动作调节阀）的气门，直至符合受电弓的降弓时间范围。

项目六 受流器的检查与维护

任务三　TSG18G1 型单臂受电弓的检查与维护

任务目标

1. 认知 TSG18G1 型单臂受电弓的基本结构。
2. 掌握 TSG18G1 型单臂受电弓的工作原理。
3. 认知 TSG18G1 型单臂受电弓的特性，并会调试静特性。
4. 认知 TSG18G1 型单臂受电弓维修计划内容。

知识课堂

一、TSG18G1 型单臂受电弓的基本结构

TSG18G1 型单臂受电弓由底架组装、铰链机构、弓头、平衡杆、升弓装置等组成，其基本结构如图 6-13 所示。

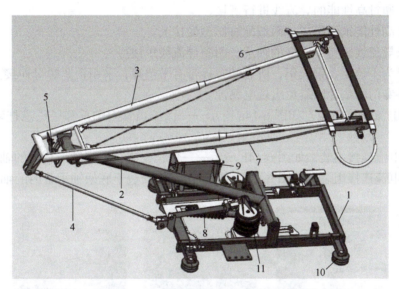

图 6-13　TSG18G1 型单臂受电弓结构示意图
1—底架　2—下臂杆　3—上框架　4—拉杆　5—电流连接组装　6—弓头组装　7—平衡杆
8—阻尼器　9—气阀箱装置　10—支持绝缘子　11—双气囊升弓装置

1. 底架组装

底架是一个由方形钢管焊接而成的口字形钢结构，不运动，起固定支撑作用，并通过 4 个支持绝缘子安装在动车组车顶盖上。它是整个受电弓受流运动部件的安装基座，应具有足够的机械强度和耐受一定电压的电气性能。

底架包括下臂杆、拉杆、阻尼器的轴承支架，气囊的安装支撑架，支撑上框架和弓头的橡胶止挡。

为了便于电气连接，提供了一个电流接线板，电流接线板作为对外电路接口，采用不锈钢材料制造；支撑架上 $\varPhi 18mm$ 的通孔用于安装支持绝缘子的安装螺钉 $M16 \times 35$；支撑板作为对外气路接口，采用不锈钢材料制造。

2. 铰链机构

铰链系统包括下臂杆、上框架和拉杆，和底架一起构成一个四连杆机构，在这种情况下，上框架的顶管（弓头组装的安装位置）的运动轨迹将成为一条近似垂直的直线。

（1）下臂杆　下臂杆由无缝钢管在连接处密封焊接而成。它包括底架轴承管和肘接轴承管的主轴承。轴承被密封且终生润滑。底架轴承管上装有连接气囊和阻尼器的扇形板。

（2）上框架　上框架由几段铝管、顶管和下部的肘接横管焊接而成。

通过两个夹板将下横管和拉杆的上轴承连接起来。自润滑轴承被压进长横管内部，作为弓头悬挂支撑的轴承。由两个交叉的对角线杆增加上框架横向刚度。上框架的这种设计减轻了受电弓的整体质量，提高弓网跟随性。

（3）拉杆　拉杆进行封闭，最终组成四杆机构，围成了方形链接。通过调整螺母，拉杆的长度可以进行调节，以调整几何结构（补偿误差）。这种调整要在制造工厂或者在主要修理工厂由经过培训的人员进行。

3. 电流连接组装

电流连接组装如图 6-14 所示。流过受电弓的电流，绕过滚动轴承和弓头悬挂装置的绝缘弹簧元件，通过高性能的导流线进行短接。

导流线由高性能铜线组成，两端配有压型的接头。

共有四条导流线短接下臂杆的轴承，两条导流线短接弓头。

接头材料为不锈钢、铜或铝，所有的螺栓带有平垫片，采用锁紧螺母连接。在铝和铜表面之间，提供专门的垫片以避免出现电腐蚀。

1）弓头电流连接组装，如图 6-14a 所示——保护顶管内轴承和弓头悬挂装置上的橡胶弹簧元件。

2）肘接电流连接组装，如图 6-14b 所示——保护安装于肘接轴承管内的轴承。

3）底架电流连接组装，如图 6-14c 所示——保护安装于底架轴承管内的轴承。

a)　　　　　　　　　　b)　　　　　　　　　　c)

图 6-14　电流连接组装

a）弓头电流连接组装　b）肘接电流连接组装　c）底架电流连接组装

4. 弓头

弓头组装如图 6-15 所示。滑板与弓角一起形成一个框架结构。这种设计保证弓头结构精巧，部件尽可能少，易维护。

（1）碳滑板　每条接触滑板都是由一个导电的石墨磨损件和铝托架组成。这两个部件由粘贴工艺连接在一起。

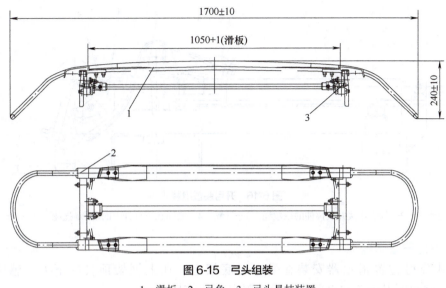

图 6-15　弓头组装

1—滑板　2—弓角　3—弓头悬挂装置

（2）弓头悬挂装置　弓头悬挂支撑由两个橡胶扭矩元件和两个 V 型链接器构成。链接器被装在扭矩条的末端，扭矩条将橡胶元件和链接器连接在一起。橡胶弹簧元件上方的正方形被安装在弓角的横梁上，扭矩条被支撑在上框架的长横管的免维护轴承上，这种结构允许弓头尽可能接近上框架的顶管周围，垂直方向和水平方向自由运动。在侧向受载（接触网晃动，摇摆，过线岔）的情况下，通过扭矩条可以使弓头近似保持水平。

通过滑板的反应频率可以计算出刚度来。在工作期间，对于受迫频率，悬挂弹簧表现出一个增加的刚度和低的惯性阻尼。橡胶弹簧元件是免维护的，它的各向弹性允许进行误差补偿，并且吸收侧向振动。

为了严格保证弓头在上框架的顶管之上的高度（在第一次安装或者等同于橡胶弹簧元件处于降落状态下），弓头悬挂装置可以被调整。

（3）弓角　弓头两端向下倾斜的弓角可以阻止受电弓发生钻弓现象。在正常环境下，接触网在受电弓的滑板范围之内运动。在过线岔时，弓角将起作用。

5. 平衡杆

在使用中，弓头框架自由运动，通过接触网，弓头被保持在正确位置。在升降弓时，平衡杆阻止弓头的四处倾斜。平衡杆由连接在顶管上止挡杆组成，由连接在下臂杆上的平衡杆导杆控制以保持弓头大致的水平位置。

6. 升弓装置

升弓装置组装如图 6-16 所示。在受电弓上，所需的升弓扭矩和接触压力由两个充满压缩空气的气囊通过钢丝绳和安装在下臂杆上的扇形板来产生。所需的气体压力将由一个误差为 ±0.1kPa 的高精度调压阀来控制。要求的接触压力通过调整气压可以方便地调整。

7. 阻尼器

受电弓阻尼器一头安装在底架上，另一头与受电弓下臂杆连接，在受电弓的下降过程中起到缓冲的作用，以避免受电弓降弓时对底架上的部件造成冲击损坏。

阻尼器在受电弓出厂时已经设定好，不允许调整。

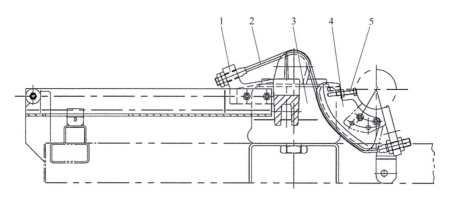

图 6-16 升弓装置组装

1—固定连接　2—气囊连接并被拉伸的钢丝绳　3—气囊　4—紧固在下臂杆上的扇形调整板　5—调整螺钉

8. 降弓位置指示器

电感式降弓位置指示器安装在受电弓底架上,在上框架顶管的下方。感应范围为 5～10mm。降弓时其触头自动闭合,给出降弓到位信号。

9. 气阀箱

气阀箱由空气过滤器、单向节流阀(升弓、降弓)、精密高压阀和安全阀组成,如图 6-17 所示。气路示意图如图 6-18 所示。

1) 空气过滤器:分离水雾,保证压缩空气干燥纯净。
2) 单向节流阀(升弓):控制压缩气体的过流量来调整受电弓升弓时间。
3) 精密调压阀:为受电弓提供恒定的压缩空气,精度偏差为 ±0.002MPa,精密调压阀用于调节接触压力,气压每变化 0.01MPa 就会使接触压力变化 10N。
4) 安全阀:保护气路。
5) 单向节流阀(降弓):控制排放气体的过流量来调整受电弓降弓时间。

10. 支持绝缘子

支持绝缘子采用硅橡胶材料,具有很高的绝缘等级及机械强度。支持绝缘子是对带电的受电弓与相连接的车顶进行电隔离;它使受电弓同车顶进行机械连接。

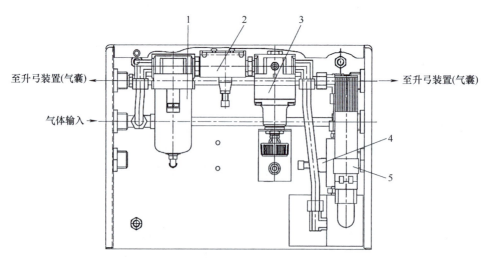

图 6-17 气阀箱组成

1—空气过滤器　2—单向节流阀(升弓)　3—精密调压阀　4—安全阀　5—单向节流阀(降弓)

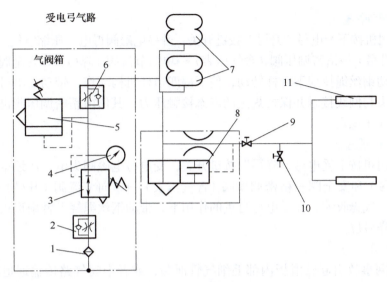

图 6-18 气路示意图

1—空气过滤器 2—单向节流阀（升弓） 3—精密调压阀 4—气压表 5—稳压阀 6—单向节流阀（降弓）
7—气囊 8—快速降弓阀 9—ADD 关闭阀 10—ADD 试验阀 11—滑板（2 件）

11. 自动降弓装置（ADD 气路保护装置）

自动降弓装置主要由快速降弓阀、ADD 试验阀、ADD 关闭阀组成，如图 6-18 所示。在受电弓滑板断裂或磨损到限时，自动降弓装置会使受电弓迅速自动下降，避免受电弓和接触网继续损坏从而扩大故障。

快速降弓（ADD）阀体内部分为两个腔体：一个腔体连接气囊，另一个腔体连接碳滑板。在正常的升弓以及降弓的操作工况下，ADD 阀不工作。其中与碳滑板连接的腔体内部气压保持与碳滑板内部毛细气管一致。正常状态下，ADD 内部通过一个节流阀控制不断给碳滑板内部毛细气管供气，保证其气压平衡，并防止小泄漏事故引起降弓动作的发生。

ADD 试验阀在正常情况下处于闭合状态。该阀体主要功能是在现场组装以及检修中，模拟碳滑板的泄漏情况，用来检查 ADD 阀是否工作正常和气管内部是否有堵塞现象发生。如果 ADD 系统工作正常，则一旦打开试验阀，将会引起受电弓迅速砸弓。因此应特别建立安全的保护措施，用以保护检修工人的安全。

ADD 关闭阀在正常情况下处于打开状态。该阀体的主要功能是用于切断受电弓的 ADD 保护功能。在现场运用中，经常有可能因非弓网事故引起受电弓 ADD 功能启动，受电弓升不上去，使得出车受到很大影响。例如 ADD 气路传输中毛细气管发生泄漏，ADD 阀体工作不正常，或者仍然可以继续使用的碳滑板受到磨损或崩裂发生泄漏等情况，此时可通过该阀体关闭 ADD 功能，保证正常出车。

二、工作原理

受电弓的升弓和降弓由升弓装置进行控制，升弓装置由气路控制，而气路又由一电磁阀操纵。

该控制气路能使受电弓无振动而有规律地升起，直至最大工作高度，从受电弓弓头开始上升算起，在 8s 内无异常冲击地抵达接触网线上；受电弓可由任意高度，包括其工作区内间的快速降弓。

1. 升弓工作原理

升弓时，司机按下受电弓"升弓"按键开关，升弓电磁阀得电，压缩空气经空气过滤器→单向节流阀（升弓）→精密调压阀（含气压表）→单向节流阀（降弓）和安全阀→双气囊，气囊膨胀抬升带动钢丝绳拉拽下臂杆转动，使下部四边杆机构动作，带动受电弓弓头升起。

受电弓弓头与网线接触并保持规定的静态接触压力，其值由精密调压阀进行设定。此时升弓气囊中的气压稳定。

2. 降弓工作原理

降弓时，司机按下受电弓"降弓"按键开关，受电弓电磁阀失电，压缩空气从气囊→单向节流阀（降弓）和安全阀→精密调压阀（含气压表）→单向节流阀（升弓）→空气过滤器→电磁阀排出，气囊收缩，在受电弓自重的作用下，带动钢丝绳绕下臂扇形板运动，受电弓下落并维持在降弓位。

3. 自动降弓

当发生弓网事故引起碳滑板内部毛细气管泄漏，或者中间气路传输通道的毛细气管发生破裂时，如果该部分气体的泄漏量远大于 ADD 阀体内部的补给量，会导致该部分迅速掉压，引起 ADD 内部两个腔体的气压不平衡，其结果就是 ADD 阀体迅速打开通向气囊的腔体，将气囊内部的空气迅速地直接排向大气，引起受电弓快速降弓。该过程将会爆发出非常刺耳的气体排放声音，并伴随着受电弓迅速脱离工作高度范围而砸下来，整个过程在 2s 左右完成。

三、静特性

TSG18G1 型受电弓的静特性曲线如图 6-19 所示，其特点如下：

1）在工作高度范围内，受电弓的静态接触压力变化不大。

2）受电弓上升过程与下降过程的静态特性曲线不重合。

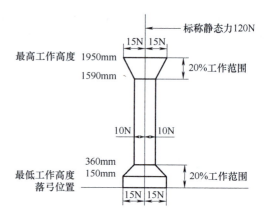

图 6-19　TSG18G1 型受电弓的静特性曲线

四、维护与调整

1. 维修计划

受电弓根据使用时间制订维修等级及维修计划。

S 级：1 日，进行日检。

A 级：1～2 周，运行约 5000～10 000km，进行周检。

B 级：1 月，运行约 20 000～40 000km，进行月检。

C 级：0.5 年，运行约 200 000km，进行半年检。

D 级：6～8 年，运行约 1500 000～2000 000km，进行 6～8 年检。

2. 调整

1）静态接触压力的调整。

2）升降弓时间的调整。

具体实施见实训工单六。

任务四　集电靴的使用与维护

任务目标

1. 认知集电靴的接触形式。
2. 认知集电靴的基本结构。
3. 掌握集电靴工作原理。
4. 学会集电靴的日常维护。

知识课堂

一、集电靴的分类

集电靴与导电轨接触时，分为上部接触式、下部接触式和侧部接触式。

1. 上部接触式

集电靴位于导电轨上方，通过导电轨顶部接触面授电于车辆受电靴。北京地铁 1 号线采用直流 750V 上部受流供电，如图 6-20 所示。

2. 下部接触式

集电靴位于导电轨下方，通过导电底部接触面受电于车辆受电靴。武汉地铁、昆明地铁和北京地铁机场线采用直流 750V 下部受流供电，广州地铁和深圳地铁采用直流 1500V 下部受流供电，如图 6-21 所示。

3. 侧部接触式

滑板与地面垂直，如图 6-22 所示。

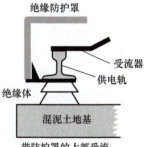

图 6-20　上部接触式

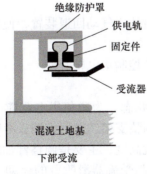

图 6-21　下部接触式

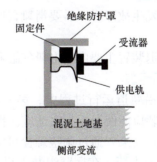

图 6-22　侧部接触式

二、下部接触式集电靴的基本结构

每个集电靴系统主要由集电靴整件、集电靴供风单元箱、集电靴熔断器箱等组成。集

电靴主体主要由绝缘框架、气动回退装置、调整支架、滑靴臂、碳铜合金滑板、拉簧压力系统、手动回退装置、锁闭机构和电缆线等部件组成。下部接触式集电靴基本结构如图 6-23 所示。

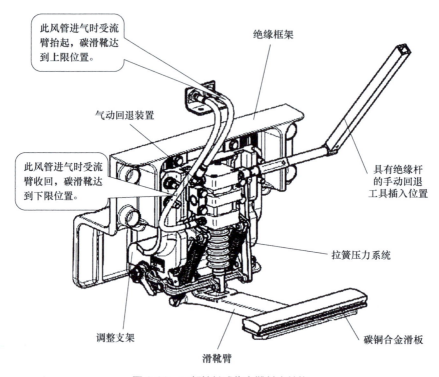

图 6-23　下部接触式集电靴基本结构

1. 绝缘框架

绝缘框架采用的是一种绝缘材料，它的作用是确保载流受流器与转向架间绝缘，它还负责承载受流器的全部其他元件。绝缘框架与转向架的连接为螺栓连接结构。

绝缘板上装有齿条结构，这种结构在确保受流器动力单元与绝缘框架安全连接的同时，还便于竖直方向的调整和受流器水平校准绝缘框架的全部紧固件均采用不锈钢或镀锌碳钢。

2. 气动回退装置

当车辆发生故障时，需要滑靴臂脱离三轨，这时使用气动回退装置，使滑靴臂安全地脱离第三轨。

气动回退装置主要由集电靴气缸和回退柄组成，控制集电靴升降。

3. 摆臂组装

在车辆沿轨道运行过程中，第三轨处于非连续状态，为避免集电靴撞击第三轨发生折断，摆臂组装应能使滑板与之适应。摆臂组装包括调整支架、上下止挡、滑靴臂等。

（1）调整支架　通过调整螺栓可整体调整集电靴高度，主要是调整臂轴的高度。

（2）上下止挡　在摆臂组装上设置上下止挡限制受流器滑靴臂的运动。上下止挡的位置需要综合考虑轨道安装误差，转向架一系簧的运动状态，列车状态，第三轨、受流器的安装状态，碳滑块磨耗量的影响。上止位太高，第三轨的端部弯头将会受到集电靴的滑靴臂撞击，导致滑靴臂在弱连接处断裂；相反，上止位高度太低，导致过度的拉弧和磨耗。下止挡是受流器与第三轨脱离断电的位置，要保证受流器带电体与第三轨和地面间的电气间隙，避免出现拉弧的现象。

集电靴止挡有刚性止挡和橡胶止挡，刚性止挡起主要的止挡作用，橡胶止挡主要起缓冲作用。

（3）滑靴臂（摆臂） 滑靴臂上有弱连接位置，当滑靴臂静止时，从侧面（水平方向）缓慢施加压力12kN时，滑靴臂弱连接处就会折断，从正面（垂直方向）缓慢施加压力4.5kN时，滑靴臂弱连接处就会折断，以此来保护整个受流器。

（4）拉簧压力系统 它是用来保持集电靴升靴所需的力。

4. 手动回退装置

手动回退装置的用途是当集电靴发生故障时，保证此集电靴与带电三轨进行脱离。具有绝缘杆的手动回退工具插入位置，可实现集电靴手动升降靴。

5. 锁闭机构

锁闭机构用于永久安全地固定与第三轨无接触区域的集电靴摆臂。

二、工作原理

1. 集电靴供风电磁阀工作原理

集电靴供风单元由两个二位五通脉冲式电磁阀集成在一个阀板上，二位五通脉冲式电磁阀如图6-24所示。其动作原理是：压缩气体通过进气口进入双电控电磁阀，当其中一个线圈带电，另一个线圈失电时，电磁阀的阀芯被线圈的磁力吸引，产生动作，相应位置的工作口与进气口导通，与其相应的排气口关闭，同时，另一个工作口关闭，相应的排气口导通；线圈通电方式转换后，磁心变换移动到另一端，各气孔的导通方式随之变换。这时，电磁阀控制的气动执行机构改变动作，进入另一个工作状态。

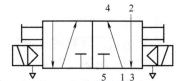

图6-24 集电靴供风电磁阀
1—进气口 2、4—工作口 3、5—排气口

2. 过滤减压阀工作原理

图6-25为过滤减压阀的示意图，压缩气体通过进气口进入过滤减压阀过滤器部分过滤，然后进入减压阀部分，上方为调整弹簧的作用力，下方为系统需用风压。当需用风压低于调整弹簧的压力时，调整弹簧将膜板往下压，并迫使阀杆将供气阀阀口打开，总风由此充入需用风处；同时，另一路经缩孔也进入膜板的下方处，这时，减压阀是充气状态。

图6-25 过滤减压阀
a) 过滤减压阀外形 b) 过滤减压阀上部 c) 过滤减压阀下部

当膜板的压力高于弹簧压力时，则压缩空气推动膜板上移，打开排气阀，则需用风压逐渐降低，调整弹簧又推动膜板下移，直到排气阀被阀杆关闭，需用风压减压停止，此时，减压阀呈中立状态。

3. 供风单元

集电靴供风单元由两个二位五通脉冲式电磁阀、截断塞门（球阀）及过滤减压阀集成在一个气路阀板上。其气路原理如图 6-26 所示。

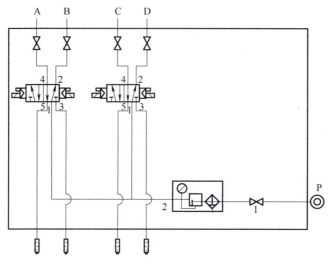

图 6-26 供风单元气路原理示意图

4. 升降弓原理

在集电靴升降靴的过程中，脉冲电磁阀通过阀心的动作来控制进气口与工作口的导通，从而来控制集电靴气管哪一根是进气管、哪一根是出气管。升靴时，脉冲电磁阀一个线圈得电，另一个线圈失电，此时上面的气管为进气管，下面的气管为出气管，即集电靴气缸上部充气。集电靴气缸上部充气，则集电靴气缸的活塞下移，带动回退柄上移（顺时针转动），回退柄上移则集电靴臂轴将逆时针转动，从而带动集电靴悬臂向上提升，即升靴。

集电靴降靴的过程与升靴过程相反，即集电靴气缸下部进气，集电靴气缸活塞上移，回退柄下移（逆时针转动），臂轴顺时针转动，集电靴悬臂下降，即降靴。

三、主要技术参数

集电靴与第三轨的接触作用力：120 ± 24N。
新集电靴的接触表面面积：184.5cm^2。
集电靴升靴时高于轨顶面的距离：260 ± 2mm。
集电靴降靴时高于轨顶面的距离：145.5 ± 2mm。
集电靴臂轴高度：高于轨顶面 183 ± 2mm。
集电靴质量：32kg。
熔断器盒质量：7.8kg。

四、日常维护

1. 臂轴高度测量及调整

随着车轮的磨损以及车体主扰度的变化，集电靴安装位置必须调整。因此在检修过程中需定期对集电靴臂轴高度进行测量。集电靴臂轴的高度必须高于运行轨轨顶面（183 ± 2）mm。如果高度超出，则松开安装螺母，调节调整机架的位置，上下移动一个或几个齿槽。调整齿板上共 20 个齿槽，每个齿槽距离为 4mm，因此通过测量臂轴高，可以确定需要调整几个齿槽。

更换新的碳滑板后须对集电靴臂轴高度等进行测量检查，如有超限，需进行调整。其调整步骤如下：

1）从任何参考位置测量臂轴的高度值 X。
2）降靴，测量集电靴碳滑板上平面的高度值 Y，$X-Y$ 必须在 35.5～39.5mm 之间。
3）升靴，测量升靴高度值 Z，$Z-Y$ 必须在 76～78mm 之间。

2. 碳滑板厚度测量

集电靴运用过程中，集电靴碳滑板可能会出现拉弧、裂纹、破损及达到磨耗极限位置等情况。因此检修过程中需定期检查碳滑板的外观，看是否存在异常情况。此外，为了及时发现碳滑板是否磨耗到限并统计碳滑板的磨耗率，需定期对碳滑板厚度进行测量。集电靴碳滑板磨损比较均匀，但两端部存在少许的偏磨，因此测量时选择碳滑板最低点作为测量位置。

3. 接触力检查

集电靴拉簧系统用来保持集电靴升靴所需的力，为了保证集电靴能保持升靴状态，需定期对拉簧的接触压力进行检查，其检查的方法如下：

1）进行升降靴操作 10 次。
2）按下集电靴直到碳滑板中心达到正常工作位（200mm），用测力计测得的读数应该为（120±24）N。
3）如果不在此范围，需更换拉簧。

4. 绝缘检查

集电靴绝缘性能检查主要包括两方面：一是主要部件的外观检查，主要包括绝缘底座、熔断器箱盖、电缆等；二是绝缘值的测量，测量之前，需清洁并风干集电靴，测量时在集电靴碳滑板及绝缘底座后金属底盘之间连接绝缘电阻表，测量值需大于 10MΩ。

项目七

高速断路器的检查与维护

学习导入

高速断路器用于高压电路，在城轨车辆上起非常重要的作用，属于专用电器。因此，有志于在城市轨道交通行业从事驾驶和检修的人员，非常有必要了解它。本项目介绍了典型高速断路器的结构及工作原理，并提供它的检修范例。

任务一　认知高速断路器

任务目标

1. 认知高速断路器的用途及型号。
2. 认知 UR6 型高速断路器的结构。
3. 认知 UR6 型高速断路器工作原理。

知识课堂

一、高速断路器的作用及型号

1. 高速断路器的作用

高速断路器是用来接通城市轨道交通车辆的高压电路，是车辆的重要保护装置，当主电路发生短路、过载故障时，快速切断主电源。为了防止事故的扩大，要求高速断路器开关动作迅速、可靠，并具有足够的断流容量。

2. 高速断路器（HSCB）的型号及含义

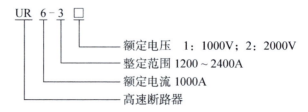

二、UR6 型高速断路器的结构

UR6 型高速断路器由主电路、跳闸装置、闭合装置、辅助触点和灭弧罩组成，如图 7-1 所示。

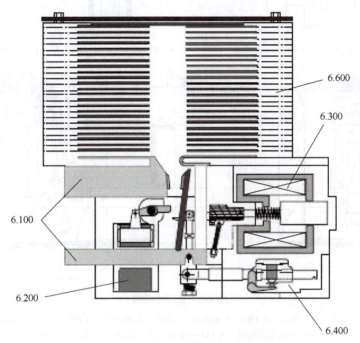

图 7-1 UR6 型高速断路器总结构示意图

6.100—主电路 6.200—跳闸装置 6.300—接合装置 6.400—辅助触点 6.600—灭弧罩

1. 主电路

装配在坚硬的聚酯玻璃纤维绝缘框架（6.101）上的主电路（6.100）如图 7-2 所示，由下部连接（6.104）(带动触点（6.102）)、上部连接（6.103）和固定触点组成。

固定触点和动触点的接触面，即上部连接（6.103）和动触点（6.102）都是银合金。

2. 跳闸装置

跳闸装置（6.200）如图 7-3 所示，形状像环并放在下部连接（6.104）周围，它由一套装入箱（6.201）中的层压磁板（6.211）、一个动磁铁（6.212）、一个由两个弹簧（6.217 和 6.218）支撑的控制杆（6.203）和调整响应值（Ids）组成，由盖（6.202）密封。

动磁铁（6.212）起动拉伸弹簧的控制杆（6.203），形成磁路，弹簧（6.217 和 6.218）提供调整力把装置调整到需要的（Ids）值。

3. 闭合装置

闭合装置（6.300）控制主电路（6.100）的接合，叉（6.307）把动触点（6.102）压向上部连接。

闭合装置（6.300）如图 7-4 所示，由一条含有闭合线圈（6.303）（又称接合线圈）的磁路组成。线圈（6.303）和磁路组成安装在箱（6.301）内，加盖（6.302）密封。

磁路包含一个固定部分，即缸（6.310）、前板（6.308）、后板（6.309 或 6.349）、带衬套（6.319 或 6.343）的动件（6.330 或 6.340）、起动动触点（6.102）的叉（6.307）安装在接触压力弹簧（6.320）和杆（6.306）上。

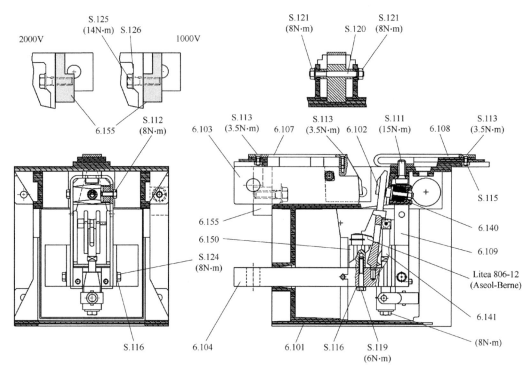

图 7-2 主电路结构

6.101—框架 6.102—动触点 6.103—上部连接 6.104—下部连接 6.107—左连接 6.108—右连接
6.109—连接 6.140—减振器组成 6.141—导块组成 6.150—减振块 6.155—灭弧罩导块

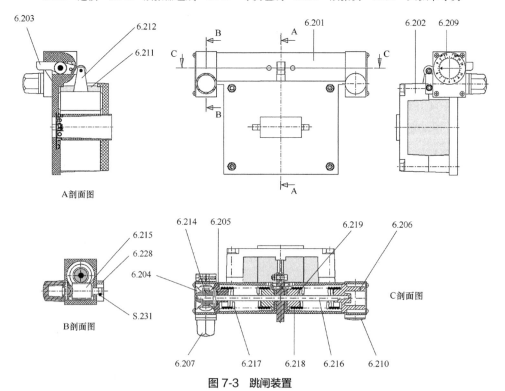

图 7-3 跳闸装置

6.202—断路装置盖 6.203—控制杆 6.204—断路指示器 6.205—前连接 6.206—后连接 6.207—旋钮
6.209—前刻度板 6.209—后刻度板 6.210—插头 6.211—板 6.212—动磁铁 6.214—蜗轮 6.215—蜗杆
6.216—杆 6.217—右弹簧 6.218—左弹簧 6.219—插座 6.228—Ids 固定块 S.231—锁紧螺钉

项目七 高速断路器的检查与维护 143

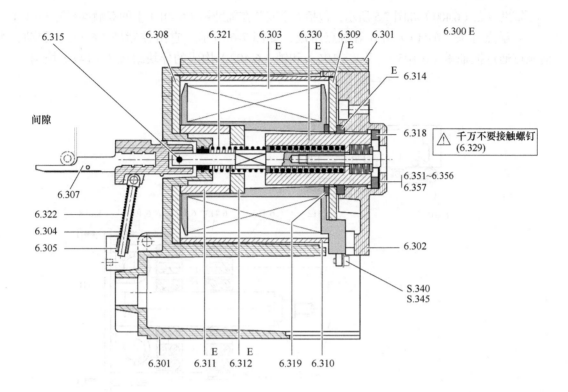

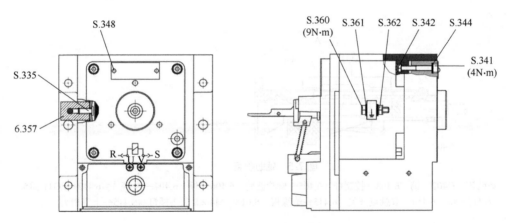

图 7-4 闭合装置

6.301—闭合装置箱　6.302—闭合装置盖　6.303—闭合线圈 E 型　6.304—杆　6.305—销
6.307—叉　6.308—前板　6.309—后板　6.310—缸　6.311—垫片　6.312—垫片　6.314—插座
6.315—杆　6.318—PUR 垫圈　6.319—MVQ 环　6.321—复位弹簧　6.322—弹簧（叉）
6.330—心组成（E）　6.351～6.356—固定垫圈　6.357—接地螺柱　S.335—M6×12 六角
沉头螺钉　S.340—M4×8 圆头螺钉　S.341—M5×40/22 六角沉头螺帽
S.342—反力矩螺母　S.344—M5 弹性垫圈　S.345—M4 弹性垫圈　S.348—螺纹铆钉
S.360—M6×25 内六角螺钉　S.361—M6 弹性垫圈
S.362—M6 六角螺母

4. 辅助触点

辅助触点（6.400）如图 7-5 所示，包括 6 个安装在辅助箱（6.401）上的双触点开关（6.414）。

双触点开关（6.414）由 6 对触点组成，如图 7-6 所示。它由控制杆（6.403）起动，由动触点通过枢轴承（6.105）、叉（6.106）和销（6.402）构成的导块组成（6.141）控制。

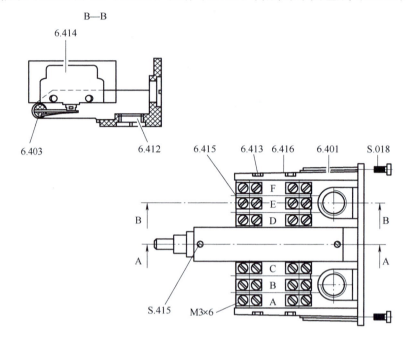

图 7-5 辅助触点

6.401—辅助箱　6.402—销　6.403—控制杆　6.405—检验玻璃　6.406—板　6.407—弹簧　6.412—PG11 插头
6.413—销　6.414—双触点开关　6.415—绝缘板　S.018—M4×8 圆头螺钉　S.415—十字槽头

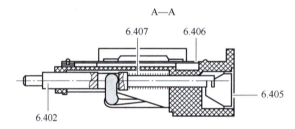

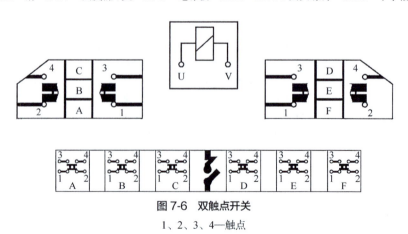

图 7-6 双触点开关

1、2、3、4—触点

5. 灭弧罩

灭弧罩（6.600）如图 7-7 所示，由一套抗电弧绝缘板组成：去离子器（6.602）、金属板、变流装置（6.603）和（6.604）。

抗电弧绝缘板由顶板（6.606）封住并用螺杆（6.607）安装在灭弧罩板（6.601）上。

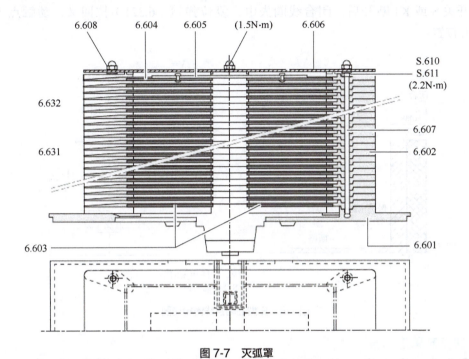

图 7-7 灭弧罩

6.601—电弧隔板　6.602—去离子器　6.603—导流片　6.604—上部导流片　6.605—连接　6.606—顶板　6.607—M6 螺杆　6.608—M6 帽形螺母　6.631、6.632—灭弧罩　S.610—M6 六角螺母　S.611—M6 平垫圈

三、UR6 型高速断路器的工作原理

高速断路器通过主电路中的动触点与上部连接控制受电弓、接地故障隔离开关与电机逆变器 MCM 间的电连接，对高压电路起过载保护作用。其各部分的工作原理分述如下。

1. 主电路工作原理

动触点（6.102）和下部连接（6.104）之间的机械和电气连接由动触点（6.102）枢轴和下部连接（6.104）之间的固定触点提供，导块（6.110）上轴承（6.105）的弹簧（6.113）保持永久压力。

当控制线圈失电或过载电流过大导致断路时，由轴承（6.105）的弹簧（6.113）保证，动触点快速返回。

2. 闭合装置工作原理

E 型的闭合线圈接线如图 7-8 所示。外加直流控制电源，当高压电路正常时（短路开关 S 闭合），司机发出合闸指令，使高速断路器保持接触器所控制的开关 K1 闭合、高速断路器合闸接触器所控制的开关 K2 闭合，闭合线圈得电动作，使其主触点闭合，接通高压电路；同时使其常开联锁触点闭合，产生一个回馈信号。

0.5s 脉冲后，开关 K2 断开，经济电阻 R_m 接入，使闭合线圈的电流维持在合闸瞬间电流的 5%。

电流脉冲（0.5～1s）送入闭合线圈，这将产生把叉和动心吸引到一起的磁场。移动过程中，心组成（6.330）移动产生的压力使提供接触压力的弹簧压缩。

当开关 S 或 K1 断开后，闭合线圈失电，复位弹簧（6.321）拉回叉，动触点（6.102）回到断开位置。

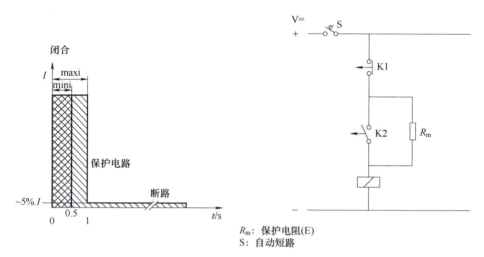

R_m：保护电阻(E)
S：自动短路

图 7-8　E 型的闭合线圈接线图

3. 跳闸装置工作原理

如果发生过载电流（短路或过载），主电路形成的线圈在断路磁铁（6.211）中产生一个磁场。动磁铁（6.212）被上拉，控制杆（6.203）向下压叉，这样松开动触点（6.102）。

安装在框架（6.101）上的"Ids"标签标出的刻度值对应每个单元的测量电流值。过载响应值（Ids）在 450～900A，600～1200A，900～1800A，1200～2400A 或 1500～3200A 之间调整。旋钮（6.207）可调节过载响应值，刻度板（6.209）上的刻度可读出断路指示器（6.204）指示的响应值。

4. 辅助触点工作原理

6 个辅助开关（6.414）位于辅助箱（6.401）中，并由控制杆（6.403）启动，后者由销（6.402）的变位抬起或松开。

当主电路（6.100）断开或者接通时，轴承（6.105）随着动触点（6.102）运动。动触点（6.102）通过叉（6.106）推动销（6.402），这样松开控制杆（6.403）及辅助开关（6.414）。

销（6.402）由一个弹簧（6.407）重新设定。

断路器断开时，起动辅助开关（6.414）；断路器接通时，释放辅助开关（6.414）。

5. 灭弧原理

断路器通电时，如果主电路（6.100）断开，固定触点（上部连接 6.103）和动触点（6.102）之间产生的电弧被主电路产生的一个自动消除系统迅速推入灭弧罩（6.600），如图 7-9 所示。

当动触点（6.102）移位时，电弧从这里反射到右部连接（6.108）上，使右连接与左连接（6.107）之间进行桥接。

当电弧进入灭弧罩（6.600）时，电弧分散进入导流片（6.603），直到消失。

去离子器（6.602）间的气体从灭弧罩（6.600）的四周散开。

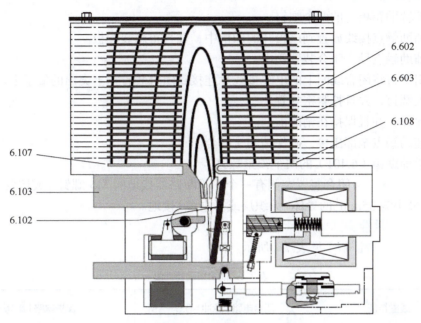

图 7-9　灭弧原理

任务二　高速断路器的检查与维护

任务目标

能够对高速断路器完成小型检查。

知识课堂

一、调试高速断路器

1. 连接调试

（1）主电路连接　通常情况下，主电路（6.100）中接线极性：

+（到正极端）= 上部连接（6.103）

−（到设备）= 下部连接（6.104）

采用电缆或母线进行连接，连接时的力矩约为 35N·m，进行连接时避免在断路器连接（6.103 和 6.104）中产生机械应力，且在断路器连接（6.103-6.104）和第一母线支座之间使用的母线不超过 400mm。

（2）闭合线圈连接　接线时无极性要求，按图 7-8 进行接线。

（3）辅助触点连接

1）拆下辅助箱板上的两个螺钉。
2）把辅助触点接线放置到已松开的凹槽中，并且重新装配板。
3）把辅助触点导入闭合装置箱中。
4）使用螺钉将闭合线圈上的电缆接线片连接到闭合装置箱上突出的端子上。
5）拧入螺钉，并且拧紧密封管。
6）提起叉，并且保持在销的前部。
7）将辅助触点全部压接，确保销和叉啮合。
8）拧紧辅助箱（6.401）的两个锁紧螺钉。

（4）接地点连接　闭合装置左侧有一个用于断路器接地的 M6 螺钉（或按要求 M8），使用接触面积最小为 35mm² 的导体（编织层或者电缆）接地。

2. 闭合线圈性能测试

（1）闭合线圈特征值　见表 7-1 所示。

表 7-1　闭合线圈特征值

线圈特征				闭合电路 [脉冲=0.5~1s]			保护电路 [型号E]			
U_n/V	R_b/Ω	$U_{最小}$/V	$U_{最大}$/V	I_n/A	$I_{最小}$/A	$I_{最大}$/A	R_1^*/Ω	I_n/A	$I_{最小}$/A	$I_{最大}$/A
110	14.43	77	137.5	7.6	4.1	12.9	253	0.41	0.28	0.51

注意：电阻值为 20℃ 时的电阻值。

最大或最小值 = 额定值 +25% 或 -30%，除 $I_{最小}$，给定 70℃ 线圈。

（2）性能测试接线图　如图 7-10 所示。

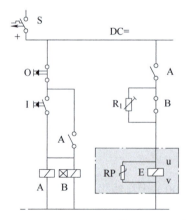

S：自动断路
A：带切断延迟的接触器（型号M）
B：带接通延迟的接触器（型号E）
E：断路器的闭合线圈（6.603）
R_1：保护电阻器（型号E）
RP：变阻器（可选）

图 7-10　E 型闭合线圈测试线路图

（3）测试要求

1）在闭合线圈控制电压在额定值、最小值和最大值情况下，高速断路器能连续关闭3次以上，而无意外情况发生。

2）闭合线圈控制电压为额定值时，保持电流为起动电流的5%。

3）在设定电流范围（Ids值）内，当出现最大电流时，能直接跳闸。

高速断路器的参数测试见实训工单七。

二、UR6型高速断路器的检修

1. UR6型高速断路器的检修类型

1）VL：不拆下断路器，现场进行的小型检查。

2）VG：拆下断路器，进行主要检查。

3）EPU：根据已操作次数或者测量尺寸更换已经到达规定磨损极限的零件。

4）EPA：随机更换零件。

2. 小型检查（VL）

当高速断路器过载产生10000次断路，或高速断路器使用了18个月进行小型检查，采用目测检查电弧产生的磨损情况和检查机械零件磨损情况。

电弧产生的磨损分为触点的磨损和灭弧罩的磨损两个方面。

（1）触点磨损　当高速断路器的主电路（主触点）为接通状态时，使深度计（W6）通过盖（6.302）插向螺钉（6.329），当工具标记与盖（6.302）前部齐平时：$W = 15^{+0.5}_{0}$ mm，即触点磨损到限，须进行更换。否则不用换。测量示意如图7-11所示。

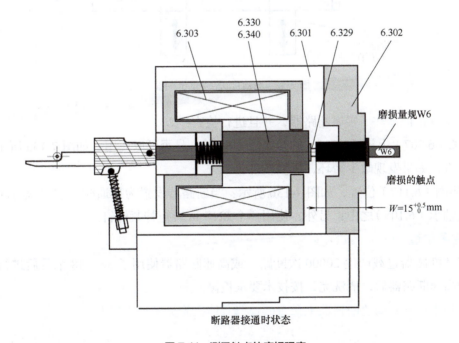

图7-11　测量触点的磨损程度

6.303—闭合线圈E型　6.330、6.340—心组成（E）　6.301—闭合装置箱　6.329—垫圈　6.302—闭合装置盖

（2）检修灭弧罩　高速断路器处于断开状态，使用测隙规（80×200mm），从灭弧罩板（6.601）上的两个去离子器（6.602）之间开始测量灭弧罩内导流片间的间隙，要求达到100mm，如图7-12所示。若达不到要求，则拆卸灭弧罩，更换导流片。具体实施见实训工单八。

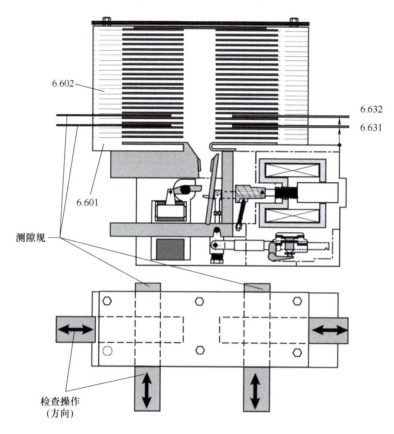

图7-12　导流片间隙测试示意图

（3）检查机械零件　接通断路器，并且进行检查：

1）叉（6.307）上销（6.315）的弹簧圈（6.336）是否可以应用，如图7-13a所示：目检或触摸检查；如果发现缺少簧环，更换新件。

2）垫圈（6.117）位置，如图7-13b所示：当断路器设置为接通时，它应该与底边平齐或者放回轴承（6.105）之中；另外，使用一个8N·m转矩拧紧螺钉。

2. 主要检查（VG）

当高速断路器过载产生20000次断路，或高速断路器使用了36~48个月后进行主要检查。拆卸高速断路器后，清洗完，按技术要求检修。

主要检查中，对高速断路器主触点的检修具体实施见实训工单九。

项目七 高速断路器的检查与维护

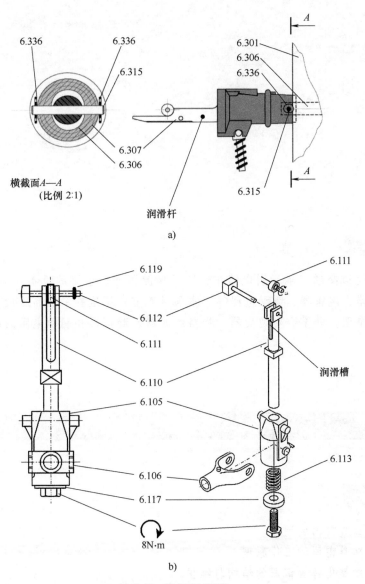

图 7-13 检查机械零件

项目八

牵引高压设备的检查与维护

学习导入

城市轨道交通车辆牵引电路中，除了接触器外，主要的设备还有牵引逆变器、线路滤波器、避雷器、制动电阻等。本项目着重介绍这些牵引高压设备的用途、结构和工作原理，并学会对逆变器、线路滤波器、避雷器和制动电阻的使用、检查与维护。

任务一　避雷器的使用与维护

任务目标

1. 认知避雷器的用途。
2. 认知避雷器的工作原理。
3. 认知氧化锌避雷器的结构与维护。

知识课堂

一、避雷器概述

避雷器是一种限制过电压的保护装置，通常由火花间隙和非线性电阻组成，其基本工作原理如图 8-1 所示。它与被保护物并联，当出现的过电压危及被保护物时，避雷器放电，使高压冲击电流泄入大地，之后，它仍能恢复原工作状态，截止伴随而来的正常工频电流使电路与大地绝缘。过电压越高，火花间隙击穿越快，从而限制了加于被保护物上的过电压。

击穿电压的幅值同击穿时间的关系称为伏-秒特性。为使避雷器能可靠地保护被保护物，避雷器伏-秒特性至少应比被保护物绝缘的伏-秒特性低 20%～25%，如图 8-2 所示；另外，避雷器在放电时，应能承受耐热及机械应力等变化而本身结构不致损坏。

项目八 牵引高压设备的检查与维护 153

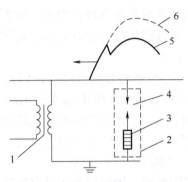

图 8-1 避雷器的工作原理图
1—被保护变压器 2—避雷器 3—非线性电阻
4—火花间隙 5—被限制的过电压波 6—未被限制的过电压波

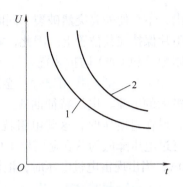

图 8-2 避雷器的伏 - 秒特性
1—避雷器的伏秒特性
2—被保护物绝缘的伏秒特性

避雷器的主要类型有保护间隙、管形避雷器、阀形避雷器和氧化锌避雷器等。目前铁路和城市轨道交通常使用的为氧化锌避雷器。

二、氧化锌避雷器

1. 工作原理

氧化锌避雷器主要元件氧化锌阀片是以氧化锌为主要成分,并附以多种精选过的、能产生非线性特性的金属氧化物添加剂用高温烧结而成的。它具有相当理想的伏 – 安特性(相当于稳压二极管的反向特性)。

该避雷器优异的伏 - 安特性可使氧化锌阀片在正常工作电压下呈高电阻,使流过阀片的电流非常小,且大部分为电容电流,这样小的电流不会烧坏氧化锌阀片,可视为绝缘体,从而实现无间隙。当系统出现超过某一电压动作值的电压时,阀片呈低电阻,使流过阀片的电流急剧增加,并将冲击电流迅速泄入大地,从而保护了与其并联的车辆电气设备的绝缘。电压恢复到正常工作范围时,电流又非常小,避雷器又呈绝缘状态,因此,该类避雷器不存在工频续流,也不影响系统的正常工作。

2. 3EB4 型氧化锌避雷器

(1) 3EB4 型氧化锌避雷器结构   它的结构如图 8-3 所示,金属氧化物电阻片排列在一组柱子中(中空的绝缘子),并且直接安装的硅外套使其免受环境影响。电阻排周围被玻璃纤维增强型复合棒紧密包围并压合在一起,使得避雷器具有一定的机械稳定性。硅橡胶外壳具有憎水特性,可将外套表面上的放电保持在极小程度,因此,即使在污染严重的情况下,也能保证极好的工作特性。

金属氧化物电阻片用玻璃纤维增强复合杆紧密封闭(像在一笼子里)。当电阻片发生过载时(极其罕见,但任何放电器均不能排除这种情况),所产生的电弧不会造成过压,因为电阻片没有被密封的坚实外壳所封闭。电弧可从硅外套中立即

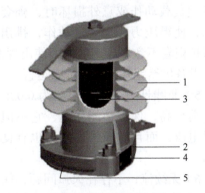

图 8-3 3EB4 型氧化锌避雷器
1—硅橡胶复合外套 2—法兰压力释放口
3—氧化锌电阻(非线性) 4—铭牌 5—释放口

逸出，不会使外壳突然破裂。同时，大量的玻璃纤维增强复合杆在很大程度上将金属氧化物电阻片保持在其位置上。因此，零件飞出的危险被降到最低。如有必要，避雷器可配备电晕控制配件和（或）防护装置。

（2）避雷器的作用原理　金属氧化物电阻具有很强的非线性特点，即这种电阻具有曲率极大的电流、电压特征曲线。正常持续电压下所流过的漏电电流小于1mA。当出现雷电或者操作过电压时，这些电阻就会导通（电阻范围），从而使得浪涌电流能够流入大地，并且将过电压降低为落在避雷器上的电压值（"残压"）。当出现开关过电压时，浪涌电流可达500A；当出现雷电过电压时，浪涌电流可达1.5~10kA。

（3）避雷器的设置与安装　避雷器的保护范围有限，因此应当将过电压防护放电器尽可能安装在需要进行保护的设备单元附近。应当根据相应的规定来测量相邻避雷器或者其电晕控制器件与接地或导电部件之间的间距。为保证避雷器可靠并具有最佳的保护功能，接地应当尽可能短。

3. Y10W-42/105TD型氧化锌避雷器

（1）结构　Y10W-42/105TD氧化锌避雷器结构如图8-4所示，它主要由盖板组装、弹簧体、芯体（包括ZnO阀片等）、瓷套及底板等组成，具有以下特点：

1）理想的全天候避雷器。与放电间隙相比，不存在间隙放电电压随气候变化而变化的问题。

2）防污性能好，适用范围广。因为设计了防污型瓷套，保证了足够的爬电距离，故污秽不影响间隙电压，所以，在重污秽地区比传统避雷器有很大的优越性。

3）防震性能好。对芯体采取了防震及加固措施，减少了各部件之间的相对位移，使芯体牢固地固定在瓷套内，适应了机车运行中震动频繁的要求。

4）防爆性能好。使用了压力释放装置，在法兰侧面开一缺口，使气体定向释放。当避雷器在超负载动作或意外损坏时，瓷套内部压力剧增，使得压力释放装置动作，排出气体，从而保护瓷套不致爆炸，确保即使出现意外情况，车顶设备仍然完好，并能可靠运行。

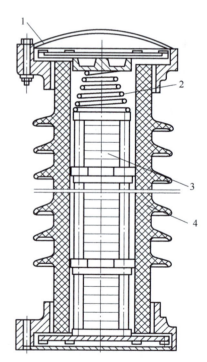

图8-4　Y10W-42/105TD氧化锌避雷器结构简图
1—盖板组装（包括密封件等）　2—弹簧体　3—芯体（包括ZnO阀片等）　4—瓷套

5）非线性系数好，一般为0.025左右，阀片电荷率高，保护性能优越，它不但能抑制雷电过电压，而且对操作过电压也有良好的抑制作用。

6）无续流，不存在灭弧问题，使地面变电站因机车引起的不明跳闸故障大为减少。

7）体积小，重量轻，通流容量大，抗老化能力强，运行寿命长。

（2）安装　避雷器的安装应自下而上进行，在安装过程中，首先安装连接过渡板，要确保气体释放方向朝向机车外侧未安装电气设备的空旷区。高压端用软连接带与车顶母线连接,地线接在接地连接片上。避雷器退出运行时,其拆卸方向与安装方向逆向进行。

（3）一般性维护

1）在使用氧化锌避雷器的过程中,要始终保持瓷套表面干燥、光洁、无裂纹。每次回库定修时,需用干净软布擦拭瓷套,清除污垢。

2）每次回库定修时需检查喷口,不允许有开裂或缺口。

3）每次回库定修时需检查导线和编织线,导线需连接紧固,编织线折损面积不得超过原截面的10%。

4）运行过程中,原有刷漆部分每隔1～2年补漆一次。

（4）预防性试验　因氧化锌阀片在长期运行电压作用下存在老化问题,在装配时或运行中可能因密封不良受潮,因此在运行中需加强对避雷器的监测,并应定期对其进行预防性试验,另外,在每年的雷雨季节前,也应有选择性地进行试验。

预防性试验一般分为测量直流参考电压、测量直流泄漏电流、测量绝缘电阻、测量交流参考电压和测量持续运行电流等五类试验。直流参考电压和直流泄漏电流的测量是必做的试验,对有条件的用户,建议进行绝缘电阻测量、交流参考电压测量和持续运行电流测量这三项试验。

（5）主要技术参数

额定电压：42kV。

标称放电电流：10kA。

系统标称电压：27.5kV。

系统最大持续运行电压：30kV。

直流参考电压（1mA下）：≥58kV。

工频参考电压（阻性1mA下）：≥56kV。

持续运行电流（阻性）：≤300μA。

残压（10kA,8/20μs）：≤105kV。

总高：(550±10) mm。

质量：42kg。

任务二　逆变器的使用与维护

任务目标

1. 掌握MCM和ACM的用途。
2. 掌握MCM和ACM的基本结构和工作原理。
3. 能够对MCM进行修复性维修。

> 知识课堂

把直流电转化为交流电的过程称为逆变。而逆变器是把直流电能转变成定频定压或调频调压交流电的转换器。它由逆变桥、控制逻辑和滤波电路组成。城市轨道交通车辆上，有牵引逆变器（MCM）和辅助逆变器（ACM）。

一、牵引逆变器（MCM）的用途

城轨车辆通过受流器（受电弓或集电靴）把来自于接触网的高压直流电引入车内，但其牵引电机所需的电源为三相交流电源，因此，要把直流电转化成三相交流电。目前国内城轨车辆采取的方案是先经过滤波环节，去掉谐波分量，再把此直流输出逆变器中，转换成三相电压及频率可调的交流电。此逆变器称为电机变流模块（Motor Converter Module，缩写为 MCM）。因为此逆变器处在城轨车辆上的牵引电路，所以又称之为牵引逆变器。

根据中间储能元件的不同分类，逆变器可分为电压型逆变器和电流型逆变器。目前，交流牵引多采用电压型逆变器，因此以下所指的牵引逆变器，除特别说明外均指直—交变换电压型逆变器，如图 8-5 所示。以往中小功率的牵引逆变器中开关器件以 IGBT 为主，大功率逆变器以 GTO 为主。随着 IGBT 元件和应用技术的不断更新和发展，以 IGBT 作为主电路开关的牵引逆变器的容量和性能进一步提高，并代表了城轨牵引逆变器的发展趋势。

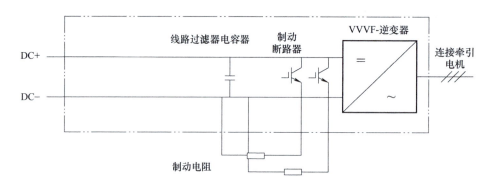

图 8-5　电压型牵引逆变器简易电路

二、认知牵引逆变器（MCM）

MCM 的外形结构如图 8-6 所示。

1. 一个 DC 链接电容器

从图 8-1 看出，直流电源输入 MCM 后，需要进行滤波，其滤波元件为电容器。一个 DC 链接电容器构成一个独立单元，如图 8-7 所示。

DC 链接电容器由 1500V 额定电压充电。每个电容器都并联单独的放电电阻，在最长的时间（5min）对 DC 链接中电容器放电低于 50V。停止列车活动会导致制动斩波器对 DC 链接进行几秒的放电。

DC 链接是负极接地。负极（DC-）通过转向架实现接地。

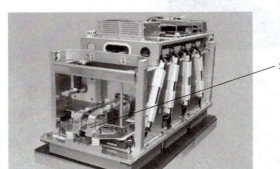

图 8-6 MCM 的外形结构

1—接线箱　2—DC/DC 变换　3—DCU　4—散热片　5—直流端子　6—三相端子
7—信号电缆散热片温度传感器

链接电容器

图 8-7 MCM 的 DC 链接电容器

2. 三个逆变器相桥臂

每个 MCM 有三个相同 IGBT 相桥臂，如图 8-8 所示。每一相桥臂输出一相交流，从而构成三相交流，图 8-9 是一个 U 相桥臂的电路图。

3. IGBT 门极驱动单元（GDU）

门极驱动单元直接在高电位与 IGBT 相连，如图 8-9 所示。门极驱动单元向门极的 IGBT 传送脉冲信号。正极电压打开，负极电压关闭。其外形结构如图 8-10 所示。

不同的 IGBT 模块和 GDU 组合要求特殊的驱动软件版本。为获得正确的 IGBT、GDU 和软件组合，必须参考刻在 IGBT 模块自身上的型号。装载到 GDU 内的软件物料号在 GDU 单元标签上指明。当更改软件版本时必须注意在标签上标明。

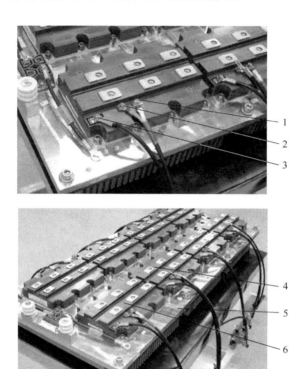

图 8-8　IGBT 外形结构图

1—门极　2—发射极　3—集电极　4—IGBT，相（×6）5—散热片　6—IGBT，斩波（×2）

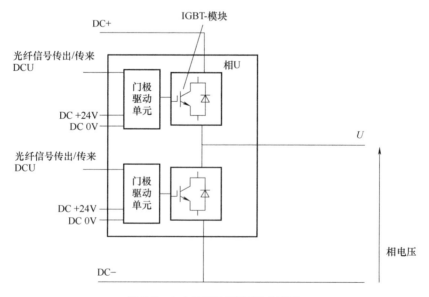

图 8-9　一个 IGBT 相桥臂的电路图

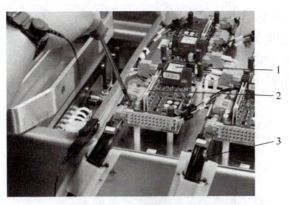

图 8-10　门极驱动单元
1—标签　2—GDU　3—GDU 电缆

4. 两个制动斩波相桥臂

DC 链接电压的额定值是 DC 1500V，但是在制动期间允许增加到 DC 1800V。当 MCM 中电压传感器测量到 DC 链接电压超出这个值时，DCU/M 向制动斩波器发出命令，门极驱动单元启动两个 IGBT，然后将能量转送到制动电阻中。当 DC 链接电压降低到允许范围时，制动斩波器关闭。如果 DC 链接电压上升到高于最大允许等级，逆变器将被关闭。

5. 一个 DCU/M

MCM 有三个主要子系统：三相逆变器、DC 链接电容器和过过压/制动斩波器相。内部计算机（DCU/M）控制和监督这三个系统。DCU/M 外形结构如图 8-11 所示。

6. 一个供电单元（DC/DC 变换器）

通过供电单元的 DC/DC 变换，把 DC 110V 转换成 DC 24V，从而驱动 GDU。其外形结构如图 8-12 所示。

图 8-11　驱动控制单元（DCU/M）外形结构

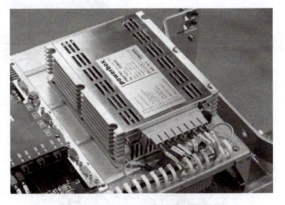

图 8-12　DC/DC 变换器外形结构

7. 电流传感器和电压传感器

传感器是借助于检测元件接收一种形式的信息，并按一定规律将它转换成另一种信息的装置。它获取的信息可以为各种物理量、化学量和生物量，转换后的信息也可以有多种形式。目前的传感器大多为电信号，因此，从狭义上讲，传感器也可定义为把外界的输入信号转换成电信号的装置。

城轨车辆的 MCM 具有电流传感器和电压传感器。

1）两个测量输出相电流的电流传感器，如图 8-13 所示。

2）一个测量 DC 链接电流的电流传感器，如图 8-14 所示。

3）一个测量 DC 链接电压的电压传感器，如图 8-15 所示。

图 8-13　测量 U、W 相电流的电流传感器

1—电流传感器，U 相　2—电流传感器，W 相

图 8-14　测量 DC+ 端的电流传感器

1—电流传感器　2—针形绝缘子　3—信号电缆连接　4—DC+ 母排

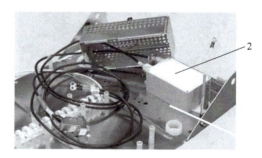

图 8-15　测量 DC 端的电压传感器

1—电压传感器的保护盖　2—电压传感器

8. 放电电阻

放电电阻与 DC 链接电容固定并联，可在 5min 内把储能电容的电压释放至低于 50V。其位置如图 8-16 所示。

图 8-16　MCM 上的放电电阻

三、辅助逆变器（ACM）的用途、结构及工作原理

辅助逆变器将直流电压（DC1500V）逆变成三相交流电压（AC380V），为空调、空气压缩机、照明及控制电路等提供稳定的三相四线制的交流电压。

ACM 是把直流转化成定频定压的三相交流，而 MCM 是把直流转化成变频变压的三相交流。因此 ACM 的结构（见图 8-17）及工作原理与 MCM 的相似。

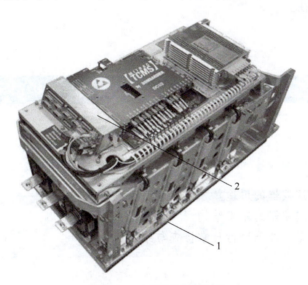

图 8-17　ACM 外形结构图
1—散热片单元　2—接线箱

四、MCM 修复性维修

逆变器设置有完善的故障保护功能，当故障发生时 DCU 能迅速做出反应，对故障进行处理或隔离，保护设备不受危害，并使故障能控制在有限范围之内，确保故障不会进一步扩大或失控，为车辆的安全和可靠运行提供有力的保证。

1. 故障的显示

在正常情况下，可以从置于司机室的信号灯或信息显示屏查看到逆变器的运行状态和故障信号。更详细的状态信号则需从逆变器的控制箱插件的显示灯和测试孔观察或测试到。逆变器的所有故障都进行了必要的记录，并且通过通信接口，可将这些故障数据储存到地面进行分析，以帮助检修人员查找和处理故障。

2. 一般故障的处理

一般情况下，当逆变器的任一部分发生故障时，司机室的正常故障灯和信息显示屏会有相应显示。当逆变器出现故障保护后，对于非严重故障，逆变器具有几次故障自动恢复功能。如果是严重故障和永久性不可恢复故障，则会进行故障隔离，并记录下是何种故障、故障发生的时间以及发生故障时刻的环境参数，为检修人员能在入库检修时快速、正确的查找和处理故障提供帮助。

入库检修时，根据故障记录和控制插件上的信号显示，进行有针对性的检查、试验和处理，从而确定具体的故障点，并依照规程排除故障。同样的故障显示可能由不同原因引起，检修时，需对照有关手册逐一排除，对于接插件、线路等引起的故障，通过相应调整（如插紧插件、固定好接头）即可解决；对于部件和器件本身的故障，则需要用相应的备件更换有缺陷的部件和器件，不可擅自修改设备。

故障处理后，应恢复设备的原状，并通电进行试验，以确保逆变器状态完好。

3. 常见故障排除

检修时，可先打开控制箱柜门，根据控制箱使用维护说明书的定义，对照控制箱上的指示灯分析判断故障所在。

任务三　电路滤波器的检查与维护

任务目标

1. 掌握电路滤波器的用途。
2. 掌握电路滤波器的基本结构。
3. 能够对电路滤波器进行日常检查与维护。

知识课堂

一、电路滤波器的工作原理

1. 滤波原理

国内地铁的接触网一般采用 DC 1500V 高压直流输送电能，车辆再通过受流器把高压直流电引入车内。输送过来的直流电源中不可避免地含有谐波。所谓的谐波是一个周期电气量的正弦波分量，频率是基波频率的整数倍。

在电力系统中出现谐波电压和电流会对电气设备，如旋转电机、电容器组、公用电网和导线、变压器电子设备、各种测量保护装置以及临近通信系统等产生危害。谐波能够引起设备过热、绝缘老化，引起传输能量的衰减，功率因数的降低。因此，为了减少谐波的危害，在牵引逆变电路前置滤波电路。

在城轨车辆主电路中采用无源滤波技术，即使用 L、C 元件构成无源滤波器，与需要补偿的非线性负载并联，为谐波提供低阻通路而将其滤除。其电路如图 8-18 所示。

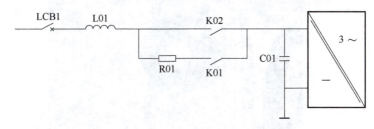

图 8-18　滤波电路

L01—线路电感器　C01—线路电容器

2. 电路电感器的用途

电路电感器是串接在主电路中的电感装置，用以抑制直流电源中的谐波分量，如图 8-18 所示。根据滤波原理，在牵引逆变器直流侧，增大电路电感，从而增大了高频下的阻抗，达到削弱通过电路传播的频率较高的谐波电流的目的。理论上，电感量越大，阻抗也越大，谐波能被大大地滤除。但电感量大，会使电路电感器的体积和重量增加。因此，在设计中应综合考虑。

3. 电路电容器的用途

电路电容器是并联在主电路中的电容，用来构成直流电源中的谐波分量的低阻通路，如图 8-18 所示。根据滤波原理，当电容量越大，会使高频下的容抗变小，高频谐波通过电容器分流而不进入到逆变器内。同样，当电容量增大，会使电路电容器的体积和重量增加。因此，在设计中应综合考虑。

二、电路滤波器的基本结构

1. 电路电感器的基本结构

电路电感器是一个带铁心的线圈，其结构如图 8-19 所示。导线采用 H 级电磁线（铜导线），绕组绝缘材料为聚酰亚胺薄膜 6050 和 0.2NHN 复合箔，采用强迫通风的冷却方式。

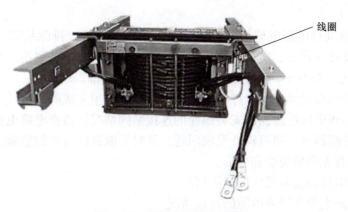

图 8-19　在电路电感器上的线圈

2. 电路电容器的基本结构

电路电容器属于固定电容，其电容值不变，其结构外形如图 8-20 所示。

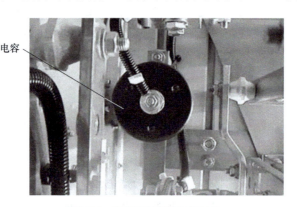

图 8-20 在电路电容器上的电容

三、电路电感器的检查与维护

1. 检查

1）打开 MCM 箱前舱。
2）连接接地装置至接触器单元的插接器。
3）出于安全，若可能，在整个过程让接地装置保持原位。至少必须连接 1min。
4）移开 PH 箱底板。
5）检查 MCM 电路电感器的冷却通道，没有被过量尘土阻塞，并且冷却空气能自由流动。

① 当线圈表面的尘土厚度在 1mm 以下，或可用气流阻塞横截面小于 15% 的条件下适当的部件是可以接受的。
② 如果通过视觉检查到过量的尘土，必须按规定要求清洁 MCM 电路电感器。
③ 检查连接电缆的状态。
④ 阻塞冷却通道会产生绕组过热。如果发生，MCM 电路电感器必须按规定要求进行清洁。

6）重新安装底板并关闭 MCM 箱前舱。

2. 计划性维护

必须有计划地进行电路电感器的维护，加强检查和调整，排除故障，消除隐患，保证滤波电抗器处于良好的状态，实现安全运行。线路电感器的维护分列检、月检、年检、架修 1、架修 2、大修等。当与车辆其他检修有冲突时以其他为准。

电路电感器的列检是确保其良好状态和安全运行所必须完成的日常性工作。主要内容是出库前、入库后检视电路电感器的安装螺栓的连接紧固情况；检查电路电感器单元部件是否完好。以下着重介绍检查，通过检查发现问题，及时采取有针对性的措施。

1）检查构架有无明显裂纹和变形。
2）检查滤波电抗器安装螺栓的紧固情况。
3）检查主电路电缆及接地电缆的连接情况。

电路电感器的其他维护属于定期维护的范围。

3. 故障维修

表 8-1 为可能出现的故障及原因、纠正措施。

表 8-1 故障维修列表

故　障	故障原因	纠正措施
对地短路	线圈内部有杂物进入，导致硬短路	清除掉线圈内部金属杂物
匝间绝缘	电路电感器匝间故障	检查线圈表面有无绝缘破损，如有绝缘破损须用聚酰亚胺薄膜包好绝缘
风机烧损	过负荷使用或风机质量状态不良	更换风机

四、线路电容器的检查与维护

1）检查电容器连接是否有污垢/灰尘沉积，必要时进行清洗。
2）检查电容器连接是否变色。
3）清洁电容器连接面，特别清洗绝缘子（如：用不起毛的布浸酒精清［H208］洗）。
4）检查安装元件与电缆连接是否牢固。

任务四　制动电阻的检查

任务目标

1. 掌握制动电阻的用途。
2. 掌握制动电阻的结构和工作原理。
3. 学会对制动电阻进行检查与维护。

知识课堂

一、认知制动电阻

1. 制动电阻的用途

基于对环境保护的意识及减少能耗的要求，现代城市轨道交通车辆在制动工况时，首先是采用回馈制动，即把牵引发电机所产生的电能经逆变器回馈给电网，但是，若回馈电压过大，则会对电网造成冲击，从而使供电质量下降，影响到邻近车辆的正常工作。因此当牵引发电机所产生的电压达到某一特定值（如牵引逆变器直流侧电压达到 DC 1800V）时，就会采用电阻制动。此时，制动电阻作为牵引发电机的负载，消耗由动能转化过来的电能。

2. 制动电阻的结构

制动电阻安装在不锈钢制成的箱体内，如图 8-21 所示。通过制动电阻箱体顶部两个横梁安装在车厢底板下。出风罩安装在箱体后端给冷却制动电阻的空气提供出口。风机通过法兰连接在箱体的前端，风机使电阻单元在冷却期间保持固定的温度。制动电阻的性能与风机的性能密切相关。风机通过风机网罩吸进空气，风机网罩阻止风机吸入异物。箱体内的电阻由两组电阻组成：R12 和 R34，每组电阻由 5 个电阻单元构成。电阻单元通过不同的铜母排相互串联连接。额外的电能通过电缆和铜母排从牵引逆变器传输到电阻单元上转化为热能。电阻带通过隔离瓷件和绝缘子与电阻单元安装板连接组成电阻单元，电阻单元通过安装板安装在箱体的导轨里，这样保证了电阻带和箱体的电气绝缘。制动电阻箱体内安装有温度保护装置和风压保护装置，可以保护制动电阻装置。温度保护装置安装在出风口最后一个电阻单元上，这个电阻单元是制动期间最热的电阻单元。

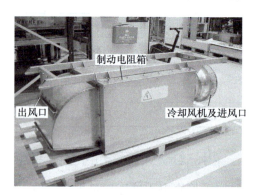

图 8-21　制动电阻的外形结构

3. 制动电阻的工作原理

FMBR-108AX 制动电阻电气原理图如图 8-22 所示。

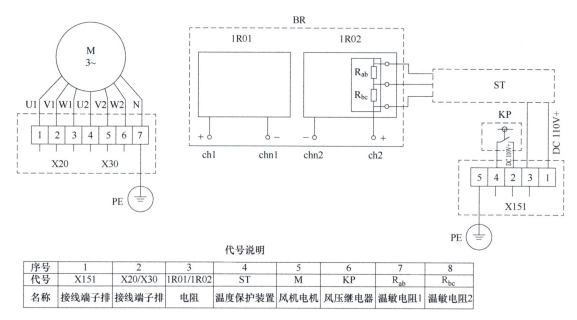

图 8-22　FMBR-108AX 制动电阻电气原理图

两组制动电阻 1R01 和 1R02 分别通过 IGBT 并联在 MCM 的直流侧。在制动期间，当 MCM 中电压传感器测量到直流侧电压超过 1800V 时，DCU/M 向制动斩波器发出启动命令，门极驱动单元启动两个 IGBT，将能量转送到制动电阻 BR 中消耗，当直流侧电压降低到允许范围时，制动斩波器关闭。

制动电阻工作时，会产生高热，从而使之温度上升。为防止烧损制动电阻，采用强迫通风的冷却方式。由三相异步电机（380V 50Hz）提供所需的冷却空气，在高速（1450r/min）时流量要求为 $1.7 m^3/s$，在低速（960r/min）时流量要求为 $1.13 m^3/s$。

出风口最后一个电阻单元是制动期间最热的电阻单元，因此通过温敏电阻 Rab 和 Rbc 检测其温度。一旦超过 640℃，则温度保护装置起保护作用。

通过风压继电器 KP 检测其通风量，高速时风压为 320Pa，低速时风压为 142Pa。

二、制动电阻的检查

1. 制动电阻的外观检查

1）检查制动电阻是否有外观缺陷，如构架和风道及外壳是否有严重变形或裂纹。若存在缺陷则更换。

2）检查制动电阻安装梁安装孔处的 M12×8.8 级螺栓螺母是否牢固，如果出现螺栓连接的松动，则要拧紧六角螺母，使用力矩扳手为 88N·m 扭力矩扳手。

3）目视检查制动电阻的线路和安装位置，通过拧紧密封管螺栓扣紧松动的电气联线，任何损伤的联线都必须更换。

4）检查风机的外壳和风机叶轮是否有较大变形和裂纹，若有以上缺陷则要求更换风机。

注意：风机电机采用空冷，与风量有匹配冷却关系，灰尘／泥土／碎屑的积累会削弱冷却效率，导致过热，甚至失效。

5）清洁风机外表面。

6）拆去风罩，清除灰尘，清除风机叶轮和风机内部的碎屑。清洗风机叶轮时确保不要缠绕其他物体。将风罩装上风机。

7）检查风机法兰的紧固螺栓。如果出现松动则用扭力扳手按一定的扭力紧固，参照 5.0 扭力紧固。

2. 内部检查

1）去除制动电阻的紧固螺栓，拆去前盖板、后盖板和出风罩。

注意：不得用清洁剂及溶剂清洗制动电阻和发热元件。

2）检查制动电阻的电阻单元、绝缘子、出风罩和其他部位是否有污物或其他物体，用真空吸尘器去除电阻单元、绝缘子、出风罩、其他元件的灰尘和泥土。

3）检查制动电阻所有的螺栓联结，若发现松动则用扭力扳手紧固。

4）检查电阻单元的热高温强度（例如可见的变形），若需要则更换。

5）拆去前盖板和低压接线盒盖板，对温度保护装置进行功能检查。

3. 温度保护装置的功能检查

按图 8-23 要求接好测试仪器及温控器，将多圈线绕电位器 W1 调节到中间点位置，将数字万用表 1 置直流电压档，将数字万用表 2 置电阻档，打开 48V 直流电源开关，缓慢调节电位器 W1 旋钮观察数字万用表 1 的电压值，当数字万用表 1 的电压大于 100V 时，应能够听到温控保护继电器吸合动作的声音，同时数字万用表 2 的电阻档显示为 0Ω；反向调节电位器 W1，当数字万用表 1 的电压小于 -100V 时，应能够听到温控保护继电器断开动作的声音，同时数字万用表 2 的电阻档显示为开路状态。

4. 制动电阻的功能检查

附注：制动电阻在外观检查后必须进行功能检查。

1）取下制动电阻箱上前面板的螺栓，拆去前面板。

2）拆去制动电阻箱内铜母排上的四根电缆线。

3）用绝缘电阻表检测制动电阻的电阻。

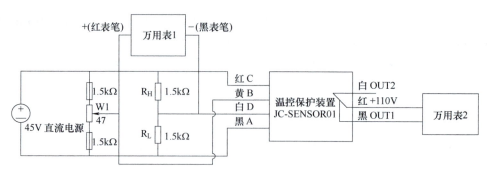

图 8-23 温度保护装置测试电路

4）连接四根电缆线至端子铜母排，检查是否紧固。
5）用 2.5kV 绝缘电阻表测试接线端和外壳之间的绝缘电阻。
6）对照图 8-22，检查温度保护装置的电气连接。
7）用紧固螺栓将低压接线盒面板安装到低压接线盒上用扭矩扳手拧紧连接螺栓。

5. 风机的功能检查

1）接通牵引逆变器电源。
2）接通辅助逆变器电源。
3）接通温度保护装置和风压开关的电源。
4）起动风机，检测风机叶轮转动方向是否正确。

项目九

司机控制器的日常维护

学习导入

司机控制器是用来操纵地铁车辆运行的主令控制器，是利用控制电路的低压电器间接控制主电路的电气设备。也适用于其他内燃机车、电力机车、动车组、城市轻轨等，用来控制机车（或动车等）的运行工况和行车速度。目前，在国内城市轨道交通车辆中配备的司机控制器种类较多，其外观、操作模式及功能存在较大差异，但应用范围最广、配备数量最多的为 S355D 型、S353 型及 S354A 型司机控制器。本项目主要针对 S355D 型司机控制器结构、主要参数、工作原理以及检修方面进行介绍。

任务一　认知司机控制器

任务目标

1. 熟练掌握 S355D 型司机控制器结构。
2. 掌握 S355D 型司机控制器工作原理。

知识课堂

一、司机控制器的用途

司机控制器是一种用于操纵机车车辆设备运行的主令控制电器，如图 9-1 所示，列车司机利用司控器的手柄来控制电路中的低压电器，从而间接控制主电路的电气设备，达到控制机车或车辆的运行工况和行车速度。为了便于双端操作，在列车 I、II 端司机室各装有一台结构及功能完全相同的主司机控制器。

图 9-1　司控器位置图

二、S355D 型司机控制器基本结构

国内城市轨道交通车辆中配备的司机控制器种类较多,其外观、操作模式及功能存在较大差异,但应用范围最广、配备数量最多的为 S355D 型司控器,如图 9-2 所示,其生产商为德国沙尔特宝公司,此设备具有结构紧凑、体积小、重量轻、高可靠、长寿命、少维修或免维修等特点,因此广泛用于地铁车辆中。

S355D 型司机控制器采用模块化结构。面板上安装两种类型的控制手柄和换向手柄。警惕按钮装到控制手柄上,机械锁装到司机控制器上,其结构如图 9-3 所示。

S355D 型司控器主要由换向手柄、控制手柄、控制凸轮、互锁机构、减振弹簧、板刷、侧板锁、电位器、结点开关等组成。

图 9-2　S355D 型司机控器实物图

1. 换向手柄

换向手柄有三个工位:"向前""0""向后",分别控制地铁车辆向前、停止、向后三个工况,其中换向手柄操作力:(20±5)N,在"向后"工况时,向后行驶的车速一般不大于 10km/h。换向手柄的结构示意图和实物图分别如图 9-4、9-5 所示。

2. 控制手柄

控制手柄分成 4 个档位:"牵引"区、"0"位、"制动"区和"快速制动"。控制手柄操作力:不大于 35N,调速手柄从制动最大位转到"快制"位时手柄操作力为:(40±10)N。其结构示意图和实物图如图 9-6、9-7 所示。

1)"牵引"区:控制手柄在牵引区时,地铁车辆得到牵引指令,牵引电机开始动作,车辆进入牵引工况,其中车辆的牵引力采用无级调节方式,通过转动同轴的驱动电位器用来调节输入到电子柜的电压指令,从而达到调节列车牵引力。

2)"0"位:列车惰行。

3)"制动"区:控制手柄在制动区时,地铁车辆得到制动指令,列车实施制动,其中制动力的调整采用无级调节方式,通过转动同轴的驱动电位器用来调节输入到电子柜的电压指令,从而达到调节列车制动力。

4)"快速制动":短时间内列车达到 100% 的制动力,使列车迅速停下。

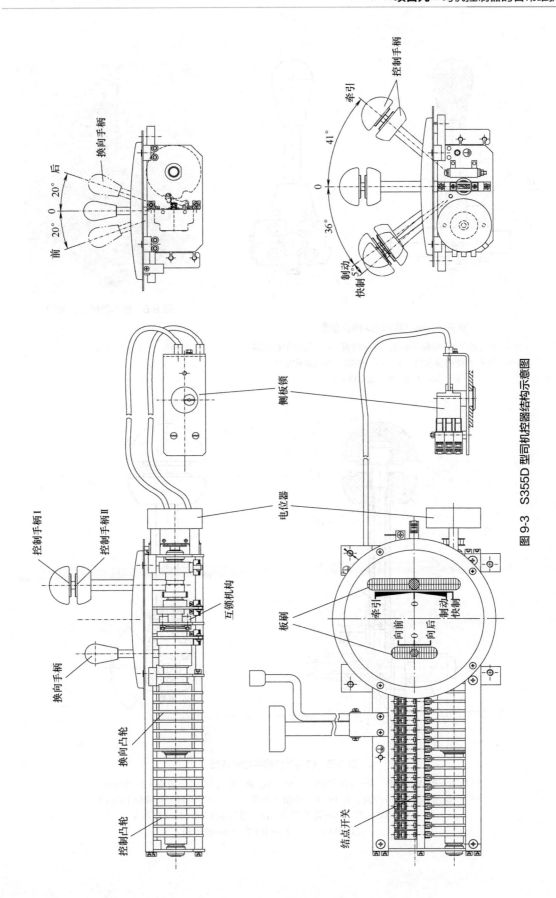

图 9-3 S355D 型司机控制器结构示意图

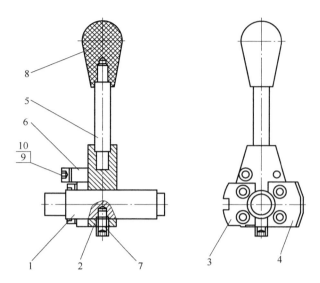
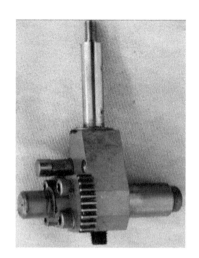

图 9-4　换向手柄的结构示意图

1—换向手柄轴　2—换向手柄座　3—锁板　4—换向手柄齿轮
5—换向手柄的操作杆　6、10—垫圈　7—锁闭螺钉
8—换向手柄　9—螺 M5×25

图 9-5　换向手柄的实物图

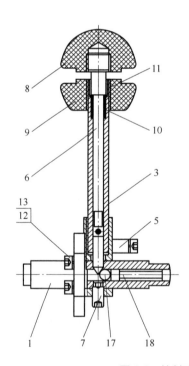
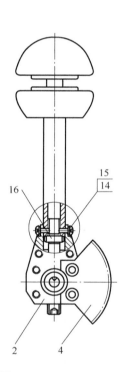

图 9-6　控制手柄的结构示意图

1、6—控制手柄轴　2—控制手柄座　3—空心轴　4—控制部分齿轮　5—限位环
7—锁闭螺钉　8—控制手柄Ⅰ　9—控制手柄Ⅱ　10—弹簧　11—间隔套 10×10
12—螺钉 M5×25　13—限位环 5　14—螺钉 M3×6　15—垫圈 3
16—壳体 B4×12　17—钢球 7　18—滑动轴

3. 控制凸轮

控制凸轮由换向轴、换向凸轮、牵引轴和牵引凸轮组成，其结构示意图和实物图如图 9-8、图 9-9 所示。凸轮片由凸出部分和凹槽部分组成。凸轮片处于凸出位时快速动作开关处于闭合（信号触发）状态；处于凹槽位时快速动作开关处于分离（信号非触发）状态。换向轴与换向凸轮联动、牵引轴与牵引凸轮联动，牵引轴转动时带动电位器滑动触点转动。

4. 互锁机构

互锁机构是一种司机锁与换向手柄之间的联锁机构，当打开司机锁旋转钢丝绳拉动机械联锁块，此时换向手柄解锁可以向前向后操作。其结构示意图及实物图，如图 9-10、图 9-11 所示。

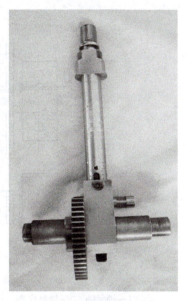

图 9-7　控制手柄的实物图

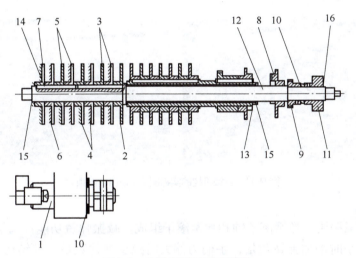

图 9-8　控制凸轮的结构示意图

1—控制凸轮组件　2—控制凸轮 1　3—控制凸轮 2　4—控制凸轮 3　5—控制凸轮 4　6—控制凸轮 5
7—控制凸轮 6　8—控制联锁轮　9—控制圆齿轮　10—隔离套 1　11—阻尼滑动环　12—控制轴
13—隔离套 2　14—楔Ⅱ　15—18# 弹簧挡圈　16—16# 弹簧挡圈

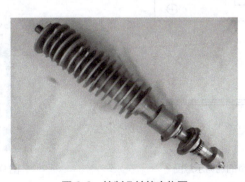

图 9-9　控制凸轮的实物图

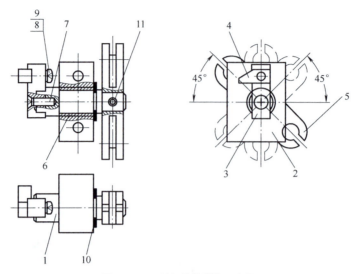

图 9-10 互锁机构的结构示意图

1—锁紧轴 2—锁紧底座 3—锁紧梁 4—锁紧块 5—牵拉底座 6—间隔套 5×15
7、8—螺钉 M3×12 9—垫圈 ×3 10—弹簧垫圈 ×8 11—销 3×14

图 9-11 互锁机构的实物图（左锁闭右解锁）

5. 减振弹簧

减振弹簧由减振块、弹簧滚子轴和弹簧滚子组成。减振弹簧功能：调整手柄推动时的作用力，手柄力偏小时增加弹簧数量，手柄力偏大时减少弹簧数量。其结构示意图及实物图，如图 9-12、图 9-13 所示。

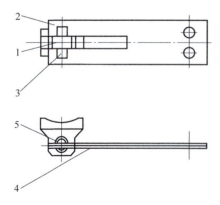

图 9-12 减振弹簧的结构示意图

图 9-13 减振弹簧的实物图

1—减振块 2—弹簧 1 3—弹簧滚子轴 4—弹簧 2 5—弹簧滚子

6. 板刷

板刷主要起到防止灰尘掉落到控制手柄齿轮啮合处，导致油脂过快变质起不到润滑齿轮的作用。其结构示意图及实物图，如图9-14、图9-15所示。

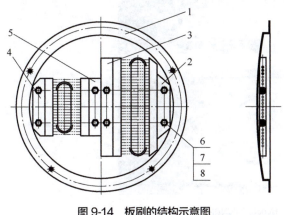

图9-14 板刷的结构示意图

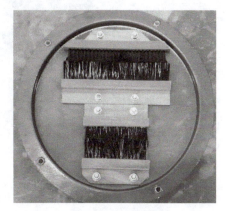

图9-15 板刷的实物图

1—前板 2、3、4、5—刷子 6—垫圈 7—垫圈 8—螺母M4

7. 侧板锁

侧板锁由支撑板、锁件、凸轮和快速动作开关组成。在旋转锁件时，锁件带动凸轮转动导致快速动作开关闭合。凸轮与钢丝绳连接，凸轮转动时带动连接的钢丝绳运动，此时对换向手柄进行解锁。侧板锁结构示意图及实物图，如图9-16、图9-17所示。

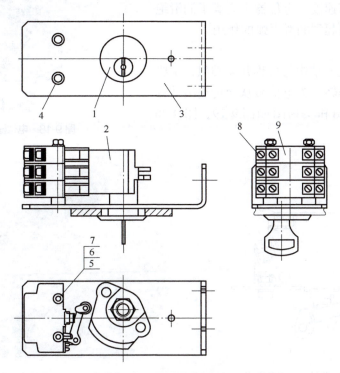

图9-16 侧板锁的结构示意图

1—互锁组成 2—互锁凸轮 3—互锁支撑板 4—螺栓 5—螺母M3
6、7—垫圈3 8—垫圈4 9—快速启动开关

图 9-17　侧板锁的实物图

8. 电位器

电位器由电阻体与转动或滑动系统组成,其实物图如图 9-18 所示。当手柄在"牵引"区域或"制动"区域内操纵主轴转动时,电位器随主轴一起转动,通过电位器输出电压大小的改变,发出指令调节列车速度。电位器中充满了润滑绝缘油,润滑绝缘油起到润滑灭弧的作用。

9. 结点开关

结点开关其主要结构与行程开关类似,主要作用是将机械动作转变为电信号从而传递给计算机,其结构示意图和实物图如图 9-19、图 9-20 所示。

图 9-18　电位器的实物图

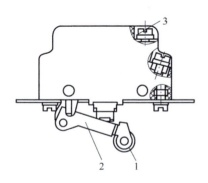

图 9-19　结点开关的结构示意图

1、2—滚轴　3—M3×8 螺钉

图 9-20　结点开关的实物图

三、S355D 型司机控制器工作原理

1. 司机控制器的操作及使用

如图 9-21 所示,控制手柄有"牵引"区、"0"位、"制动"区和"快速制动(快制)"位四个区域,用于调节列车的速度。控制手柄在 0 位、牵引最大位、制动最大位、快速制动位有定位,在这些档位之间为无级调节。左侧为换向手柄,连接换向轴,用于控制车辆的运行方式及运行方向,共有"向前""0""向后"三个位置,这四个位置有机械联锁装置定位。钥匙开关有 0、1 两个位置,用于激活司机操纵台。

为了防止可能产生的误操作,确保列车设备及运行安全,司机控制室的控制手柄、换向手柄和机械锁之间有机械联锁。

在使用时,先由钥匙开关打开机械锁,才能对控制手柄和换向手柄进行操作。当操纵列车时,先将钥匙开关打到"1"位,再由换向手柄选定列车的行车方向,再操作控制手柄来控制列车的速度。在行车过程中,如需要改变列车的工况,必须先将控制手柄放回"0"位后,才可进行换向手柄的操作。如果司机需要进行异端操作,必须将本端司机控制器的控制手柄置"0"位,换向手柄置"0"位,钥匙开关回"0"位,锁闭机械锁,拔出钥匙,方可进行异端操作。在列车的惰行期间,如果换向手柄移动到其他位置,牵引控制单元中牵引指令将失效,将启动紧急制动。

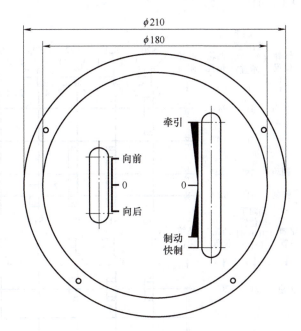

图 9-21 S355D 型司机控制器控制面板图

S355D 型司机控制器的钥匙开关、控制手柄和换向手柄之间的联锁关系如下:

1)钥匙开关在"0"位时,控制手柄和换向手柄均锁定在"0"位不动;反之,只有控制手柄和换向手柄均在"0"位时,钥匙开关才可由"0"位打到"1"位。

2)钥匙开关在"1"位,控制手柄和换向手柄可进行操作,但控制手柄和换向手柄之间还存在以下互锁关系:

① 换向手柄在"0"位,控制手柄被锁在"0"位不动。
② 换向手柄在"前"位时,控制手柄可在"牵引"和"制动"区域范围内活动。
③ 换向手柄在"后"位时,启动列车手动折返模式。
④ 控制手柄在"牵引"区、"制动"区或"最大制动"位时,换向手柄不能进行位置转换,只有控制手柄在"0"时,换向手柄才可在"前"位和"后位"之间转换。

上述机械联锁要求由机械联锁装置来实现。

2. 司机控制器的工作原理

司机控制器主要是通过手柄的位置传递电信号给主控计算机,主控计算机再将相应

的指令发送给列车设备(如牵引电机、制动机、前灯等等),列车设备做出相应动作,从而达到控制列车牵引、制动、换向等功能。司机控制器的指令有两部分:机械和电气。机械部分主要指手柄动作时,司机控制器内部件相应做出跟随动作,如带动凸轮转动,凸轮转动就会触发结点开关从而发出电信号给计算机。其中司机控制器机械部分的动作正确与否主要参考司机控制器的闭合表,如图 9-22 所示。如当换向手柄推到前进位,则带动凸轮转动,凸轮触发 5 对结点开关:S10、S11、S12、S15、S16,使得其常开触点闭合,常闭触点断开,将手柄的机械位置以电信号的方式传递给主控计算机。同理可推导换向手柄推至向后位凸轮转动的情况,控制手柄动作时凸轮转动的情况以及各结点开关的动作。

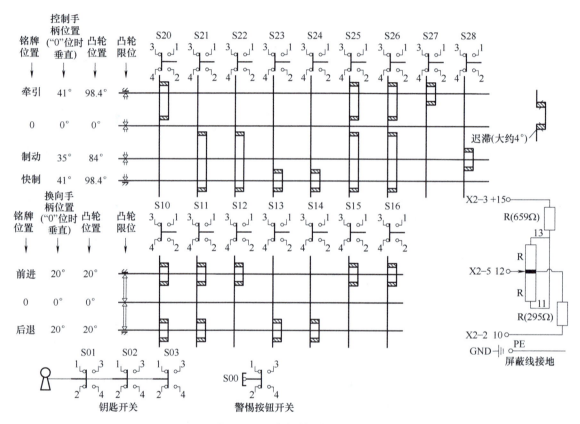

图 9-22 司机控制器的闭合表

此处以司机控制器控制列车前进、向后回路运行为例进行讲解,司机控制器主控电路如图 9-23 所示。

(1)向前运行 当司机室激活,列车控制继电器 02K05 吸合,方向手柄推至"前进"位,司机控制器的结点开关 S12 被触发,02A01-S12 正联锁闭合,接着经过 02K09 常闭触点,由 20210 线使向前接触器 02K14 线圈得电,02K14 常开触点自锁。

(2)向后运行 当司机室激活,列车控制继电器 02K05 吸合,方向手柄推至"前进"位,司机控制器的结点开关 S13 被触发,02A01-S12 正联锁闭合,接着经过 02K09 常闭触点,由 20211 线使向后接触器 02K12 线圈得电,02K12 常开触点自锁。

项目九 司机控制器的日常维护

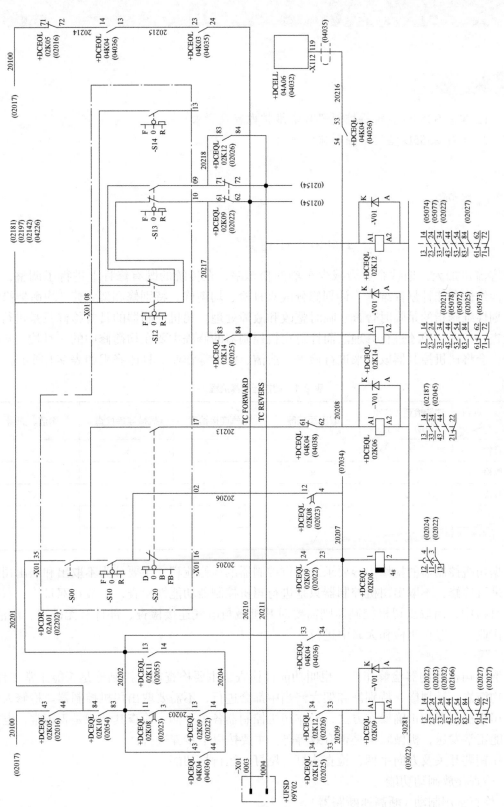

图 9-23 司机控制器主控电路图

任务二 司机控制器的日常维护

任务目标

1. 掌握 S355D 型司机控制器日常维护内容及要求。
2. 了解 S355D 型司机控制器的维修。

知识课堂

一、司机控制器日常维护内容和要求

因客流量加大，地铁企业为减少车辆的扣车率，在传统的既有修程上进行了调整，分为计划性维修和非计划性维修。计划修分成双日检、均衡修、特别修和架大修（均衡架修）；而非计划性维修指的是临时普查、临时整改和故障处理。司机控制器的日常检修只是进行功能性检查，发现故障才进行修理。而针对司机控制器的修程主要在均衡修中的三月检、年检中进行，会将司机控制器取出来进行检查、清洁、润滑等作业。具体修程如表 9-1 所示。

表 9-1 司控器检修流程

修程 \ 项目	功能检查（联锁、制动、牵引）	取出司控器	电气连接检查	机械连接检查	清洁、润滑
双日检	√	×	×	×	×
双周检	√	×	×	×	×
三月检	√	√	√	√	√
年检	√	√	√	√	√
五年大修	√	√	√	√	√

依据司机控制器的检修内容要求及司机控制器的检修流程，主要分为不取出和取出司机控制器进行检修，不取出司机控制器只是进行司机控制器功能性检查，一般在双日检、双周检和三月检中；而取出司机控制器则需要对其机械与电气连接检查、部件有无破损、清洁、润滑等作业，一般在年检和大修中进行。

1. 不取出司机控制器检修作业

不取出司机控制器检修作业，也叫功能性检查，主要检查司机控制器是否能正常工作，一般在均衡修、计划修、特别修和架大修当中都会进行，不需要取出司机控制器。检修人员需按照司机控制器的正确操作方法，操作司机控制器各个手柄，检查其功能是否正常，电指令是否能正常发送，机械联锁是否有效等等。主要按以下步骤进行：

操作钥匙开关及方向手柄，检查头灯、尾灯、运行灯功能。

1）检查存放制动功能。
2）检查常用制动（断高速断路器）。
① 将方向手柄拉到"向前"位，在 0～100% 制动位操纵主控制手柄，观察压力指示表

红色指针：0~70%时为（1.4±0.15）bar，100%时为（2.1±0.15）bar。

② 在缓解存放制动及门关好后，按住"警惕"按钮，将主控制手柄推向牵引位，观察压力指示表红色指针应为0bar，司机台气制动缓解灯亮，施加灯灭，及车外侧墙红色指示灯灭，绿灯亮。

3）检查快速制动。将手柄打到快速制动位，观察压力表红色指针应为（2.4±0.15）bar。

2. 取出司机控制器检修作业

取出司机控制器检修作业分成两部分：司机控制器功能性检查和司机控制器部件可靠性检修，前者与不取出司机控制器检修作业一样，区别在后者。司机控制器部件可靠性检修主要按以下流程进行：

1）司机控制器。
2）从司机台中取出司机控制器。
3）用干燥空气清洁司机控制器。
4）目测检查其有无不正常情况磨损。
5）检查两个电缆引线安装是否正确和易移动。
6）分别在其槽口连接、滚子和轴承、保持杆等部位加润滑油。
7）检查司机台面下的接线端子是否松动。

3. 检修与维护时的要求与注意事项

1）司机控制器的名牌及标识符号应齐全、完整、清晰、正确。
2）司机控制器各部件应清扫干净，绝缘性能良好，对外连接插座连接正确，零部件齐全完整。
3）各紧固件齐全，紧固状态良好。
4）控制手柄在各个档位之间应转动灵活，无机械卡阻，相邻两档位之间不应出现停滞现象。
5）换向手柄在各个档位之间应转动灵活，无机械卡阻，相邻两档位之间不应出现停滞现象。
6）当换向手柄在"0"位时控制手柄被锁定。当换向手柄在"向后"或者"向前"位置时，控制手柄可以在"牵引""制动"和"最大速度""快速制动"位移动。
7）当换向手柄在"0"位时，机械锁应转动灵活。机械锁在锁定位置的时，钥匙方可拔出。
8）司机控制器的闭合表（图9-22）和对外连接线应与图9-24中的规定相一致。
9）在司机控制器的各个转动部位加注润滑脂。
10）司机控制器的绝缘应符合以下要求：
① 相互绝缘的带电部分之间及对地的绝缘电阻不小于10MΩ。（用500V绝缘电阻表）
② 检修后应进行绝缘介电强度试验。司机控制器电位器回路带电部分对地施以50Hz，500V，正弦波交流电1min，应无击穿、闪络现象。司机控制器的其余带电部分对地及相互间施以50Hz，1100V，正弦波交流电1min，应无击穿、闪络现象。
11）司机控制器触头的检修应符合以下要求：
① 司机控制器日常检修时，应注意检查触头内部及滚轮架（包括滚轮滚动）的动作是否灵活可靠。否则，应在触头滚轮轴芯及滚轮架轴芯部分加少许润滑脂，以增加触头动作的灵活性。

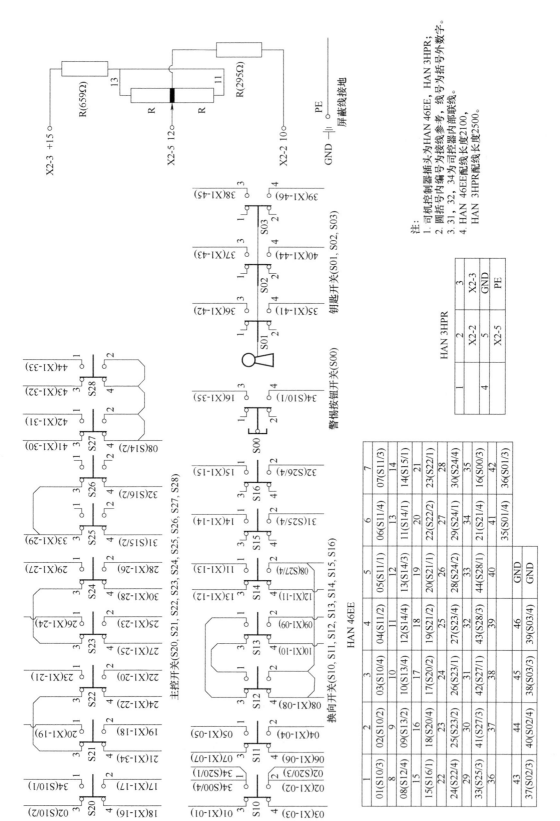

图 9-24 司机控制器的接线图

② 本司机控制器使用的触头 S826a/L、S826c/L、S826e/L 为自净式速动开关元件，均为免维修型。如确有严重烧损和动作不灵活，应更换该触头。更换时，注意触头型号和触头滚轮的安装方向。

③ 应定期检测触头 S826a/L 的接触电阻，采用低电阻测试仪（如固纬 GOM-801G）测量，测量电流不小于 1A。触头的接触电阻应小于 500mΩ，如果接触电阻较大，可按图 9-25 电路接线，分断 1A 左右时间常数 τ 为 20~50ms 的感性电流负载，用分断弧光清除表面氧化膜，减小接触电阻。

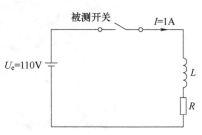

图 9-25　清除触头表面氧化膜电路图

若是由于机械原因造成的故障，需要对司机控制器进行拆卸时，请注意以下几点：

12）由于司机控制器的控制凸轮组件和换向凸轮组件有机械联锁关系，在拆装时，应注意作好标记，必须按照闭合表进行。

① 控制侧和换向侧的弹片组件安装的倾斜程度，可调整控制手柄和换向手柄的操作力大小，在保证司机控制器动作可靠的情况下，两手柄操纵轻便、灵活。

② 控制侧和换向侧的凸轮是产品出厂前整定好的组件，在拆装时请不要随意拆开。

③ 为了保证司机控制器对外的连接无误，在检修、拆装时，应注意司控器对外连接：

司机控制器内部为：46 孔插座：HAN 46EE，3 孔插座：HAN 3HPR。

观察压力表红色指针应为（2.4±0.15）bar。

二、司机控制器日常维修

司机控制器的维修主要以均衡修为主，下面以均衡修中的修程为例进行介绍。

1）检查司机控制器方向手柄，手柄胶帽紧固良好，无变形，胶帽外观无裂纹；且手柄胶帽不能相对金属杆有转动。

2）检查主控手柄，警惕按钮胶帽水平转动灵活，但不能上下窜动；目视检查橡胶块内部紧固螺母上平面与橡胶座上平面平齐，否则使用专用工具紧固。

3）警惕按钮动作灵活无卡滞，按下时能听到明显的"滴答"声，牵引手柄不能左右晃动。

4）主控钥匙转动灵活、无卡滞、无异响。

5）检查司机控制器动作状态，控制手柄在各个档位之间应转动灵活，无机械卡阻现象。

6）互锁状态检查：

① 当方向手柄在"0"位时牵引手柄被锁定。

② 当方向手柄在"向后"或者"向前"位置时，牵引手柄可以在"牵引""制动"和"快速制动"位移动。

③ 当方向手柄在"0"位时，机械锁应转动灵活，机械锁在锁定位置的时候钥匙方可拔出。

④ 当主控钥匙在断开位时，方向手柄和牵引手柄均不能动作；方向手柄在非"0"位时，主控钥匙不能拔出。

7）用 2.5 内六角扳手拧下 DACU 面板 4 颗安装螺钉，用 3.0 内六角扳手拧下司机控制器面板上的 8 个安装螺钉，先将 DACU 面板轻取出来（注意力度，DACU 面板底部有连接插头），再将司机控制器面板取起，检查盖板外观无破损，检查方向手柄／牵引手柄小盖板上的单边毛刷缺失不超过 1/3，如图 9-26 所示。

图 9-26　司机控制器安装螺钉位置图

8）用十字螺钉旋具检查所有按钮各接线紧固，检查电缆线外观无破损，无毛刺外漏。

9）检查司机控制器的零部件，无变形、松动，电气连接可靠、无过热痕迹，电线无破损，钢丝绳无断股，钢丝绳锁紧螺母紧固，滑线变阻器外观良好，接线紧固。

10）检查司机控制器所有的连接螺栓，要求螺栓安装紧固。

11）使用十字螺钉旋具拆开主控钥匙模块（4 颗螺钉）。

12）主控钥匙行程开关检查，要求无变形，接线牢固，动作灵活。

13）轻晃司机控制器总成，检查司机控制器安装座与主司机台粘胶处无脱胶，否则用 AB 胶重新对安装座进行粘接。

14）对司机控制器进行清洁，用干净的抹布清洁司机控制器各零部件表面灰尘，清洁司机控制器箱，要求无异物。

15）用干净的抹布清洁啮合的齿轮、滚轮弹片组件及定位板油脂润滑，如图 9-27 所示。

16）用 RS251-3722 型润滑脂润滑换向齿轮、控制齿轮及阻尼弹簧片，如图 9-28 所示。

17）用 3-In-1 型润滑油传动部位、钢丝绳与外套、滚轮轴芯及滚轮架轴芯处，如图 9-29 所示。

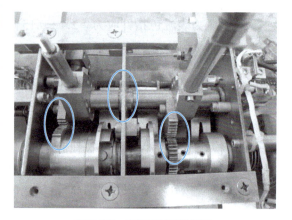

图 9-27　涂抹润滑脂的位置

图 9-28　用 RS251-3722 型润滑脂润滑位置

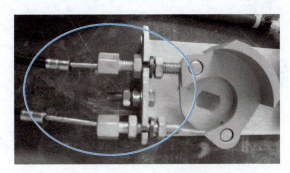

图 9-29　用 3-In-1 型润滑油润滑位置

18）安装司机控制器面板、DACU 面板、主控钥匙模块。

19）检查司机台面板上各开关旋钮触块及接线紧固状态良好，恢复司机台面板（安装面板时防止出现线缆破皮）。

司机控制器的检修见实训十。

项目十

蓄电池的使用与维护

学习导入

蓄电池组是受流器没有投入工作前车上的唯一电源,它的重要性不言而喻。本项目介绍蓄电池的基本知识,以典型蓄电池为例,说明它的日常维护工作。

任务一　认知蓄电池

任务目标

1. 认知蓄电池在动车组上的用途、基本结构和主要参数。
2. 认知 FNC 232 MR 型镍镉蓄电池(碱性)的参数和结构。

知识课堂

一、蓄电池概述

蓄电池是化学能与电能互相转换的装置,它能把电能转变为化学能储存起来,使用时再把化学能转变为电能,而且变换的过程是可逆的。以上两个过程前者称为充电,后者称为放电。

根据极板所用材料和电解液性质的不同,蓄电池一般可分为酸性(铅)蓄电池和碱性蓄电池两大类。碱性蓄电池按其极板活性物质的不同,又可分为铁镍蓄电池和镉镍蓄电池等系列。

蓄电池组在轨道交通车辆上是直流电源的辅助电源,在弓升起前或蓄电池充电机故障时,提供直流电源,供司机台激活或紧急用电。当弓升起后,兼作稳压电源的滤波元件,此时蓄电池处于浮充电的工作状态。

蓄电池主要由两种不同金属组成的正、负极板和电解液及容纳极板和电解液的电槽组成。

蓄电池的额定容量 C，单位安时（A·h），它是放电电流（A）和放电时间（h）的乘积。由于对同一个电池采用不同的放电参数所得出的 A·h 是不同的，为了便于对电池容量进行描述、测量和比较，必须事先设定统一的条件。实践中，电池容量被定义为，用设定的电流把电池放电至设定的电压所给出的电量。也可以说电池容量是，用设定的电流把电池放电至设定的电压所经历的时间和这个电流的乘积。

为了设定统一的条件，首先根据电池构造特征和用途的差异，设定了若干个放电时率，最常见的有 20h、10h、2h 时率，写做 C_{20}、C_{10} 和 C_2，其中 C 代表电池容量，后面跟随的数字表示该类电池以某种强度的电流放电到设定电压的小时数。于是，用容量除小时数即得出额定放电电流。也就是说，容量相同而放电时率不同的电池，它们的标称放电电流却相差甚远。比如，一个电动自行车用的电池容量 10A·h、放电时率为 2h，写做 10A·h2，它的额定放电电流为 10（A·h）/2（h）= 5A；而一个汽车起动用的电池容量为 54A·h、放电时率为 20h，写做 54A·h20，它的额定放电电流仅为 54（Ah）/20（h）= 2.7A。换一个角度讲，这两种电池如果分别用 5A 和 2.7A 的电流放电，则应该分别能持续 2h 和 20h 才下降到设定的电压。

上述所谓设定的电压是指终止电压（V）。终止电压可以简单地理解为，放电时电池电压下降到不至于造成损坏的最低限度值。终止电压值不是固定不变的，它随着放电电流的增大而降低，同一个蓄电池放电电流越大，终止电压越低，反之应该越高。也就是说，大电流放电时容许蓄电池电压下降到较低的值，而小电流放电时就不行，否则会造成损害。

二、FNC 232 MR 型镍镉蓄电池（碱性）

以 SZP1 型车为例，其蓄电池组由 80 个 FNC 232 MR 型镍镉蓄电池单体组成，每个蓄电池单体 5h 的放电率为 1.2V，容量 140A·h。

其结构特点如下。

1）极板：正负极板由纤维-镍结构所组成，不含碳、铁等元素；纤维极板具有非常好的导电性能，是含碳镍镉所不能达到的；由于没有炭化作用，在其使用过程中不用更换电解液，三维式的纤维结构使得纤维极板极富弹性，具有足够的机械承受力，不会因充放电而使纤维极板变形。

2）隔板：正极板用一种微孔隔离片包上，该隔离片只有非常小的内阻，并能保证分离正负电极极板。

3）电极单元盒：由具有防撞击、半透明的塑性材料（PP）制成，能方便地监视电解液状态；端子、盖子及壳体通过高温焊接方式合为一体，电极单元的接线柱由特制的 O 形套圈密封。

4）电极单元密封塞：为了便于蓄电池的运输，每电极单元一般都带有密封塞，以免其他物质或火星侵入；采用此种电极单元密封塞蓄电池如在合适的温度和稳定的充电状态下，至少三年不用维护，不用加水。

5）电解液：淡化的氢氧化钾溶液，其浓度在 20℃时为 1.19kg/L。

6）电池连接条：全绝缘螺栓将绝缘镀镍铜导线固定在端子上，具有良好的绝缘性能和导电性能，并经得起强电流冲击。

7）端柱：镀有特殊镀层的螺纹端柱具有高度的抗腐蚀性。

80个电池盒在16个不锈钢托盘中串联，同一托盘中的各蓄电池单体用镀镍铜板相连，托盘与托盘间的连接采用无卤素铜电缆插接器。

蓄电池放在底架的电池箱中，电池箱安装在能拉进拉出的滑道上，这样在车上就可以进行蓄电池的维护和修理。

任务二　蓄电池的使用与维护

 任务目标

1. 认知 FNC 232 MR 型镍镉蓄电池的充放电程序。
2. 认知 FNC 232 MR 型镍镉蓄电池的使用条件。
3. 认知 FNC 232 MR 型镍镉蓄电池的日常维护内容。

 知识课堂

一、FNC 232 MR 型镍镉蓄电池的充放电

1. 初始充电

1）蓄电池单体中注满电解液。

因为运输的原因，蓄电池初始是充满电的，但没充电解液，所以在初始充电前先要充入电解液。将准备好的电解液带入充电室中，注入前应立刻拆去蓄电池盒上的黄色运输堵塞。电池绝不能在不拔去黄色运输堵塞的情况下充/放电。

用抗氢氧化物腐蚀的气缸、漏斗或泵填充电解液，使其初始高度高于最低刻度线15mm，在这个阶段不要充至白色通风堵塞上。

填充电解液后，读取并记录各个蓄电池单体的开路电压。

2）串联连接蓄电池的80个单体。

3）极性检查。

串联连接后检查每组电池的80个蓄电池单体的端电压，连接蓄电池的端电压应为：$80 \times 1.27V = 101.6V$。

如果端电压略低于101.6V，再次检查极性是否正确。

4）与充电器的连接。

连接 DC 10V 蓄电池端柱与充/放电逆变器。

注意正确的极性，蓄电池阳极必须与充电器阳极相连，蓄电池阴极必须与充电器阴极相连。

蓄电池与充电器相连接后，每个蓄电池盒充电器的显示或电压指示器必须指在101.6V。

5）充电过程。

初始充电可在 28A 的直流电下进行，充电时间为 7.5h，初始充电时根据温度不同，电池电压将从 1.30 V/蓄电池单体升至 1.75～1.85V/蓄电池单体。

当充电器电压为 2.00 V/蓄电池单体时，确保初始充电的 7.5h 中电压不会被充电器所限制。

6）初始充电过程中数值的读取与记录。

初始充电时根据所附调试报告单读取并记录单个蓄电池单体电压上的蓄电池充电电流、充电电压，电解液温度/密度。

7）调试工作的完成。

初始充电完成后，放置至少 24h，蓄电池可补充电解液至最大标记处。

用湿布从蓄电池盒和插接器上除去所有氢氧化物或灰尘。

蓄电池的 80 个蓄电池盒均安装到车辆上后，用单独的白色通风堵塞固定蓄电池盒。

2. 充电/放电周期

1）用 28A 电流放电直至电压降为 80V，即每个蓄电池剩余电量为 1.00V。
2）在夜间放置至少 12h（冷却周期）。
3）用 28A 充电 7.5h。
4）放置 2h。
5）用 28A 放电至 80V（容量测试）。
6）放置 8h。
7）用 28A 充电 7.5h。

二、使用与检修

1. 使用条件

1）蓄电池的容量设计应保证在 +5℃的情况下，70% 充电状态足以承受下列负荷：
① 45min 5278W 恒功率负荷加上 45min 425.5W 电阻负荷。
② 接 130A 电流 2s。
③ 接 120A 电流 5s。
④ 1min 的 5278W 功率直流负荷加上 1min 的 425.5W 的阻性负荷。
⑤ 130A 电流 2s。
⑥ 120A 电流 5s。

2）最小电压：84V（80×1.05 V/个）。

3）在下列情况下应用蓄电池：
① 列车上的紧急照明。
② 整个通信系统（广播和列车无线电）。
③ 列车两端的头尾灯。
④ 紧急通风。
⑤ 车间中的维护。

4）充电。

辅助电池在直流电压下，用辅助逆变器进行补充充电和浮充电：

20℃时，22.4V 的浮充电。

电流限定：步骤 1 为 140A（最多 10min）。步骤 2 为 42A（直流电）。

5）使用寿命。

蓄电池使用寿命设计为在平均温度22℃的情况下，超过15年。高温会影响使用寿命，当蓄电池有效电容降为低于额定容量的70%时，就到了使用期限。

2. 日常维护

（1）目测检查　补充水前蓄电池应每3个月进行一次目测检查，检查每个蓄电池单体电解液高度是否在最大与最小刻度间，如果蓄电池单体的水位损失高于蓄电池单体的平均值，测量每个蓄电池单体的电压和温度，蓄电池的设计便于在最短的时间内进行检查。

（2）补充水　补充水前，打开孔盖的阀塞，并向各个蓄电池单体中注入水直至最大指示刻度，建议用允许的注入装置，注满后，进一步检查所有蓄电池单体，必须确定所有蓄电池单体的注入均适当。

（3）清洁　确保蓄电池顶部保持清洁干燥，局部的灰尘或湿痕可用洁净的布擦掉。

（4）测量各个蓄电池单体的开路电压　当将蓄电池从列车上拉出时，首先用数字式电压表测量各个蓄电池单体的开路电压（蓄电池单体的终端没有负荷）。

直接测量每个蓄电池单体的开路电压约为1.35V，静止期间，根据周围环境温度开路电压在几天内降至约1.30V。

在蓄电池中心，开路电压可低于外部区域达15mV，因为充电时中心区域温度较高。

蓄电池单体开路电压低于1.29V时，应做标记以备将来做对比检查。

（5）容量测试　将蓄电池与充电/放电逆变器相连，执行如下过程：

1）用28A电流放电直至电压降至1.00V/蓄电池单体。

2）静置至少12h（冷却阶段）。

3）用28A的直流电给蓄电池充电5h。

4）静置至少2h。

5）用28A的电流放电，直至电压降至1.00V/单体。

6）读出电容测试后3.5h、4h、4.5h，甚至5h后各个蓄电池单体的电压，并记录在步骤5。

如果测量开路电压的过程中发现有故障的蓄电池单体，把这些蓄电池单体的读数与容量测试过程中的读数比较，如果一个蓄电池单体的两个读数超出了给定的值，应从蓄电池中拿出该蓄电池单体并更换；如果大多数蓄电池单体均超出了给定的值，中断至少12h后重做容量试验；如果容量仍增加，再次重复直至容量停止上升为止。

如果所有的试验结果不理想，则应更换蓄电池，如果试验结果理想，用32A的电流给蓄电池充电7.5h，充电后可将蓄电池装回到列车上。

3. 检修

（1）更换单个的蓄电池单体及托盘　如果必须用备用蓄电池更换各个蓄电池单体或整个槽，需保留好蓄电池单体，以更换其他的蓄电池单体或槽。

用备用电池更换蓄电池单体或槽必须注意电池的工作记录。

（2）更换蓄电池　蓄电池的设计应保证至少在使用15年后可以承受规定的载荷1h，在容量测试的过程中，若其容量低于额定容量的70%，则蓄电池应更换。

参 考 文 献

[1] 汤蕴璆. 电机学［M］. 北京：机械工业出版社，2015.
[2] 张龙，李晓艳，华彤天. 电力机车电器［M］. 成都：西南交通大学出版社，2018.
[3] 陈燕萍，童巧新，王志亮. 电力机车电器的检修与维护［M］. 成都：西南交通大学出版社，2016.
[4] 宋文胜，冯晓云. 电力牵引交流传动控制与调制技术［M］. 北京：科学出版社，2014.
[5] 李瑞荣，童巧新. 城市轨道交通车辆电气故障分析与处理［M］. 2版. 北京：中国铁道出版社，2017.
[6] 赵丽，张庆玲. 城市轨道交通车辆电气控制［M］. 北京：电子工业出版社，2016.
[7] 昆明地铁运营有限公司. 电客列车检修［M］. 成都：西南交通大学出版社，2015.
[8] 陈廷凤，廖海峰. 城市轨道交通车辆电器［M］. 2版. 成都：西南交通大学出版社，2016.
[9] 秦娟兰. 城市轨道交通车辆电机［M］. 3版. 成都：西南交通大学出版社，2016.
[10] 张秀平. 轨道交通车辆电机检修与维护［M］. 北京：北京交通大学出版社，2012.
[11] 唐宋，陈晓亮，庄厚腾. 广州地铁直线电机高度调整装置结构优化和运用维护建议［J］. 铁道机车车辆：2019，39（1）：109-113.
[12] 徐海峰. 地铁车辆直线电机气隙在线检测系统结构［J］. 铁道技术监督：2009，37（5）：13-15.

职业教育城市轨道交通专业"互联网+"创新教材

城市轨道交通车辆电气设备实训工单

姓名：_____

班级：_____

机械工业出版社

目　　录

实训视频二维码索引

实训工单一　　清洗牵引电机外部……………………………………………………………… 1
实训工单二　　清洗牵引电机内部……………………………………………………………… 6
实训工单三　　安装牵引电机轴承部件………………………………………………………… 11
实训工单四　　清洁车辆空调装置及其部件…………………………………………………… 16
实训工单五　　更换受电弓滑板………………………………………………………………… 21
实训工单六　　测量受电弓主要参数和静特性………………………………………………… 26
实训工单七　　测量高速断路器参数…………………………………………………………… 31
实训工单八　　检修高速断路器灭弧罩………………………………………………………… 36
实训工单九　　检修高速断路器主触头………………………………………………………… 42
实训工单十　　检修司机控制器………………………………………………………………… 47

实训视频二维码索引

名称与图形		所在页码
实训一　清洗牵引电机外部	[QR]	5
[QR]	实训二　清洗牵引电机内部	10
实训三　安装牵引电机轴承部件	[QR]	15
[QR]	实训五　更换受电弓滑板	25
实训六　测量受电弓主要参数和静特性	[QR]	30
[QR]	实训七　测量高速断路器参数	35
实训八　检修高速断路器灭弧罩	[QR]	41
[QR]	实训九　检修高速断路器主触头	46
实训十　检修司机控制器	[QR]	51

实训工单一　清洗牵引电机外部

学院		专业	
姓名		学号	
小组成员		组长姓名	

一、接收工作任务	成绩：

　　_____是一名车辆检修学徒工，0311 车正在进行架修作业，电机工班长××组织班组全员熟悉该车的架修进度。按照车间的生产计划，次日将由转向架工班进行牵引电机下车作业，接着，电机工班对该车 15 台牵引电机进行架修作业。工班长根据作业项目对班组人员进行了分工，_____安排在外部清洗组。_____接到任务后，按照操作要点进行牵引电机的外部清洗。

二、信息收集	成绩：

　　1. 检修场地准备：
　　1）工作场地应一直保持_____。
　　2）必须知道灭火器_____。
　　3）车间应_____，且不应暴露于温度大幅波动的环境中。
　　2. 检修设备或工具准备：
　　1）作业人员穿_____鞋。
　　2）作业人员戴未被坏损的_____。
　　3）在_____检查起重设备及载荷止动装置。
　　4）压缩空气系统的压强最大为_____bar。
　　3. 材料准备：
　　1）干洗时，线圈不能用_____进行清洁。
　　2）在清洗硅胶衬时，溶剂的芳族含量不能超过_____%。
　　3）（多选题）出于安全的原因，非常易燃的溶剂不允许使用，例如（　　）。
　　A. 丙酮　　　　B. 易挥发的汽油　　　　C. CHR（化学纯）
　　4.（多选题）目测检查牵引电机外观情况：（　　），确定采用（　　）清洗方法。
　　A. 一般的污染　　B. 无油污染或轻微的局部有油污染　　C. 局部有油污染
　　D. 干洗　　　　　E. 用清洗剂洗涤，然后用清水冲洗　　　F. 用溶剂清洁
　　5. 清洗时的注意事项：
　　① 作业人员按要求穿戴好劳动防护用品；② 按要求对电机进行清洗前防护，禁止将水和清洗剂喷射到电机内部线圈；③ 按要求选择中性清洗剂，并按比例进行配兑清水。

三、制订计划　　　　　　　　　　成绩：

1. 根据牵引电机的外部清洗任务要求，制订计划。

操作流程		
序　号	作业项目	操作要点
1	清洗前防护	
2	电机外观清洁、除锈	
3	线缆、插头清洁	
4	清洗后防护	
计划审核	审核意见： 　　　　　　　　　　　　　　　年　　月　　日　签字：	

2. 请根据作业计划，完成小组成员任务分工。

操作人		记录员	
监护人		展示员	
作业注意事项			

① 作业人员必须戴口罩和橡胶手套；
② 清洗前电机防护做到位，以防电机插头和电机内部线圈进入水和清洗剂；
③ 作业人员应先将清洗剂喷在抹布上再清洁电机，禁止直接向电机部件喷射清洗剂；
④ 使用风枪时必须戴防护目镜，风枪不准对人吹扫。

检测设备、工具、材料			
序　号	名　称	数　量	清　点
1	抹布	1块	□已清点
2	75%酒精	500mL	□已清点
3	清洗剂（VD211）	2L	□已清点
4	砂纸	20张	□已清点
5	防锈油	0.5L	□已清点
6	PE袋	32个	□已清点
7	扎带	32根	□已清点
8	美纹纸	2卷	□已清点
9	橡胶保护剂	1瓶	□已清点

四、计划实施	成绩：		
1. 检修场地准备。			
	场地是否整洁、干净	□是	□否
	灭火器是否确认位置	□是	□否
	车间是否无尘、无风	□是	□否
2. 检修设备或工具准备。			
	作业人员是否穿戴好防护装备	□是	□否
	压缩空气系统是否正常	□是	□否
	压缩空气压强（bar）		
	喷射器是否正常	□是	□否
	抹布是否清洁	□是	□否
3. 材料准备。			
	洗涤剂名称		
	清洁剂名称		
	溶剂名称		
4. 目测检查牵引电机外观。			
	外观是否有油污	□无 □中度	□轻微 □严重
	采用的清洗方案	□干洗 □用清洗剂洗涤，然后用清水冲洗 □用溶剂清洁	

5. 清洗前准备。

进风滤网是否已覆盖	□是 □否
三相电源插头是否已覆盖	□是 □否
速度传感器插头是否已覆盖	□是 □否

6. 清洗。

喷水口是否直对被覆盖部分	□是 □否
洗涤剂的温度	
清水的温度	
喷射器的工作时间	

7. 清洗完毕。

牵引电机清洗后效果图 1　　牵引电机清洗后效果图 2　　牵引电机清洗后效果图 3

五、质量检查　　成绩：

请实训指导教师检查本组作业结果，并针对实训过程出现的问题提出改进措施及建议。

序　号	评价标准	评价结果
1	牵引电机外观洁净、无异物	
2	牵引电机三相电源线缆和速度传感器线缆洁净，喷涂橡胶保护剂	
3	牵引电机转轴无锈蚀，涂抹防锈油	
4	牵引电机吊座无锈蚀，涂抹防锈油	
5	牵引电机三相电源插头和速度传感器插头使用 PE 袋和扎带包扎	
6	作业后做好现场 6S，整理工器具；作业记录表填写及时、准确	
综合评价	☆ ☆ ☆ ☆ ☆	
综合评语（作业问题及改进建议）		

六、评价反馈	成绩：

请根据自己在课堂中的实际表现进行自我反思和自我评价。

自我反思：_____

_____。

自我评价：_____

_____。

自我总结：_____

_____。

实训成绩单

项　目	评 分 标 准	分值	得分
接收工作任务	清楚本小组生产任务，小组内的生产分工，作业完成时间节点	5	
信息收集	检修场地准备充分，检修设备或工具准备齐全，材料准备齐全	10	
制订计划	计划制订有效、完整	10	
计划实施	清洗前防护是否有效，防护部件是否有遗漏	10	
计划实施	电机外观清洁、除锈是否按标准执行	20	
计划实施	线缆、插头清洁是否按标准执行	15	
计划实施	清洗后防护是否有效，防护部件是否有遗漏	10	
质量检查	电机外观是否清洁到位，是否做了防护；现场 6S 是否整理；作业记录表是否按时填写	10	
评价反馈	能对自身表现情况进行客观评价	5	
评价反馈	在任务实施过程中能发现自身问题	5	
得分（满分 100）			

实训参考视频

实训工单二　清洗牵引电机内部

学院		专业	
姓名		学号	
小组成员		组长姓名	

一、接收工作任务	成绩：

　　_____是一名车辆检修学徒工，0316 车正在进行架修作业，电机工班长××组织班组全员熟悉该车的架修进度。按照车间的生产计划电机工班对 0316 车 16 台牵引电机进行架修作业。工班长根据作业项目对班组人员进行了分工，_____安排在轴承部件清洗组。_____接到任务后，按照操作要点对牵引电机内部轴承部件进行清洗。

二、信息收集	成绩：

1. 检修场地准备：
1）工作场地应一直保持_____。
2）必须知道灭火器_____。
3）车间应_____，且不应暴露于温度大幅波动的环境中。
2. 检修设备或工具准备：
1）作业人员穿_____鞋。
2）作业人员戴未被坏损的_____。
3）在_____检查起重设备及载荷止动装置。
4）空压机压力为_____。
3. 材料准备：
1）对轴承部件打磨除锈时，采用 400 目及以上的砂纸。
2）使用_____稀释和清理轴承部件油道和油槽中废旧的油脂。
3）（多选题）出于安全原因，非常易燃的溶剂是不允许使用的，例如（　　）。
A. 丙酮　　　　　B. 易挥发的汽油　　　C. CHR（化学纯）
4.（多选题）目测检查牵引电机外观情况：（　　），确定采用（　　）目的砂纸打磨除锈。
A. 一般的污染　　B. 有锈蚀　　　　　C. 400　　　　　　D. 200
5. 清洗时的注意事项：
①作业人员按要求穿戴好劳动防护用品；②使用航空煤油和酒精清洁时，不得使用手机，部件清洁后，确认无煤油残留；③对轴承部件打磨除锈，采用 400 目的砂纸，沿圆周方向打磨。

三、制订计划	成绩:	

1. 根据牵引电机内部清洗任务要求，制订计划。

操作流程		
序 号	作业项目	操作要点
1	牵引电机内部各轴承部件初洗	
2	各轴承部件清洁、除锈	
3	各轴承部件精洗	
4	清洗后防护	
计划审核	审核意见： 年　月　日　签字：	

2. 请根据作业计划，完成小组成员任务分工。

操作人		记录员	
监护人		展示员	

作业注意事项

① 作业人员必须戴口罩和橡胶手套；
② 清洗区禁止使用手机接听电话；
③ 使用风枪时必须戴防护目镜，风枪不准对人吹扫。

检测设备、工具、材料			
序 号	名 称	数 量	清 点
1	抹布	2块	□已清点
2	75%酒精	500mL	□已清点
3	航空煤油	10L	□已清点
4	砂纸（400目）	10张	□已清点
5	防锈油	0.5L	□已清点
6	油漆（红色底漆）	0.5L	□已清点
7	毛刷	2把	□已清点

四、计划实施	成绩：	

1. 检修场地准备。

	场地是否整洁、干净	☐是 ☐否
	灭火器是否确认位置	☐是 ☐否
	车间是否无尘、无风	☐是 ☐否

2. 检修设备或工具准备。

	作业人员是否穿戴好防护装备	☐是 ☐否
	压缩空气系统是否正常	☐是 ☐否
	压缩空气压强（bar）	
	喷射器是否正常	☐是 ☐否
	抹布是否清洁	☐是 ☐否

3. 材料准备。

	洗涤剂名称	
	清洁剂名称	
	防锈油	

4. 目测检查牵引电机内部部件外观。

	外观是否有油污	☐无 ☐轻微 ☐中度 ☐严重
	采用的清洗方案	☐干洗
		☐用航空煤油洗涤，然后用酒精冲洗
		☐用溶剂清洁

5. 初洗和除锈。

油道和油槽废旧油脂是否清除	□是	□否
各部件的污渍和积尘是否清除	□是	□否
各部件是否除锈	□是	□否

6. 精洗和防锈。

各部件是否洁净，无积尘、积垢	□是	□否
各部件的油漆掉漆处是否补漆	□是	□否
各部件的金属裸露面是否涂抹防锈油	□是	□否

7. 内部轴承部件清洁完毕。

各部件是否按要求做好防锈	□是	□否
各部件是否按要求保存	□是	□否

五、质量检查　　　　　成绩：

请实训指导教师检查本组作业结果，并针对实训过程出现的问题提出改进措施及建议。

序　号	评价标准	评价结果
1	牵引电机各轴承部件洁净，无积尘、积垢	
2	各部件的金属裸露面已涂抹防锈油	
3	各部件的刷漆面的掉漆处已补漆	
4	作业后做好现场6S，整理工器具；作业记录表填写及时、准确	
综合评价	☆☆☆☆☆	
综合评语 （作业问题及改进建议）		

六、评价反馈	成绩:

请根据自己在课堂中的实际表现进行自我反思和自我评价。

自我反思：＿＿。

自我评价：＿＿。

自我总结：＿＿。

实训成绩单

项　目	评 分 标 准	分值	得分
接收工作任务	清楚本小组生产任务，小组内的生产分工，作业完成时间节点	5	
信息收集	检修场地准备充分，检修设备或工具准备齐全，材料准备齐全	10	
制订计划	计划制订有效、完整	10	
计划实施	检修场地准备充分，检修设备或工具准备齐全	10	
	电机轴承部件清洁、除锈是否按标准执行	20	
	清洗时防护是否有效	15	
	部件是否按要求存放	10	
质量检查	电机轴承部件是否清洁到位，是否做了防锈；现场6S是否整理；作业记录表是否按时填写	10	
评价反馈	能对自身表现情况进行客观评价	5	
	在任务实施过程中能发现自身问题	5	
得分（满分100）			

实训参考视频

实训工单三　安装牵引电机轴承部件

学院		专业	
姓名		学号	
小组成员		组长姓名	

一、接收工作任务　　　　　　　　　　　　成绩：

　　_____是一名车辆检修学徒工，0307车正在进行架修作业，工班长××组织班组全员熟悉该车的架修进度。按照车间的生产计划，电机工班对0307车16台牵引电机进行架修作业。工班长根据作业项目对班组人员进行了分工，_____安排在装配组。_____接到任务后，按照操作要点进行牵引电机轴承部件安装作业。

二、信息收集　　　　　　　　　　　　　　成绩：

1. 检修场地准备：
1) 工作场地应一直保持_____。
2) 必须知道灭火器_____。
3) 装配间应_____，且不应暴露于温度大幅波动的环境中。

2. 检修设备或工具准备：
1) 作业人员穿_____鞋。
2) 使用电磁感应加加热器时，作业人员戴未被坏损的_____。
3) 部件注油和压装时，作业人员穿戴_____。
4) 压装轴承时，液压泵最大压力为_____MPa。

3. 材料准备：
1) 润滑油脂使用_____型号的润滑油。
2) 密封胶使用_____型号的平面密封胶。
3) 螺纹紧固胶采用_____。

4. 牵引电机轴承外环绝缘值应满足（　　），压装时液压泵压力为（　　）。
A. ≥5MΩ　　　　B. ≥10MΩ　　　　C. 5MPa　　　　D. 10MPa

5. 轴承部件安装时的注意事项：
① 作业人员按要求穿戴好劳动防护用品；② 使用液压泵压装，压力不能超过10MPa，正前方严禁站人；③ 使用绝缘电阻表测试轴承绝缘时，手不要接触到表笔的金属裸露部分。

三、制订计划		成绩：	

1. 根据牵引电机轴承部件安装任务要求，制订计划。

操作流程			
序 号	作业项目		操作要点
1	轴承的检查		
2	轴承部件加注油脂		
3	轴承压入轴承室		
4	轴承内盖和外盖安装		
5	油道补充油脂		
计划审核	审核意见： 年　月　日　签字：		

2. 请根据作业计划，完成小组成员任务分工。

操作人		记录员	
监护人		展示员	
作业注意事项			

① 作业人员必须穿戴好劳保用品；
② 使用液压工装前，正前方不得站人；
③ 定位销装入到销孔内前，要沾抹油脂，防止销脱落；
④ 使用绝缘电阻表测试轴承绝缘时，手不要接触到表笔的金属裸露部分。

检测设备、工具、材料			
序　号	名　　称	数　量	清　点
1	无尘纸	1块	□已清点
2	紫皇冠油脂（X700-2）	500mL	□已清点
3	56件套	1套	□已清点
4	20~120N·m扭力扳手	1件	□已清点
5	平面密封胶（7599）	0.5L	□已清点

四、计划实施		成绩：	
1. 检修场地准备。			
		场地是否整洁、干净	□是 □否
		灭火器是否确认位置	□是 □否
		车间是否无尘、无风	□是 □否
2. 检修设备或工具准备。			
		作业人员是否穿戴好防护装备	□是 □否
		液压工装压力表是否送检	□是 □否
		扭力扳手是否送检	□是 □否
		轴承安装工装是否清洁	□是 □否
3. 材料准备。			
		润滑脂名称	
		密封胶型号	
		螺纹紧固胶型号	
4. 轴承部件检查。			
		检查轴承外观无破损，保持架无松动	□是 □否
		测试轴承的外环绝缘，绝缘值≥10MΩ	□是 □否

5. 轴承部件加注油脂。

轴承内部是否填充满油脂	□是	□否
轴承内盖四处油槽加是否加注满油脂	□是	□否
迷宫和轴承座内部三处油槽是否加注满油脂	□是	□否

6. 轴承部件安装。

定位销是否安装	□是	□否
轴承是否压入轴承室	□是	□否
轴承的外环绝缘测试	_____MΩ	
轴承内盖和外盖是否安装到轴承室	□是	□否

7. 轴承部件安装完毕。

安装螺栓是否更换新备件	□是	□否
轴承外盖是否涂抹密封胶	□是	□否
是否对紧固件校力矩	20N·m □是	□否
轴承外盖是否安装密贴	□是	□否

五、质量检查   成绩：

请实训指导教师检查本组作业结果，并针对实训过程出现的问题提出改进措施及建议。

序 号	评 价 标 准	评 价 结 果
1	轴承外观无破损和绝缘测试≥10MΩ	
2	轴承部件按要求加注油脂	
3	轴承压入到轴承室，液压泵压力为10MPa	
4	轴承内盖按要求插入销，安装平整	
5	轴承外盖安装螺栓紧固，涂抹螺纹紧固胶，力矩为20N·m	
6	作业后做好现场6S，整理工器具；作业记录表填写及时、准确	
综合评价	☆ ☆ ☆ ☆ ☆	
综合评语（作业问题及改进建议）		

六、评价反馈	成绩：

请根据自己在课堂中的实际表现进行自我反思和自我评价。

自我反思：_____

_____。

自我评价：_____

_____。

自我总结：_____

_____。

实训成绩单

项 目	评 分 标 准	分值	得分
接收工作任务	清楚本小组生产任务，小组内的生产分工，作业完成时间节点	5	
信息收集	检修场地准备充分，检修设备或工具准备齐全，材料准备齐全	10	
制订计划	计划制订有效、完整	10	
计划实施	轴承外观检查和绝缘测试是否按标准执行	10	
计划实施	润滑油型号是否符合，加油脂量是否按要求	20	
计划实施	轴承压入时，液压泵压力是否符合要求	15	
计划实施	轴承内盖和外盖安装时，是否按要求进行	10	
质量检查	轴承部件是否安装到位，绝缘是否满足要求；现场6S是否整理；作业记录表是否按时填写	10	
评价反馈	能对自身表现情况进行客观评价	5	
评价反馈	在任务实施过程中能发现自身问题	5	
得分（满分100）			

实训参考视频

实训工单四　清洁车辆空调装置及其部件

学院		专业	
姓名		学号	
小组成员		组长姓名	

一、接收工作任务	成绩：

　　_____是一名车辆检修学徒工，0724车正在进行空调系统专项修作业，空调工班长××组织班组全员熟悉空调装置及相关部件的清洁检修。按照规程工艺卡要求，对专项修进行空调装置及相关部件的清洁维修。工班长根据作业项目对班组人员进行了分工，_____被安排清洁车辆空调装置及其部件。接到任务后，按照操作要点进行空调装置专项修作业。

二、信息收集	成绩：

　　为保证登顶作业的安全，在登顶作业前应进行相关作业检查：
　　1）到车顶作业前，必须做好登顶作业各项准备工作，到_____做好登顶作业请点登记。
　　2）到车顶作业前，必须确保按要求断好_____电源，并已挂_____。
　　3）到车顶作业时，必须按要求佩戴好合符安全要求的_____、_____、口罩等安全防护用品；工具、物料备件必须放在安全位置（如放在检修平台，不允许放在车顶上），避免掉下伤人，或遗留在车上。
　　4）作业完毕后，须收拾作业工具、_____等，清理作业场地，确保无遗留物品，并到调度室进行消点确认。
　　5）空调机组及部件各项清洁维护工作结束后，须检查各清洁维护部件_____、是否原位安装牢固、可靠。

三、制订计划	成绩：

1. 根据空调机组及其部件清洁任务要求，制订计划。

操作流程		
序　号	作业项目	操作要点
1	过滤网清洁维护	
2	空调机组排水口清洁维护	
3	空调机组蒸发器、冷凝器清洁维护	
4	空调机组其他部件清洁维护	
计划审核	审核意见： 年　月　日　签字：	

2. 请根据作业计划，完成小组成员任务分工。

操作人		记录员	
监护人			

作业注意事项
① 学生操作时必须由教师在身边指导监护； ② 实训应当在未通电的情况下进行； ③ 实训应当在有过近期维护的实训道具上进行。

检测设备、工具、材料			
序　号	名　称	数　量	清　点
1	高压清洗机	1台	□已清点
2	湿抹布	2块	□已清点
3	75%酒精	500mL	□已清点

四、计划实施	成绩：		
1. 检修场地准备。			
	场地是否整洁、干净	□是 □否	
	灭火器是否确认位置	□是 □否	
	车间是否无尘、无风	□是 □否	
2. 检修设备或工具准备。			
	作业人员是否穿戴好防护装备	□是 □否	
	高压冲洗机工作压力是否为正常	□是 □否	
	喷射器是否正常	□是 □否	
	抹布是否清洁	□是 □否	
3. 材料准备。			
	洗涤剂名称		
	清洁剂名称		
	防锈油		
4. 过滤网清洁维护。			
	过滤网外观是否有灰尘	□无 □轻微 □中度 □严重	
	采用的清洗方案	□浸泡清洗 □用航空煤油洗涤，然后用酒精冲洗 □用溶剂清洁	
	过滤网是否需要更换	□是 □否	

注意：
清洗后的过滤网必须表面干燥、无滴水，不允许将表面潮湿的过滤网安装于空调机组内使用。

5. 空调机组排水口、排水口防护罩清洁维护。

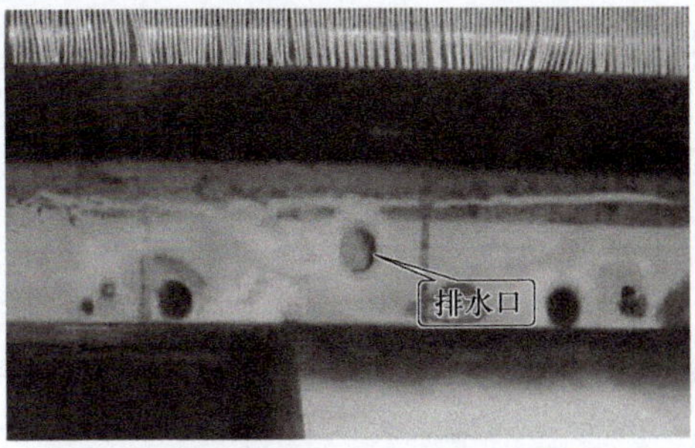

	排水口是否堵塞	□无 □轻微 □中度 □严重
	采用的清洁方案	□干洗 □用航空煤油洗涤，然后用酒精冲洗 □用溶剂清洁
	排水口防护罩是否需要更换	□是 □否

6. 空调机组蒸发器、冷凝器清洁维护。

	蒸发器、冷凝器翅片是否有堵塞	□无 □轻微 □中度 □严重
	采用的清洁方案	□用高压冲洗机冲洗 □用航空煤油洗涤，然后用酒精冲洗 □用溶剂清洁
	空调机组内送风机、回风口等部件/部位是否进行挡水防护	□是 □否

7. 其他部件清洁维护。

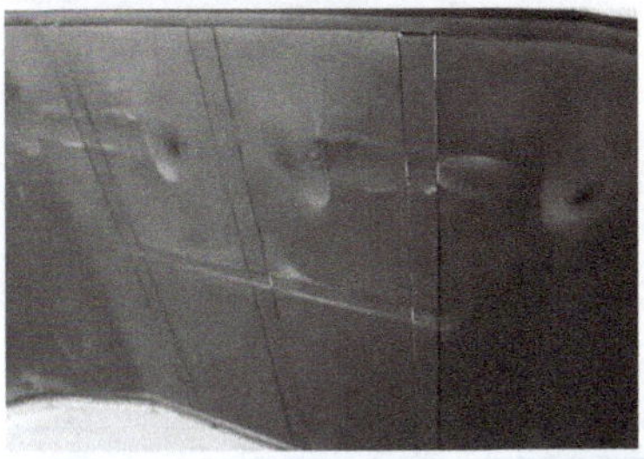

	空调机组其他部件是否按要求做好清洁、除锈、防锈	□是 □否
	空调机组其他部件是否按要求保存	□是 □否

五、质量检查　　　　　　　成绩：

请实训指导教师检查本组作业结果，并针对实训过程出现的问题提出改进措施及建议。

序 号	评价标准	评价结果
1	检查前有检查登顶作业环境的动作	
2	登顶车辆后有检查回风口、新风口等部位的清洁情况	
3	作业中能正确使用检查工具	
4	使用高压清洗机时，能关注高压清洗机压力表的压力值	
5	作业后做好现场6S，整理工器具；作业记录表填写及时、准确	
综合评价	☆☆☆☆☆	
综合评语 （作业问题及改进建议）		

六、评价反馈	成绩:

请根据自己在实操中的实际表现进行自我反思、自我评价以及自我总结。

自我反思：_____

自我评价：_____

自我总结：_____

实训成绩单

项　目	评 分 标 准	分值	得分
接收工作任务	明确工作任务，理解任务在企业工作中的重要程度	5	
信息收集	熟练掌握过滤网、排水口等相关部件的清洁操作要领	15	
制订计划	按规范清洁要求制定机组清洁的操作计划	5	
计划实施	检查前有检查登顶作业环境的动作	5	
	登顶车辆后能检查回风口、新风口等清洁情况	10	
	上电后能观察仪表信息	5	
	行驶中能正确使用检查工具	25	
	结束时能正确放置检查设备	10	
质量检查	学生任务完成，操作过程规范	10	
评价反馈	能对自身表现情况进行客观评价	5	
	在任务实施过程中发现自身问题	5	
得分（满分100）			

实训工单五　更换受电弓滑板

学院		专业	
姓名		学号	
小组成员		组长姓名	

一、接收工作任务	成绩：

　　_____是一名车辆检修学徒工，0711车正在进行特别修作业，工班长××组织班组全员熟悉更换受电弓滑板。按照规程工艺卡要求，特别修需对受电弓碳滑板进行更换。××根据作业项目对班组人员进行了分工，_____安排更换滑板。_____接到任务后，按照操作要点对受电弓主要参数进行测量。

二、信息收集	成绩：

　　1. 检修场地准备：
　　1）工作场地应一直保持_____。
　　2）列车停放股道平台的接触网必须_____。
　　3）列车作业开始处于_____。
　　4）作业前在列车两端防爬器放置好_____。
　　2. 检修设备或工具准备：
　　1）作业人员穿_____鞋。
　　2）作业人员戴处于有效期且无破损的_____。
　　3）作业人员携带1块测量曲率工具_____。
　　4）作业人员携带测量接触压力的1把_____（0～200N）。
　　5）作业前确认车辆的检查主风压力大于_____。
　　6）作业人员携带1把施加固定扭力的_____（0～20N）。
　　3. 材料准备：
　　1）碳滑板与托架间涂抹_____。
　　2）螺纹紧固胶使用_____螺纹紧固胶。
　　4. 更换时的注意事项：
　　① 作业人员必须穿戴劳保鞋、安全帽，高挂低用使用有效期内的安全带；② 作业前确认扭力扳手在检定有效使用期内；③ 受电弓接触压力与升降弓时间测量用对讲机与司机室作业者保持联系，列车升降弓确保人员在平台安全区域。

三、制订计划　　　　　　　　　　成绩：

1. 根据更换受电弓滑板任务要求制订计划。

<table>
<tr><td colspan="3">操作流程</td></tr>
<tr><td>序　号</td><td>作业项目</td><td>操作要点</td></tr>
<tr><td>1</td><td>拆卸下旧的碳滑板</td><td></td></tr>
<tr><td>2</td><td>涂抹导电膏</td><td></td></tr>
<tr><td>3</td><td>安装新碳滑板</td><td></td></tr>
<tr><td>4</td><td>接触压力与升降弓时间调整</td><td></td></tr>
<tr><td>计划审核</td><td colspan="2">审核意见：

　　　　　　　　　　　　　年　　月　　日　签字：</td></tr>
</table>

2. 请根据作业计划完成小组成员任务分工。

操作人		记录员	
监护人		展示员	

作业注意事项

① 作业人员必须穿戴劳保鞋、安全帽，高挂低用使用有效期内的安全带；
② 作业前确认扭力扳手在检定有效使用期内；
③ 受电弓接触压力与升降弓时间测量用对讲机与司机室作业者保持联系，列车升降弓时确保人员在平台安全区域。

检测设备、工具、材料			
序　号	名　称	数　量	清　点
1	抹布	1张	□已清点
2	75%酒精	500mL	□已清点
3	碳滑板检测模板	1个	□已清点
4	弹簧秤	1个	□已清点
5	秒表	1个	□已清点
6	对讲机	1个	□已清点
7	13# 棘轮扳手	1把	□已清点
8	扭力扳手	1个	□已清点
9	乐泰243 螺纹紧固胶	1瓶	□已清点
10	导电膏	1桶	□已清点
11	10# 开口扳手	1把	□已清点
12	碳滑板	4根	□已清点
13	内六角滑板紧固螺栓	8颗	□已清点
14	受电弓支撑杆	1个	□已清点

四、计划实施	成绩：	

1. 检修场地准备。

	列车受电弓是否降下处于非激活状态	□是 □否
	列车停放股道平台的接触网是否断电	□是 □否
	隔离开关是否断开	□是 □否

2. 检修设备或工具准备。

	作业人员是否穿戴好劳保用品	□是 □否
	安全带是否正常	□是 □否
	弹簧秤是否正常	□是 □否

3. 材料准备。

	导电膏是否正常	□是 □否
	清洁剂名称	75% 酒精
	乐泰243螺纹紧固胶是否正常	□是 □否

4. 拆除旧的碳滑板。

	用弓头支撑杆撑起受电弓弓头	□是 □否
	螺母使用套筒卸除	□是 □否
	内六角螺母采用六角棍卸除	□是 □否

5.涂抹导电膏。			
	将碳滑板安装座用抹布擦拭干净	□是	□否
	在碳滑板安装座处涂抹一层导电膏	□是	□否
6.安装新碳滑板。			
	内六角螺母安装前需涂抹螺纹紧固胶	□是	□否
	拧紧螺栓,扭力应为15N·m	□是	□否
	使用碳滑板检测模板测试弓角间隙,应符合小于2mm的要求	□是	□否
7.受电弓接触压力与升降弓时间调整。			
	受电弓接触压力测量	接触压力值范围为110~130N	
	升弓时间测量	标准范围7~9s	
	降弓时间测量	标准范围5~8s	

五、质量检查	成绩:

请实训指导教师检查本组作业结果,并针对实训过程出现的问题提出改进措施及建议。

序 号	评价标准	评价结果
1	熟练拆卸碳滑板紧固螺栓	
2	熟练使用扭力扳手紧固,六角螺母使用螺纹紧固胶安装	
3	熟练使用受电弓曲率检测模板测量弓角间隙	
4	熟练使用弹簧秤测量接触压力与秒表测量升降弓时间	
5	熟练调整受电弓接触压力与升降弓时间	
6	作业后做好现场6S,整理工器具;作业记录表填写及时、准确	
综合评价	☆ ☆ ☆ ☆ ☆	
综合评语(作业问题及改进建议)		

六、评价反馈	成绩：

请根据自己在课堂中的实际表现进行自我反思和自我评价。

自我反思：＿＿＿＿＿＿＿＿＿＿＿＿＿＿＿＿＿＿＿＿＿＿＿＿＿＿＿＿＿＿＿＿＿＿＿＿＿＿＿。

自我评价：＿＿＿＿＿＿＿＿＿＿＿＿＿＿＿＿＿＿＿＿＿＿＿＿＿＿＿＿＿＿＿＿＿＿＿＿＿＿＿。

自我总结：＿＿＿＿＿＿＿＿＿＿＿＿＿＿＿＿＿＿＿＿＿＿＿＿＿＿＿＿＿＿＿＿＿＿＿＿＿＿＿。

实训成绩单

项　目	评 分 标 准	分值	得分
接收工作任务	清楚本小组生产任务，小组内的生产分工，作业完成时间节点	5	
信息收集	检修场地准备充分，检修设备或工具准备齐全，材料准备齐全	10	
制订计划	计划制订有效、完整	10	
计划实施	拆卸碳滑板是否熟练迅速	10	
	涂抹导电膏是否均匀	10	
	安装碳滑板力矩是否按标准执行，导流线安装后未干涉	20	
	受电弓接触压力与升降弓时间调整是否按标准执行	15	
质量检查	安装碳滑板力矩是否确认到位，导流线是否干涉，接触压力与升降弓时间是否符合调整符合标准；现场6S是否整理；作业记录表是否按时填写	10	
评价反馈	能对自身表现情况进行客观评价	5	
	在任务实施过程中能发现自身问题	5	
得分（满分100）			

实训参考视频

实训工单六　测量受电弓主要参数和静特性

学院		专业	
姓名		学号	
小组成员		组长姓名	

一、接收工作任务　　　　　　　　　　　　成绩：

　　_____是一名车辆检修学徒工，0711车正在进行偶数次特别修作业，工班长××组织班组全员熟悉受电弓主要参数和静特性测量。按照车间的生产计划，对偶数次特别修进行受电弓参数测量。××根据作业项目对班组人员进行了分工，_____安排测量。_____接到任务后，按照操作要点对受电弓主要参数进行测量。

二、信息收集　　　　　　　　　　　　　　成绩：

1. 检修场地准备：
1) 工作场地应一直保持_____。
2) 列车停放股道平台的接触网必须_____。
3) 列车作业开始处于_____。

2. 检修设备或工具准备：
1) 作业人员穿_____鞋。
2) 作业人员戴处于有效期且无破损的_____。
3) 作业人员携带1块测量曲率工具_____。
4) 作业人员携带1把测量碳滑板厚度工具_____。
5) 作业人员携带1把定位碳滑板厚度测量点工具_____。
6) 作业人员携带测量接触压力的1把_____（0~200N）。
7) 作业人员携带1个测量时间_____。
8) 作业人员携带1把10#开口扳手。

3. 材料准备：
1) 受电弓测量记录表。
2) 用于清洁的抹布1块与酒精1瓶。

4. 测量时的注意事项：
① 作业人员必须穿戴劳保鞋、安全帽，高挂低用使用有效期内的安全带；② 作业前确认游标卡尺与弹簧秤处于检定有效使用期内；③ 受电弓接触压力与升降弓时间测量用对讲机与司机室作业者保持联系，列车升降弓时确保人员在平台安全区域。

三、制订计划　　　　　　　　　　成绩：

1. 根据受电弓主要参数和静特性的测量任务要求制订计划。

操作流程		
序　号	作业项目	操作要点
1	碳滑板清洁	
2	碳滑板曲率、凹槽深度测量及弓角间隙测量	
3	碳滑板厚度测量	
4	受电弓接触压力与升降弓时间测量	
计划审核	审核意见： 　　　　　　　　　　年　　月　　日　签字：	

2. 请根据作业计划完成小组成员任务分工。

操作人		记录员/监护员	
司机室作业员		展示员	
作业注意事项			

① 作业人员必须穿戴劳保鞋、安全帽，高挂低用使用有效期内的安全带；
② 作业前确认游标卡尺与弹簧秤处于检定有效使用期内；
③ 受电弓接触压力与升降弓时间测量用对讲机与司机室作业者保持联系，列车升降弓时确保人员在平台安全区域。

检测设备、工具、材料			
序　号	名　称	数　量	清　点
1	抹布	1张	□已清点
2	75%酒精	500mL	□已清点
3	游标卡尺	1个	□已清点
4	秒表	1个	□已清点
5	弹簧秤	1个	□已清点
6	碳滑板检测模板	1个	□已清点
7	钢板尺	1个	□已清点
8	对讲机	1个	□已清点
9	10#开口扳手	1把	□已清点
10	受电弓支撑杆	1个	□已清点

四、计划实施	成绩：	
1. 检修场地准备。		
	列车受电弓是否降下处于非激活状态	□是　□否
	列车停放股道平台的接触网是否断电	□是　□否
	隔离开关是否断开	□是　□否
	接地装置是否合闸	□是　□否
2. 检修设备或工具准备。		
	作业人员是否穿戴好劳保用品	□是　□否
	工器具是否齐全	□是　□否
3. 材料准备。		
	抹布	1块
	酒精	75% 酒精
	受电弓测量记录表	1张
4. 碳滑板曲率、凹槽深度测量及弓角间隙测量。		
	测量碳滑板凹槽曲率	□是　□否
	测量碳滑板凹槽深度是否大于3mm	□是　□否
	使用碳滑板检测模板测试弓角间隙，符合小于2mm的要求	□是　□否

5. 碳滑板厚度测量。

在滑板中心处（400mm）测量滑板厚度	□是	□否
中心左/右 50mm 处测量滑板厚度	□是	□否
中心左/右 130mm 处测量滑板厚度	□是	□否
中心左/右 230mm 处测量滑板厚度	□是	□否

6. 受电弓接触压力与升降弓时间测量。

受电弓接触压力测量	接触压力值范围为 110～130N
升弓时间测量	标准范围 7～9s
降弓时间测量	标准范围 5～8s

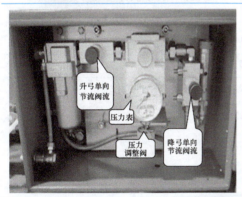

接触压力调整	用开口扳手拧松接触压力调整阀螺母
升弓时间调整	调节升弓单向节流阀控制调节升弓速度
降弓时间调整	调节降弓单向节流阀控制调节降弓速度

五、质量检查	成绩：

请实训指导教师检查本组作业结果，并针对实训过程出现的问题提出改进措施及建议。

序号	评价标准	评价结果
1	碳滑板无积尘、无异物	
2	熟练使用游标卡尺测量碳滑板厚度	
3	熟练使用受电弓曲率检测模板测量曲率	
4	熟练使用弹簧秤测量接触压力与秒表测量升降弓时间	
5	熟练调整受电弓接触压力与升降弓时间	
6	作业后做好现场 6S，整理工器具；作业记录表填写及时、准确	
综合评价	☆☆☆☆	
综合评语（作业问题及改进建议）		

六、评价反馈	成绩：

请根据自己在课堂中的实际表现进行自我反思和自我评价。
自我反思：_____
_____。

自我评价：_____
_____。

自我总结：_____
_____。

实训成绩单

项目	评分标准	分值	得分
接收工作任务	清楚本小组生产任务，小组内的生产分工，作业完成时间节点	5	
信息收集	检修场地准备充分，检修设备或工具准备齐全，材料准备齐全	10	
制订计划	计划制订有效、完整	10	
计划实施	测量碳滑板曲率、凹槽深度及弓角间隙测量是否按标准执行	10	
	碳滑板厚度测量是否按标准执行	20	
	受电弓接触压力与升降弓时间测量是否按标准执行	15	
	测量后检查数据是否有效，是否有遗漏	10	
质量检查	测量受电弓的数据是否完整符合要求；现场6S是否整理；作业记录表是否按时填写	10	
评价反馈	能对自身表现情况进行客观评价	5	
	在任务实施过程中能发现自身问题	5	
	得分（满分100）		

实训参考视频

实训工单七　测量高速断路器参数

学院		专业	
姓名		学号	
小组成员		组长姓名	

一、接收工作任务	成绩：

　　_____是一名车辆检修学徒工，0311车正在进行架修作业，工班长××组织班组全员熟悉该车的架修进度。按照车间的生产计划，次日将由总装调试工班进行高速断路器下车作业，并对该车7个高速断路器进行架修作业。工班长根据作业项目对班组人员进行了分工，_____安排在高速断路器参数测量组。_____接到任务后，按照操作要点进行高速断路器参数的测量作业。

二、信息收集	成绩：

1. 检修场地准备：
1）工作场地应一直保持_____。
2）必须知道灭火器_____。
3）车间应_____，且不应暴露于温度大幅波动的环境中。
2. 检修设备或工具准备：
1）作业人员穿_____鞋。
2）作业人员戴未被坏损的_____。
3）在高度断路器测试前，检查_____试验台状态。
3. 高速断路器过电流整定值设定：(　　)。
A. 800A　　　B. 1000A　　　C. 1500A　　　D. 1800A
4. 测量时的注意事项：
① 作业人员按要求穿戴好劳动防护用品；② 先接线后通电，先断电后拆线；③ 试验前拉好安全防护警示隔离带；④ 测试接触电阻时，佩戴绝缘手套。

三、制订计划　　成绩：

1. 根据高速断路器参数测量的任务要求制订计划

操作流程		
序 号	作 业 项 目	操 作 要 点
1	高速断路器接线通电	
2	测试前防护	
3	测试各项目	
4	测试完毕，断电拆线	
计划审核	审核意见： 　　　　　　　　　　　年　　月　　日　　签字：	

2. 请根据作业计划完成小组成员任务分工

操作人		互控人	

作业注意事项
① 作业人员按要求穿戴好劳动防护用品； ② 先接线后通电，先断电后拆线； ③ 试验前拉好安全防护警示隔离带； ④ 测试接触电阻时，佩戴绝缘手套。

检测设备、工具、材料			
序　号	名　称	数　量	清　点
1	十字螺钉旋具	1把	□已清点
2	17# 开口扳手	2把	□已清点
3	隔离防护带	1个	□已清点
4	绝缘手套	1双	□已清点

四、计划实施　　成绩：

1. 检修场地准备。

	场地是否整洁、干净	□是　□否
	灭火器是否确认位置	□是　□否
	车间是否无尘、无风	□是　□否

2. 检修设备或工具准备。

	作业人员是否穿戴好防护装备	□是　□否
	试验台是否正常	□是　□否
	工具是否准备齐全	□是　□否

3. 材料准备。

	工具名称	17# 开口扳手
	工具名称	十字螺钉旋具
	工具名称	绝缘手套

4. 接线通电。

	接线盒正、负极与高速断路器控制回路中正、负极柱是否对应接好、接牢	□是　□否
	试验台黑色线缆与高速断路器主回路中上下进出线柱是否对应接好、接牢	□是　□否
	是否先接线后通电	□是　□否
	高速断路器试验台按钮是否在"自动位"	□是　□否

5.测试前防护。			
	是否拉好安全防护警示隔离带	□是	□否
6.测试各项目。			
	是否按照软件测试顺序完成测试	□是	□否
	测试接触电阻,接线时是否佩戴绝缘手套	□是	□否
	过流整定值设定值		
	测试完毕是否保存报表	□是	□否
7.测试完毕,断电拆线。			
	是否先断电后拆线	□是	□否
	接线盒是否用做好防护	□是	□否

五、质量检查	成绩:

请实训指导教师检查本组作业结果,并针对实训过程出现的问题提出改进措施及建议。

序 号	评价标准	评价结果
1	接线正确	
2	试验台按钮确认"自动位"	
3	测试前拉好隔离防护带	
4	测试步骤正确	
5	正确佩戴绝缘手套	
6	过流整定值,设定值 1500A 输入正确	
7	断电拆线顺序正确,接线盒防护到位	
8	作业后做好现场 6S,整理工器具;作业记录表填写及时、准确	
综合评价	☆ ☆ ☆ ☆ ☆	
综合评语(作业问题及改进建议)		

六、评价反馈	成绩：

请根据自己在课堂中的实际表现进行自我反思和自我评价。

自我反思：_____

自我评价：_____

自我总结：_____

实训成绩单

项目	评分标准	分值	得分
接收工作任务	清楚本小组生产任务，小组内的生产分工，作业完成时间节点	5	
信息收集	检修场地准备充分，检修设备或工具准备齐全	10	
制订计划	计划制订有效、完整	10	
计划实施	接线是否按标准执行，通电顺序是否正确	10	
	测试前是否做好防护	10	
	测试项目是否按标准执行	25	
	测试完毕，断电拆线是否按标准执行	10	
质量检查	高速断路器测量作业，是否做了防护；现场6S是否整理；作业记录表是否按时填写	10	
评价反馈	能对自身表现情况进行客观评价	5	
	在任务实施过程中能发现自身问题	5	
得分（满分100）			

实训参考视频

实训工单八　检修高速断路器灭弧罩

学院		专业	
姓名		学号	
小组成员		组长姓名	

一、接收工作任务	成绩：

　　_____是一名车辆检修学徒工，0307 车正在进行架修作业，工班长××组织班组全员熟悉该车的架修进度。按照车间的生产计划，次日将由总装调试工班进行高速断路器下车作业，并且对该车 7 台高速断路器进行架修作业。工班长根据作业项目对班组人员进行了分工，_____安排在灭弧罩检修组。_____接到任务后，按照操作要点进行高速断路器灭弧罩的检修。

二、信息收集	成绩：

1. 检修场地准备：
1）工作场地应一直保持_____。
2）必须知道灭火器_____。
3）检修工作台铺设_____的。
4）车间应_____，且不应暴露于温度大幅波动的环境中。
2. 检修设备或工具准备：
1）作业人员穿_____鞋。
2）作业人员戴未被坏损的_____。
3. 材料准备：
1）使用酒精时，应将酒精喷在_____上再进行清洁。
2）高速断路器灭弧罩打磨时采取用_____#砂纸。
4. 目测检查高度断路器灭弧罩外观情况：若金属灭弧栅片表面出现（　　）现象则进行（　　）；若塑料灭弧栅片出现（　　），则（　　）。
　　A. 烧蚀、生锈　　　B. 贯穿性裂纹　　　C. 打磨　　　D. 更换
5. 检修时的注意事项：
　　①高速断路器灭弧罩搬运时注意轻拿轻放、避免损伤；②灭弧罩安装，需特别注意灭弧罩四个安装螺栓已紧固，防止搬运过程中摔坏灭弧罩；③使用酒精进行清洁作业时，必须佩戴橡胶手套。

三、制订计划　　　　　　　　　　　　　　成绩：

1. 根据高速断路器检修任务要求制订计划

操作流程		
序　号	作业项目	操作要点
1	测量由于拉弧引起的金属灭弧罩烧损	
2	高速断路器灭弧罩分解	
3	高速断路器灭弧罩检查	
4	高速断路器灭弧罩清洁	
5	高速断路器灭弧罩组装	
计划审核	审核意见： 　　　　　　　　　　　　　年　　月　　日　签字：	

2. 请根据作业计划完成小组成员任务分工

操作人		监护人	
作业注意事项			

① 作业人员必须戴口罩和橡胶手套；
② 高速断路器灭弧罩搬运时注意轻拿轻放、避免损伤；
③ 灭弧罩安装，需特别注意灭弧罩四个安装螺栓已紧固，防止搬运过程中摔坏灭弧罩。

检测设备、工具、材料			
序　号	名　称	数　量	清　点
1	抹布	1块	□已清点
2	75%酒精	500mL	□已清点
3	画线笔	1支	□已清点
4	砂纸	5张	□已清点
5	38件套	1套	□已清点
6	1~5N·m扭力扳手	1把	□已清点
7	量规（壁厚1mm）	1个	□已清点

四、计划实施	成绩：	
1. 检修场地准备。		
	场地是否整洁、干净	□是 □否
	检修工作台是否铺有软胶垫	□是 □否
	车间是否无尘、无风	□是 □否
2. 检修设备或工具准备。		
	作业人员是否穿戴好防护装备	□是 □否
	工具是否准备齐全	□是 □否
3. 材料准备。		
	清洁用品	抹布
	清洁剂名称	75%酒精
	画线笔	红色
	砂纸	1500#
4. 灭弧罩外观检查。		
	外观烧损程度	□无 □轻微 □中度 □严重
	采用的检修方案	□更换灭弧罩 □对灭弧罩烧伤处打磨

5. 灭弧罩分解。

	是否将灭弧罩放在稳定垂直的垫片上	□是 □否
	是否按要求拆除塑料灭弧栅片、金属灭弧栅片	□是 □否

6. 灭弧罩检查。

	金属灭弧栅片是否需要打磨处理	□是 □否
	塑料灭弧栅是否需要更换	□是 □否

7. 灭弧罩清洁。

	是否按标准清洁灭弧罩板、塑料灭弧栅片、金属灭弧栅片	□是 □否

8.组装。

	是否按要求安装金属灭弧栅片及塑料灭弧栅片	□是 □否
	是否按 2.5N·m 力矩紧固 6 个钢螺母和垫圈,并画线	□是 □否
	是否按 1.2N·m 力矩紧固顶板 6 个螺帽,并画线	□是 □否

五、质量检查	成绩:

请实训指导教师检查本组作业结果,并针对实训过程出现的问题提出改进措施及建议。

序 号	评价标准	评价结果
1	使用专用量规测量金属灭弧罩	
2	分解塑料灭弧栅片、金属灭弧栅片	
3	打磨表面出现烧蚀、生锈现象的金属灭弧栅片;更换贯穿性裂纹塑料灭弧栅片	
4	塑料、金属灭弧栅片和灭弧罩板无炭化,金属灭弧栅片没有被击穿	
5	金属灭弧栅片上的材料沉积物的厚度小于 0.5mm、目视没有过度的磨损	
6	清洁灭弧罩板、塑料灭弧栅片、金属灭弧栅片无灰尘	
7	按顺序安装金属灭弧栅片及塑料灭弧栅片	
8	作业后做好现场 6S,整理工器具;作业记录表填写及时、准确	
综合评价	☆ ☆ ☆ ☆ ☆	
综合评语 (作业问题及改进建议)		

六、评价反馈

成绩：

请根据自己在课堂中的实际表现进行自我反思和自我评价。

自我反思：_____

_____。

自我评价：_____

_____。

自我总结：_____

_____。

实训成绩单

项目	评分标准	分值	得分
接收工作任务	清楚本小组生产任务，小组内的生产分工，作业完成时间节点	5	
信息收集	检修场地准备充分，检修设备或工具准备齐全，材料准备齐全	10	
制订计划	计划制订有效、完整	10	
计划实施	是否按要求使用专用量规测量金属灭弧罩	5	
计划实施	塑料灭弧栅片、金属灭弧栅片分解是否按标准执行	10	
计划实施	灭弧罩板、塑料灭弧栅片、金属灭弧栅片检查否按标准执行	15	
计划实施	清洁灭弧罩板、塑料灭弧栅片、金属灭弧栅片是否按标准执行	10	
计划实施	灭弧罩组装是否按标准执行	15	
质量检查	高速断路器是否清洁到位，是否做了防护；现场 6S 是否整理；作业记录表是否按时填写	10	
评价反馈	能对自身表现情况进行客观评价	5	
评价反馈	在任务实施过程中能发现自身问题	5	
得分（满分 100）			

实训参考视频

实训工单九　检修高速断路器主触头

学院		专业	
姓名		学号	
小组成员		组长姓名	

一、接收工作任务	成绩：

　　_____是一名车辆检修学徒工，0311 车正在进行架修作业，工班长××组织班组全员熟悉该车的架修进度。按照车间的生产计划，次日将由总装调试工班进行车下部件下车作业，接着，电气工班对该车 7 台高速断路器进行架修作业。工班长根据作业项目对班组人员进行了分工，_____安排在高速断路器检修组。_____接到任务后，按照操作要点进行高速断路器的主触头检修。

二、信息收集	成绩：

1．检修场地准备：
1）工作场地应一直保持_____。
2）必须知道灭火器_____。
3）工作台应铺设_____。

2．检修设备或工具准备：
1）作业人员穿_____鞋。
2）作业人员戴完好的_____。
3）使用_____测量主触头磨损。

3．材料准备：
1）主触头表面凹凸不平时，使用_____# 砂纸进行打磨。
2）（单选题）在动触头与闭合减振器连接处加_____润滑油。
A．RL3　　　　B．LT2　　　　C．乐泰 343　　　　D．TOP2000

4．（单选题）高速断路器解体前使用深度计测量，触头磨损_____。
A．少于 1/2　　B．少于 1/3　　C．未到限　　D．无磨损

5．检查时的注意事项：
① 作业人员按要求穿戴好劳动防护用品；② 使用酒精进行清洁作业时，必须佩戴防护手套；③ 主触头表面需打磨时，注意打磨量不宜过大，确认触头平面平整。

三、制订计划　　　　　　　　　　　　　　　　成绩：

1. 根据高速断路器的主触头检修任务要求制订计划

操作流程		
序　号	作业项目	操作要点
1	解体前测量	
2	主动、静触头清洁	
3	主动、静触头检查	
4	部件润滑	
计划审核	审核意见： 　　　　　　　　　　　　　　　　　年　月　日　签字：	

2. 请根据作业计划完成小组成员任务分工

操作人		记录员	
监护人		展示员	

作业注意事项
① 高速断路器搬运时注意轻拿轻放、避免损伤； ② 使用酒精进行清洁作业时，必须佩戴防护手套； ③ 主触头表面需打磨时，注意打磨量不宜过大。

检测设备、工具、材料			
序　号	名　称	数　量	清　点
1	抹布	1块	□已清点
2	酒精75%	500mL	□已清点
3	RL3润滑油	10g	□已清点
4	砂纸1500#	1张	□已清点
5	深度计	1个	□已清点
6	38件套	1套	□已清点

四、计划实施	成绩：

1. 检修场地准备。

	场地是否整洁、干净	□是 □否
	灭火器是否确认位置	□是 □否
	绝缘软胶垫是否铺设	□是 □否

2. 检修设备或工具准备。

	作业人员是否穿戴好劳保用品	□是 □否
	作业人员是否戴好一次防护胶手套	□是 □否
	深度计是否良好	□是 □否
	抹布是否清洁	□是 □否

3. 材料准备。

	润滑油名称	
	清洁剂名称	
	砂纸型号	

4. 解体前测量。

	触头外观是否整洁、干净	□是 □否
	触头磨损是否有烧损	□是 □否

5. 主动、静触头清洁、打磨。

	是否使用浸润酒精的抹布进行清洁	□是 □否
	触头是否无烧损、接触面无凹凸不平	□是 □否
	打磨量是否适当	□是 □否

6. 部件润滑。

	涂抹部位是否正确	□是 □否
	油脂涂抹是否均匀	□是 □否

7. 检修完毕。

主触头检修后效果图 1

主触头检修后效果图 2

主触头检修后效果图 3

五、质量检查　　　　　　　　　　　　成绩：

请实训指导教师检查本组作业结果，并针对实训过程出现的问题提出改进措施及建议。

序　号	评价标准	评价结果
1	使用深度计测量主动、静触头，触头磨损未到限	
2	主动、静触头外观洁净无灰尘	
3	触头无烧损、表面无凹凸不平	
4	在动触头与闭合减振器连接处涂抹 RL3 润滑油	
5	作业后做好现场 6S，整理工器具；作业记录表填写及时、准确	
综合评价	☆　☆　☆　☆　☆	
综合评语（作业问题及改进建议）		

六、评价反馈	成绩：

请根据自己在课堂中的实际表现进行自我反思和自我评价。

自我反思：_____

_____。

自我评价：_____

_____。

自我总结：_____

_____。

实训成绩单

项 目	评 分 标 准	分值	得分
接收工作任务	清楚本小组生产任务，小组内的生产分工，作业完成时间节点	5	
信息收集	检修场地准备充分，检修设备或工具准备齐全，材料准备齐全	10	
制订计划	计划制订有效、完整	10	
计划实施	解体前测量是否按标准执行	10	
	主动、静触头外观清洁是否按标准执行	20	
	触头检查、打磨是否按标准执行	15	
	动触头连接处润滑脂涂抹是否按标准执行	10	
质量检查	高速断路器主触头是否检修到位，符合使用标准；现场6S是否整理；作业记录表是否按时填写	10	
评价反馈	能对自身表现情况进行客观评价	5	
	在任务实施过程中能发现自身问题	5	
	得分（满分100）		

实训参考视频

实训工单十　检修司机控制器

学院		专业	
姓名		学号	
小组成员		组长姓名	

一、接收工作任务　　　　　　　　　　　　成绩：

　　_____是一名车辆检修学徒工，0311车正在进行架修作业，按照车间的生产计划，昨日总装调试工班已完成车上部件下车作业。接着今日由电气工班对该车车上部件进行架修作业。工班长根据作业项目对班组人员进行了分工，_____安排在司机控制器检修组。_____接到任务后，按照操作要点进行司机控制器的检修。

二、信息收集　　　　　　　　　　　　　　成绩：

1. 检修场地准备：
1) 工作场地应一直保持_____。
2) 必须知道灭火器_____。
3) 工作台应铺设_____。
2. 检修设备或工具准备：
1) 作业人员穿_____鞋。
2) 作业人员戴完好的_____。
3) 在行程开关阻值及通断测量前，_____外观和有效期。
4) 在司机控制器手柄推力测量前，_____外观和有效使用日期。
3. 材料准备：
1) 清洁司机控制器时，严禁将_____直接喷洒至部件上。
2) 酒精使用完需_____，避免挥发在空气中。
3) （多选题）出于安全原因，使用酒精需佩戴防护用品。（　　）
A. 一次性手套　　　B. 口罩　　　C. 防静电手镯
4) （多选题）目视检查司机控制器外观状态，应检查的部件有（　　）。
A. 框架　　B. 牵引手柄　　C. 毛刷　　D. 方向手柄　　E. 万用表　　F. 弹簧秤
4. 检修时的注意事项：
①作业人员按要求穿戴好劳动防护用品；②先将酒精喷洒至无尘纸，再用无尘纸对部件进行清洁；③使用酒精时，作业人员戴好的一次性橡胶手套，下班前将酒精放回危险品库。

三、制订计划	成绩：

1. 根据司机控制器的检修任务要求制订计划

操作流程		
序 号	作业项目	操作要点
1	清洁检查司机控制器外观	
2	更换行程开关	
3	对牵引、方向手柄凸轮表面涂抹润滑脂	
4	测量牵引、方向手柄档位推力	
5	检查各档位行程开关动作情况	
计划审核	审核意见： 　　　　　　　　　　　　　　年　　月　　日　　签字：	

2. 请根据作业计划完成小组成员任务分工

操作人		记录员	
监护人		展示员	

作业注意事项

① 作业时穿戴好劳保防护用品，防止人员砸伤及尖锐部件划伤；
② 搬运部件时防止部件磕碰、注意人身安全；
③ 各安装螺钉拆卸后装入PE袋并做好标记；
④ 作业过程中不要碰撞旋转电位计，不要损伤或丢失微小零部件。

检测设备、工具、材料			
序　号	名　称	数　量	清　点
1	酒精95%	500mL	□已清点
2	清洁棉布	1块	□已清点
3	小号油漆笔	1支	□已清点
4	PE袋（150×100）mm	0.1盒	□已清点
5	尼龙扎带（4×200）mm	1包	□已清点
6	扁油刷25mm	1把	□已清点
7	LCD专用清洗布	1套	□已清点
8	润滑脂LT2	3g	□已清点
9	司机控制器警惕行程开关	2个（必换件）	□已清点
10	司机控制器行程开关	17个	□已清点

四、计划实施		成绩：	
1. 检修场地准备。			
		场地是否整洁、干净	□是 □否
		灭火器是否确认位置	□是 □否
		车间是否无尘、无风	□是 □否
2. 检修设备或工具准备。			
		作业人员是否穿戴好防护装备	□是 □否
		行程开关阻值	小于1Ω □是 □否
		万用表功能是否正常	□是 □否
		弹簧秤是否调零	□是 □否
		抹布是否清洁	□是 □否
3. 材料准备。			
		油脂类型	
		清洁剂名称	
4. 目测检查司控器外观。			
		外观是否有油污	□无 □轻微 □中度 □严重
		采用的清洗方案	□干洗 □用浸润酒精的无尘纸进行清洁 □用溶剂清洁

5. 检修前准备。

	行程开关触点阻值测量	□是 □否
	准备铺有软胶垫的工作台	□是 □否
	准备PE袋，存放安装螺钉	□是 □否

6. 检修。

 	取下旧的行程开关标记车号日期	□是 □否
	行程开关动作正常无卡滞	□是 □否
	行程开关未接线的触点螺栓需紧固良好	□是 □否
	行程开关触头与司机控制器凸轮完全解除	□是 □否

7. 完毕。

司机控制器检修后效果图1　　司机控制器检修后效果图2　　司机控制器检修后效果图3

五、质量检查　　成绩：

请实训指导教师检查本组作业结果，并针对实训过程出现的问题提出改进措施及建议。

序　号	评　价　标　准	评价结果
1	司机控制器外观洁净、无异物	
2	司机控制器牵引、方向手柄动作正常无卡滞	
3	司机控制器行程开关触点阻值测量正确，动作正常无卡滞	
4	对方向、牵引手柄凸轮及其他转动部位涂抹润滑油脂	
5	用弹簧秤测量各档位推力无过大过小，用万用表测量各档位的行程开关通断、动作正常	
6	作业后做好现场6S，整理工器具；作业记录表填写及时、准确	
综合评价	☆ ☆ ☆ ☆ ☆	
综合评语（作业问题及改进建议）		

六、评价反馈	成绩：

请根据自己在课堂中的实际表现进行自我反思和自我评价。
自我反思：_____
_____。

自我评价：_____
_____。

自我总结：_____
_____。

实训成绩单

项　　目	评 分 标 准	分值	得分
接收工作任务	清楚本小组生产任务，小组内的生产分工，作业完成时间节点	5	
信息收集	检修场地准备充分，检修设备或工具准备齐全，材料准备齐全	10	
制订计划	计划制订有效、完整	10	
计划实施	检修前准备是否充足，工器具物料是否有遗漏	10	
计划实施	司机控制器外观清洁、方向、牵引手柄动作正常无卡滞	20	
计划实施	更换测量行程开关是否按标准执行	15	
计划实施	行程开关更换后动作是否正常，润滑脂是否有均匀涂抹	10	
质量检查	司机控制器外观是否清洁到位，动作及通断是否正常；现场6S是否整理；作业记录表是否按时填写	10	
评价反馈	能对自身表现情况进行客观评价	5	
评价反馈	在任务实施过程中能发现自身问题	5	
得分（满分100）			

实训参考视频